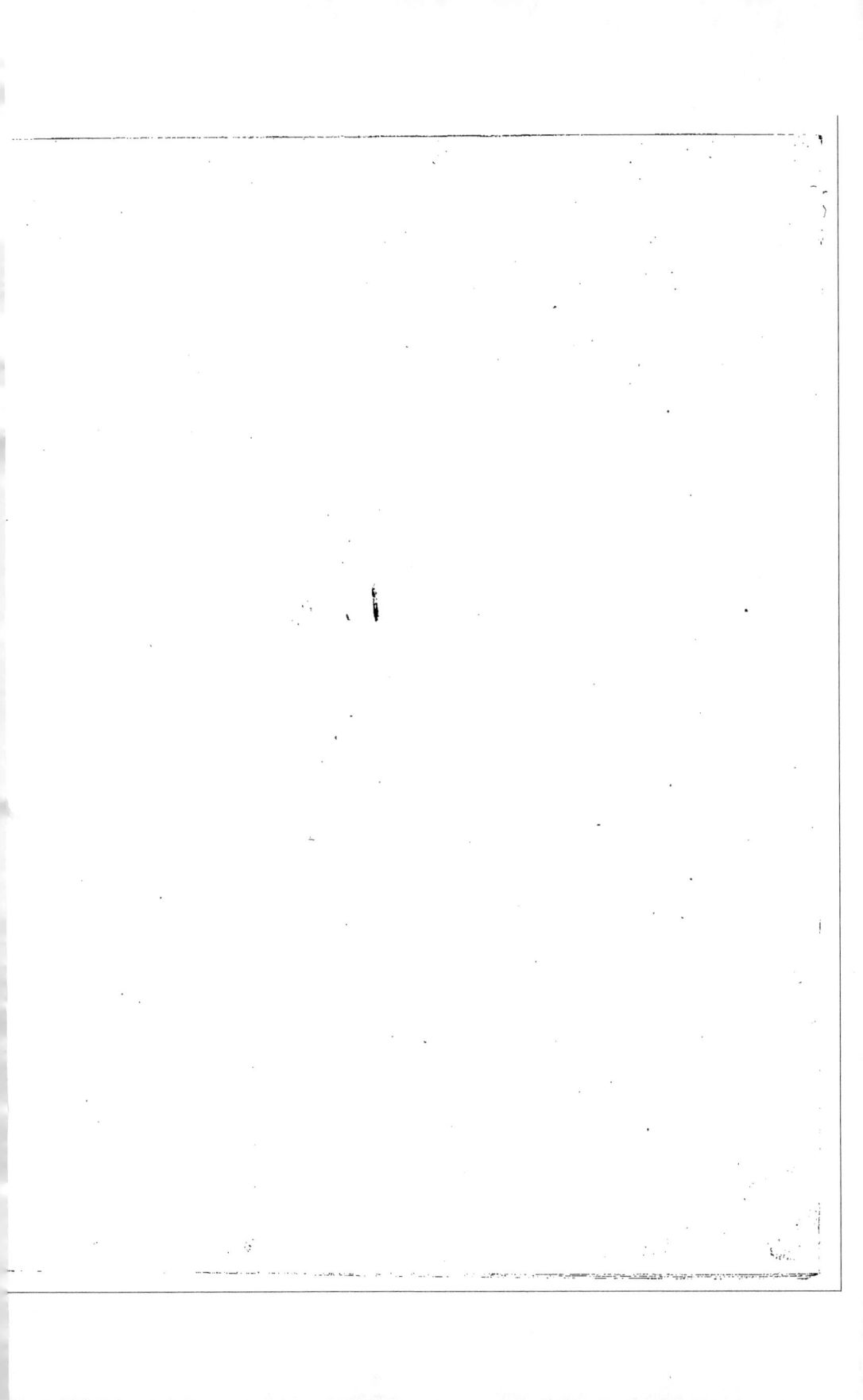

L. 1010.

© C.

15031

DÉLIMITATION
DE LA FORÊT
DE CHAMBARAN DE ROYBON.

LE PRÉFET DU DÉPARTEMENT DE L'ISÈRE ,   14 Août 1824.

Vu les transactions intervenues les 13 , 18 et 20 septembre 1823, entre MM. Jules-Gaspard Aynard, duc de Clermont-Tonnerre ; Antoine-Marie-Just-Louis de la Rivoire , marquis de la Tourrette , et Louis-Augustin , comte de Menon-de-Ville , propriétaires de la forêt de Chambaran de Roybon , d'une part ;

Et les communes de Roybon , Chevrières, Saint-Appolinard , Bessins, Dionay, Murinais , Varacieux, Chasselay et Brion , ayant des droits d'usage dans la forêt de Chambaran , d'autre part ;

Lesdites transactions fixant définitivement les quantités de terrain à expédier aux communes intéressées, à titre de cantonnement, ensuite des transactions antérieures et de tous les actes qui ont déterminé irrévocablement leurs droits ;

Vu l'ordonnance royale du 18 février dernier, qui approuve ces transactions ;

Vu les lois et instructions sur la délimitation des forêts communales;

Vu les délibérations des communes de Saint-Appolinard, Beissins, Chevrières, Dionay, Brion, Chasselay, Varacieux et Murinais, portant nomination de l'expert qu'elles doivent choisir, conformément à la transaction;

Attendu que la commune de Roybon et celle de Chasselay n'ont pas nommé leur expert;

Attendu que ni les communes, ni les propriétaires, n'ont désigné de tiers expert pour le cas de division entre leurs experts;

ARRÊTE :

ART. 1er.

Il sera procédé, aux jours et heures qui seront fixés, de concert entre M. le Sous-Préfet de l'arrondissement de Saint-Marcellin et M. le Sous-Inspecteur des forêts, à la délimitation de la forêt de Chambaran de Roybon,

1.º En ce qui concerne la reconnaissance du périmètre et des limites extérieures de la forêt;

2.º En ce qui concerne la limitation des quotités de terrain expédiées aux communes à titre de cantonnement;

Le tout conformément aux transactions des 13, 18 et 20 septembre 1823, et aux lois et instructions.

Ces opérations seront effectuées par un Agent forestier supérieur et le sieur Frachon père, notaire à Saint-Marcellin, que nous nommons commissaire spécial à cet effet, et tiers-expert pour les opérations prescrites par les transactions, accompagnés du sieur Frachon fils, arpenteur-géomètre, en présence;

1.º Des Maires ou Adjoints des communes intéressées, ou d'un membre du Conseil municipal délégué par M. le Sous-Préfet, au cas d'empêchement ou d'absence de ceux-ci.

Il est bien entendu que MM. les Maire ou Adjoint, ou membres du Conseil municipal de chaque commune, ne seront appelés que pour la partie de l'opération qui intéressera leur commune ;

2.º Des propriétaires de la forêt de Chambaran de Roybon ou de leurs procureurs-fondés ;

3.º Des experts de ces propriétaires et des communes ; dans le cas où ces experts ou quelqu'un d'entr'eux ne se présenteraient pas au jour indiqué, il sera passé outre en leur absence ;

4.º Des propriétaires riverains qui se présenteront.

Les transactions, les anciennes procédures de limitation et plans seront représentés aux Commissaires chargés de l'opération.

ART. 2.

Il sera procédé à la reconnaissance des limites sur la partie extérieure de la forêt, d'après les règles ordinaires, et particulièrement d'après les formes suivantes :

MM. les Maires des communes de Varacieux, Brion, Chasselay, Murinais, Roybon, Dionay, Chevrières, Bessins et Saint-Appolinard, et de celles de Montrigaud, Montfalcon, Chaponay, Viriville et Saint-Pierre-de-Bressieux, ou autres, intéressées au cantonnement de la forêt de Chambaran de Roybon, ou limitrophes de cette forêt, feront connaître à leurs administrés, par affiches, et vingt jours à l'avance, celui auquel commencera l'opération sur leur territoire, ainsi que le lieu désigné pour point de départ de l'opération, d'après l'avis qui leur en sera donné par M. le Sous-Préfet de l'arrondissement.

Tous les propriétaires riverains de la forêt, ou enclavés dans son territoire, sont invités à assister à cette opération et à représenter leurs titres, pour faire valoir leurs droits, et reconnaître, d'une manière définitive, les limites de leur propriété et celles de la forêt de Chambaran de Roybon.

Si quelqu'une des communes limitrophes de la forêt de Chambaran de Roybon possède des bois ou autre propriété communale qui joignent la forêt de Chambaran de Roybon, MM. les Maires ou Adjoints de ces communes devront se trouver présens à l'opération pour faire connaître la limite de ces propriétés.

A défaut par les Propriétaires et Maires ou Adjoints des communes limitrophes de se présenter, il sera passé outre en leur absence, conformément aux instructions forestières.

Les limites et la ligne extérieure de la forêt une fois reconnue, elle sera fixée par la plantation de nouvelles bornes et de fossés d'une largeur convenable. L'emplacement de ces fossés sera déterminé de suite par de forts piquets et l'ouverture de petits fossés provisoires.

ART. 3.

Après la délimitation et reconnaissance des limites de la

ligne extérieure de la forêt, il sera procédé à la séparation des lots, à la reconnaissance de limités et limitations entre MM. le comte de Menon-de-Ville, le duc de Clermont-Tonnerre et le marquis de la Tourrelte, d'une part, et les communes qui sont portées dans les transactions, d'autre part.

A cet effet, 1.º il sera expédié aux communes de Varacieux, Brion, Chasselay et Murinais, les portions de forêts qui leur sont attribuées, par les transactions qui les concernent, sur la partie de la forêt de Chambaran de Roybon, appartenant à M. 'de Menon-de-Ville; 2.º il sera procédé à la reconnaissance de limites et délimitations des portions attribuées, par les transactions qui les concernent, aux communes de Roybon, Dionay, Chevrières, Bessins et Saint-Appolinard, sur la partie de la forêt de Chambaran, appartenant à MM. de Clermont-Tonnerre et de la Tourrette.

La portion indivise, attribuée aux communes de Chevrières, Bessins et Saint-Appolinard, sera ultérieurement divisée entr'elles, sur la demande qu'elles nous en présenteront par délibération de leurs Conseils municipaux.

Pour parvenir aux opérations qui précèdent, il sera procédé d'abord à l'examen des quantités de terrains formant les usurpations commises, par les habitans de chaque commune, sur la forêt de Chambaran. Il en sera fait mention expresse et détaillée au procès-verbal; successivement les quantités afférantes aux communes leur seront expédiées et limitées, sous l'imputation de celles formant les usurpations.

La limitation de ces portions sera opérée de suite par la désignation de l'emplacement des fossés de séparation; la plantation de bornes ou de forts piquets et l'ouverture provisoire d'un petit fossé, en attendant la confection des fossés qui doivent séparer définitivement les lots.

Il sera ultérieurement procédé à l'évaluation des quotités de terrain à remettre, par les communes, à MM. de Menon-de-Ville, de Clermont-Tonnerre et de la Tourrette, pour le remboursement de leur portion contributive aux frais, conformément aux transactions.

L'ouverture des fossés définitifs aura lieu immédiatement après que cette opération aura été effectuée ;

Le tout conformément aux transactions et aux lois et instructions sur la délimitation des forêts communales.

ART. 4.

Tous les points de limitation seront exactement rapportés au procès-verbal et au plan de la forêt, de manière que leur position soit parfaitement déterminée.

ART. 5.

Les frais de délimitation seront supportés par MM. de Menon-de-Ville, de Clermont-Tonnerre, de la Tourrette, et par les communes prenant part dans le cantonnement, conformément aux transactions et à nos arrêtés précédens.

Les propriétaires limitrophes, soit à l'intérieur, soit à l'extérieur, supporteront leur portion de ces frais, conformément aux lois et instructions forestières, c'est-à-dire la moitié, chacun proportionnellement à la longueur de la ligne séparative de leur propriété.

Le présent Arrêté sera imprimé et adressé à M. le Conser-

vateur, à M. le Sous-Préfet, et à MM. les Maires des communes intéressées et limitrophes, pour être publié et affiché, par
leurs soins, dans toute l'étendue de leur commune.

Fait à Grenoble, en l'hôtel de la Préfecture, le 14 août 1824.

Le Préfet de l'Isère,

JULES DE CALVIÈRE.

Par le Préfet,

Le Secrétaire-général,

DE BESSON.

A GRENOBLE,

De l'imprimerie de F. ALLIER, Imprimeur du Roi, cour de Chaulnes.

INSTRUCTIONS
DE M. LE PRÉFET
DU DÉPARTEMENT DE L'ISÈRE,

Sur la marche des opérations.

A MM. l'Agent supérieur forestier, le Commissaire chargé de suivre l'opération du Cantonnement de la forêt de Chambaran, et Maires des Communes intéressées.

Au moment où la saison permet de reprendre les opérations 24 Avril 1825. relatives au cantonnement de la forêt de Chambaran de Roybon, ordonnées par l'arrêté que j'ai pris le 14 août dernier, il m'a paru nécessaire de tracer quelques règles, qui auront pour but de bien diriger la marche de cette affaire et d'éviter des retards nuisibles à l'intérêt de toutes les parties.

Afin de mettre plus de clarté dans ces instructions, je vais passer en revue, tour-à-tour, les clauses et conditions des traités intervenus.

I

Portion à délivrer aux Communes.

D'APRÈS les traités avec toutes les communes ayant droit, il a été convenu que la portion à elle revenante serait expédiée, eu égard à la valeur et à la qualité des différentes natures de terrain.

Il est à remarquer que deux espèces de traités sont intervenus avec les communes.

Les premiers concernant les communes de Chevrières, Bessins, Saint-Appolinard, Dionay et Roybon, portant ratification des précédens traités passés avec ces communes les 6 et 7 juillet et 10 septembre 1784.

Ces traités ont été suivis de procédures de délimitation, faites devant M.ᵉ Faure, notaire à Bressieux, le 30 mars 1785, et M.ᵉ Forgeret, à la Côte, le 23 juillet 1785; vous aurez à reconnaître ces procès-verbaux sur le terrain. MM. les agens appelés à diriger cette opération, n'auront donc qu'à se bien pénétrer des clauses du traité pour en faire l'application exacte, et particulièrement des art. 1 et 2; ils auront, pour Roybon, à ajouter un supplément de 200 arpens forestiers, dont l'estimation devra être faite, eu égard à la valeur et à la qualité du terrain et à son emplacement par rapport à la commune et à la partie restante aux propriétaires.

Les autres transactions, au contraire, intervenues avec M. le comte de Menon et les communes de Chasselay, Varacieux, Brion et Murinais, présentent des opérations entières.

Il s'agit d'opérer sur une masse de 2,060 arpens forestiers, formant la portion revenant à M. le comte de Menon, et sur laquelle il doit remettre aux communes 686 arpens 1,035 toises.

Pour procéder à cet abandon, il est nécessaire de connaître, 1.º le véritable emplacement des limites où se trouvent renfermés ces 2,060 arpens; 2.º d'apprécier les qualité et valeur des terrains, afin d'expédier *les quantités assignées* pour leur lot aux communes, en ayant égard à ces qualité et valeur. Il est bien entendu qu'on ne peut pas supposer que l'exécution de cette clause puisse porter obstacle à ce que les lots des communes soient emplacés le plus à portée de leur territoire; il est, au contraire, dans l'intérêt même des habitans et dans la convenance que cet emplacement soit fait d'après ces principes.

Fossés et Frais.

UNE des dispositions des traités ordonne qu'aussitôt après la reconnaissance et la délimitation de la portion attribuée à chaque commune, cette portion sera entourée de fossés, dont l'emplacement, le nombre et la distance entr'eux seront spécifiés dans le procès-verbal de bornage à dresser.

Il sera convenable de différer l'exécution de cette clause, puisque la contenance de la portion revenant à chaque commune, ne sera définitive qu'après que le compte des frais aura été réglé conformément à l'art. 3 de mon arrêté du 14 août 1824.

Mais, pour rendre aussi facile que possible l'exécution de l'opération de forme qu'il restera à faire, il sera nécessaire que l'estimation des terrains remis aux communes soit mentionnée au procès-verbal dont vous allez vous occuper, de manière à ce qu'il n'y ait plus qu'une règle de proportion à faire, toutefois, en attendant cette opération définitive; il sera bon, ainsi que le porte mon arrêté du 24 août, art. 3 précité, d'ouvrir un petit fossé de séparation, afin de déterminer provisoirement la portion de chacun.

Propriétés enclavées dans la forêt.

BIEN que, par l'art. 2 de l'arrêté précité, j'aie engagé tous les propriétaires enclavés dans le territoire de Chambaran de Roybon à assister à l'opération et à représenter leurs titres, je n'ai pas entendu englober dans cette disposition générale les propriétaires, à titre réel, qui se trouveraient emplacés dans la portion qui devra rester à MM. de Clermont-Tonnerre, de la Tourrette et de Menon, une fois que ceux-ci pourront connaître l'étendue de leurs possessions par le cantonnement qui va s'opérer ; ce sera à eux à user, comme bon leur semblera, des voies et moyens que les lois peuvent leur donner pour cette délimitation particulière ; il s'agira alors d'une action de propriétaire à propriétaire, dans laquelle l'Administration ne saurait s'immiscer.

Ainsi, vous n'aurez donc réellement à vous occuper que des propriétés enclavées dans les portions qui se trouvaient sur le sol abandonné aux communes ou limitrophes de ce sol ; les propriétaires devront, sans contredit, conformément à mon arrêté, représenter leurs titres pour en déterminer les limites et fixer, d'une manière précise, chacun des lots, revenant aux communes usagères.

Il ne s'agit pas, au surplus, de trouver une contenance totale, pour en remettre généralement le tiers aux communes ; les propriétaires de la forêt doivent délivrer, à celles-ci, 2,736 arpens forestiers (1,398 hectares 44 ares 63 centiares),

afin de les remplir de leurs droits d'usage ; c'est donc cette
contenance qu'il faut fixer d'après les actes passés et les observations que je vous transmets , en ayant soin , je vous le répète,
de respecter le droit des tiers d'après l'examen impartial que
vous ferez des titres qui vous seront représentés.

Usurpateurs.

UNE question sur laquelle il me reste à vous entretenir
encore, est celle relative aux terrains usurpés par suite de
la fausse interprétation de la loi du 10 juin 1793.

MM. de Clermont-Tonnerre, de la Tourrette et de Menon
m'ont présenté des réflexions à ce sujet ; ils ont demandé que
les usurpateurs fussent transférés de l'intérieur de la forêt
dans les lots des communes ; cette mesure serait dans l'intérêt des communes comme dans le leur ; mais comme, cette
question me paraissait des plus délicates à traiter, j'ai dû
la renvoyer à l'examen de MM. les Jurisconsultes, qui avaient
délibéré, en 1823, le Mémoire qui a servi de base et de règle
aux transactions.

Voici quelle a été la réponse qu'ils ont consignée dans une
Consultation du 17 juin 1824 :

« Il est incontestable que les communes usagères seraient
» fondées d'exercer, à l'égard des 300 usurpateurs, les droits
» que le Conseil soussigné conteste et refuse à MM. de Cler-
» mont-Tonnerre et de la Tourrette.

» Les communes usagères auraient à-la-fois *droit* et *intérêt*
» à expulser les 300 usurpateurs.

» Elles en auraient le *droit*, puisque l'ordonnance royale,
» du 23 juin 1819, réintègre les communes dans les terrains
» communaux usurpés.

» Si le droit des communes usagères est incontestable, leur
» *intérêt* n'est pas moins réel d'agir contre les 3oo usur-
» pateurs.

» D'une part, parce qu'elles pourraient tirer une redevance,
» et un produit quelconque à l'égard des terrains usurpés ;

» D'autre part, parce qu'elles pourraient faire à-la-fois des
» transactions utiles, tant avec ces 3oo usurpateurs qu'avec
» MM. de Clermont-Tonnerre et de la Tourrette.

» On pourrait, par exemple, sortir de l'intérieur de la
» forêt et du milieu des possessions de MM. de Clermont-
» Tonnerre et de la Tourrette, le petit nombre d'usurpa-
» teurs qui s'y trouveraient établis, en leur assignant en
» échange, et sur la circonférence, une étendue de terrain
» même plus considérable ; et les communes pourraient, en-
» tr'autres arrangemens, trouver une indemnité réelle dans
» la *non-obligation de souffrir l'imputation sur leurs por-*
» *tions des chemins dont il est parlé dans la question*
» *suivante.*

» Il est hors de doute que MM. de Clermont-Tonnerre
» et de la Tourrette doivent être dédommagés à raison des
» chemins qui ont été pratiqués, dans l'intérieur de la forêt,
» de la part des 3oo usurpateurs, pour accéder aux posses-
» sions qu'ils ont défrichées, et qui se trouvent enclavées au
» centre même de la forêt.

» Les chemins doivent être considérés, dans toute leur
» étendue, comme faisant partie intégrante des défrichemens
» partiels ; et, à raison de ces mêmes chemins, MM. de
» Clermont-Tonnerre et de la Tourrette doivent obtenir, sans
» difficulté, l'expédition d'une valeur de terrain en proportion
» avec l'étendue et la quotité des droits reconnus par la Con-
» sultation du 22 juillet 1823.

» Les chemins pratiqués par les 3oo usurpateurs sont d'une
» étendue fort considérable.

» Sous ce nouveau rapport encore, les communes usagères
» auraient le plus puissant intérêt de faire souscrire aux
» 3oo usurpateurs des arrangemens particuliers, afin d'éviter
» la trop grande diminution des portions communales de la
» forêt, et afin de rendre en définitive ces mêmes portions
» communales aussi considérables que les droits des communes
» le comporteraient au fond.

» Délibéré à Grenoble, le 17 juin 1824. *Signé* DUPÉROU,
» MOTTE, Aug. GAUTIER. »

Vous voyez, d'après cette décision, qu'il est facultatif aux
communes, ou d'évincer tout-à-fait les usurpateurs, s'ils
n'ont pas rempli les formalités de l'ordonnance royale du 27
juin 1819, et aucun ne les a remplies ; ou de les transporter
dans les lots mêmes des communes.

Vous examinerez d'abord s'il convient d'exécuter la première disposition ; à son défaut, la deuxième devra être suivie.
Dans cette hypothèse, vous aurez à établir la translation
des usurpations, en exécutant vos opérations ; par ce moyen,
vous éviterez la déduction qu'on serait obligé de faire sur
les lots des communes, des emplacemens occupés par les
chemins que les usurpateurs ont tracés dans la forêt, afin
de parvenir aux établissemens qu'ils ont formés. Cette mesure sera utile aux auteurs de ces usurpations eux-mêmes,
autant qu'aux propriétaires, MM. de Clermont-Tonnerre, de
la Tourrette et de Menon, puisqu'il est bien certain qu'ils
seraient dans une position qui les exposerait à des procès-
verbaux continuels de la part des gardes de ces derniers.

Il sera donc bien de leur assigner en échange, de concert

avec les Autorités locales, des portions équivalentes sur les bords des lots des communes, à moins qu'il ne fût arrêté, toujours de concert avec les Administrateurs locaux, qu'il y a lieu d'évincer tout-à-fait ces usurpateurs ; dans tous les cas, ces bases devront être arrêtées et constatées dans les procès-verbaux des opérations.

M. le Sous-Préfet devra ensuite s'occuper de suivre l'établissement des taxes auxquelles ces usurpateurs devront être assujettis en faveur des communes.

Je crois cette mesure de la translation des usurpations d'autant plus facile à exécuter, qu'il ne doit rester qu'un très-petit nombre d'usurpateurs dans les portions des propriétaires ; si vous avez besoin de quelques explications sur les dispositions que renferme la présente, je vous invite à m'en faire la demande.

La présente sera remise à notre Commissaire ; elle sera par lui communiquée à M. l'Agent supérieur forestier et à MM. les Maires ; à MM. les Procureurs-fondés de MM. de Clermont-Tonnerre, de la Tourrette et de Menon, pour qu'ils aient à en exécuter et faire exécuter les dispositions en ce qui les concerne.

Fait à Grenoble, le 24 avril 1825.

Pour le Préfet de l'Isère, député,

Le Secrétaire-général, délégué,

Signé DE BESSON.

A GRENOBLE,

De l'imprimerie de F. ALLIER, Imprimeur du Roi, cour de Chaulnes. 1827.

FORÊT DE CHAMBARAN.

PROCÈS-VERBAL

DU CANTONNEMENT

Des Commnnes de Murinais, Varacieux, Chasselay et Brion.

L'AN mil huit cent vingt-cinq, le jeudi, deux juin, à neuf heures du matin, en la forêt de Chambaran, au lieu dit le Plot, ou Digone-Perrot; *2 Juin 1825, clos le 4 juillet.*

Nous Antoine-Mathurin Frachon père, notaire à Saint-Marcellin, commissaire délégué par arrêté de M. le Préfet de l'Isère, à la date du 14 août 1824, et tiers-expert pour les opérations dont il sera ci-après parlé.

Assisté, 1.º de M. Jean-Jacques Farre, garde-général des forêts, résidant à Valence, délégué par M. le Conservateur des forêts du 13.e arrondissement, suivant sa lettre du 16 avril dernier ;

2.º De M. Charles-Henri Rambert, propriétaire, domicilié à Roybon, agissant en qualité de mandataire général et spécial de M. le comte Louis-Augustin de Menon-de-Ville, propriétaire et Maire de la commune de Saint-Savin, suivant acte passé devant Martin, notaire à Bourgoin, le 3 juillet 1823, également déposé aux minutes de nous dit M.e Frachon.

1

Lequel dit sieur de Menon-de-Ville, propriétaire d'une partie de la forêt de Chambaran de Roybon, aux termes des transactions dont il sera fait mention ci-après;

3.º Particulièrement assisté, ledit S.ʳ Rambert, de M. Claude-Jean-Benoit Gilbert, légiste, domicilié actuellement à Saint-Marcellin, agissant en qualité d'expert, nommé le 21 octobre 1824, par suite des pouvoirs que nous venons de relater, à l'effet de concourir aux opérations dont nous allons nous occuper, dans l'intérêt dudit sieur comte de Menon, lequel a prêté serment, en sa dite qualité, le même jour 21 octobre, suivant procès-verbal de M. le Juge de paix du canton de Roybon;

4.º De M. Joseph - François - Louis - Timoléon Dauberjon, marquis de Murinais, maire de la commune dudit Murinais, agissant tant en cette qualité qu'en celle d'expert de ladite commune, nommé par délibération de son Conseil municipal, en date du 20 juin 1824, dûment assermenté devant M. le Juge de paix du canton de Saint-Marcellin, par procès-verbal du 16 octobre suivant;

5.º De M. Hypolite Détroyat, maire de la commune de Varacieux, agissant tant en cette qualité qu'en celle d'expert de ladite commune, nommé par délibération de son Conseil municipal, en date du 11 avril 1824, dûment assermenté devant M. le Juge de paix du canton de Vinay, par procès-verbal du 11 octobre suivant;

6.º De M. Michel Triboullier, maire de la commune de Chasselay, agissant seulement ici en cette qualité, sur le refus de la part de cette commune de nommer un expert, conformément à la transaction passée le 20 septembre 1823;

7.º De M. Etienne Petit, maire de la commune de Brion, agissant tant en cette qualité qu'en celle d'expert de ladite commune, nommé par délibération du Conseil municipal, en date du 9 mai 1824, dûment assermenté devant M. de Goutefrey, juge de paix du canton de Saint-Etienne-de-Saint-Geoirs, suivant procès-verbal du 25 octobre 1824;

8.° Et enfin, de M. Henri Frachon fils, arpenteur attaché à la 13.° conservation des forêts, assermenté et spécialement chargé de concourir également auxdites opérations, par arrêté de M. le Préfet du 14 août 1824.

Tous lesquels réunis à l'effet de remettre à chacune des communes de Murinais, Varacieux, Chasselay et Brion la quantité de 350 hectares 74 ares 63 centiares, ou 686 arpens 1,035 toises, non-seulement en contenance, mais encore eu égard à la valeur et à la qualité des différentes natures de terrain formant le tiers de la portion de la forêt de Chambaran de Roybon, dans laquelle se trouvent enclavées les propriétés de M. le comte de Menon, et ce conformément aux actes intervenus entre ce dernier et lesdites communes, le même jour 20 septembre 1823; lesquelles transactions ont été passées en acte public, devant nous M.e Frachon et notre collègue, et homologuées par ordonnance royale, en date du 18 février 1824.

Le tout conformément à un arrêté de M. le Préfet du département de l'Isère, en date du 14 août 1824, et à ses instructions additionnelles au susdit arrêté, en date du 24 avril 1825.

A cet effet, M. Rambert, audit nom, nous a remis : 1.° lesdites transactions intervenues le même jour, 20 septembre 1823.

2.° La carte de la seigneurie de Roybon et de la forêt de

Chambaran, dressée en 1772 par MM. Fourrier et Baudry,
et sur laquelle se trouve particulièrement indiquée la portion
de terrain appartenant à M. le comte de Menon;

3.º Les traités conclus, le 31 janvier 1783 et 26 août 1784,
entre feu Mme la comtesse de Menon-de-Ville, née de Sainte-
Jay, M. le duc de Clermont-Tonnerre, aïeul du prénommé,
et M. le marquis de Monteynard, grand oncle maternel de
M. de la Tourrette, pour fixer la délimitation de la propriété
générale de Mme de Menon;

4.º Un procès-verbal de bornage et de délimitation, fait et
rédigé sous la direction dudit Sr Henri Frachon, arpenteur,
en présence du mandataire de M. le comte de Menon, et de
celui de M. le duc de Clermont-Tonnerre et M. le marquis
de la Tourrette, propriétaire du surplus de la forêt, en date
au commencement du 1.er avril 1825;

5.º Un acte sous seing-privé, déposé à nous dit Me Frachon, le 6 octobre 1824, entre M. le comte de Menon et le
mandataire de MM. de Clermont-Tonnerre et de la Tourrette,
portant conventions de convenances locatives sur les cantonnemens dont nous nous occupons;

6.º L'arrêté de M. le Préfet susdaté et ses instructions additionnelles sus-mentionnées.

A l'instant même, nous avons pris lecture et communication
desdites pièces, il en résulte: 1.º que la portion de forêt de
Chambaran de M. le comte de Menon-de-Ville présente une
surface de terrain, suivant le relevé géométrique fait par
M. Bertier, juge de paix de Grenoble, le 4 juin 1823, de
1,052 hectares 25 ares 11 centiares, dont la délimitation,
soit d'après l'acte supplémentaire du 26 août 1784, soit d'après

le procès-verbal dressé par l'arpenteur Frachon, est désignée sommairement comme suit :

En partant du pont de la Chapelle , point vulgairement connu sous cette dénomination, et situé au nord et au-dessous de la grange de Claire-Font, près la réunion des ruisseaux de Claire-Font et Valorcière, la ligne de démarcation se dirige du couchant au levant, en traversant diverses propriétés particulières et la forêt de Chambaran, à la face, au nord, de la maison du sieur Triboullier, au mas des Bugnassières.

En partant de ladite maison, la ligne de démarcation se dirige en traversant constamment les propriétés de divers particuliers et notamment celles de M. de Menon, jusqu'au point désigné dans tous les actes Molard-Beaumont, situé aux près Louviers.

De ce dernier lieu, la ligne qui forme un angle saillant se dirige toujours en ligne droite jusqu'à la borne qui est désignée audit procès-verbal, sous le nom de borne Croisière, et existe sur le chemin de Roybon à Chasselay, au-dessus de la combe de la verrerie neuve.

De cette borne, la ligne remonte au midi et aboutit en ligne droite vers une autre borne, n.º 12 du périmètre général, qui est placée sur le chemin de la Vipierre.

On suit maintenant la ligne adoptée pour le périmètre général de la forêt jusqu'à la borne n.º 31 dudit périmètre, placée au-dessus de Paul Fillet, près de l'ancien chemin de Roybon à Saint-Marcellin, par Claire-Font.

Enfin la ligne, en partant de cette borne n.º 31 et suivant ledit chemin, va rejoindre le pont de la Chapelle dans la direction du nord ;

2.º Qu'il doit être fait remise du tiers de cette contenance, à titre de cantonnement, savoir :

	H.	A.	C.
A la commune de Murinais, de 77 hectares 63 ares, ci	77	63	»
A celle de Varacieux, de 148 hectares 10 ares 81 centiares, ci	148	10	81
A celle de Chasselay, de 68 hectares 65 ares 5 centiares, ci	78	65	05
A celle de Brion, 46 hectares 35 ares 77 centiares, ci.	46	35	77
Au total, 350 hectares 74 ares 63 centiares, ci.	350	74	63

3.º Qu'à l'égard de la commune de Brion et de Chasselay, M. le duc de Clermont - Tonnerre et M. le marquis de la Tourrette ont consenti, en faveur de M. le comte de Menon, et pour la plus grande convenance de ces communes, à ce que la portion que doit leur remettre ce dernier, à titre de cantonnement pût être emplacée sur leur propriété, si tant est qu'il fut reconnu plus convenable aux communes d'opérer ainsi, sauf aux propriétaires à s'entendre respectivement ensuite pour ces reprises et compensations ;

4.º Qu'après avoir reconnu ces emplacemens de limites, nous Commissaire et Agent forestier, aurons à nous livrer avec MM. les Experts des communes à apprécier les qualité et valeur des terrains, afin d'expédier aux communes les quantités assignées pour leur lot, en ayant égard à ces qualité et valeur, sans cependant que l'exécution de cette clause puisse porter obstacle à ce que les lots des communes soient emplacés le plus à portée de leur territoire ; l'intérêt même des habitans et la convenance demandent que cet emplacement soit fait d'après les principes ;

5.° Qu'également nous aurons à fixer et déterminer les limites des propriétés particulières qui pourraient se trouver enclavées dans la quotité de terrain attribuée auxdites communes ;

6.° Qu'il y aura lieu de sortir de l'intérieur de la forêt et du milieu des possessions de M. le comte de Menon, et de celles de M. le duc de Clermont-Tonnerre et de M. le marquis de la Tourrette, le petit nombre d'usurpateurs qui s'y trouveraient établis, en leur assignant, en échange, et sur la circonférence du cantonnement affecté auxdites communes, une étendue de terrain même plus considérable, à moins qu'il ne fût arrêté pour toujours, avec les administrateurs locaux, qu'il y a lieu d'évincer tout-à-fait ces usurpateurs ;

7.° Enfin, que, pour mettre à même l'Autorité de déterminer le montant des frais qui resteront à la charge desdites communes, conformément aux transactions et à l'arrêté du 14 août précité, notre procès-verbal devra contenir l'estimation et la désignation du terrain où cette compensation s'opérera.

Ces bases établies, nous Commissaire, chargé également par l'arrêté susdaté de mettre les parties d'accord sur les points de division, en notre qualité de tiers-expert, nous avons invité toutes les parties à nous faire connaître les observations qu'elles pourraient avoir à représenter, relativement aux dispositions qui viennent d'être analysées.

M. le Maire de Chasselay nous a fait observer que le nombre des bestiaux, annoncés en 1816 par son prédécesseur, pour sa commune, n'est nullement en rapport avec le véritable état des choses qui existe aujourd'hui, d'où il suit que

Murinais, bien moins considérable, a, relativement, une portion de terrain beaucoup plus forte que la commune de Chasselay.

A quoi nous avons répondu, après avoir examiné de nouveau la Consultation délibérée à Grenoble par MM. Dupérou, Motte et Gautier en 1823, et la transaction qui en a été la suite, que ce Mémoire ayant été rédigé sur des pièces émanées des parties elles-mêmes, et les résolutions prises par les avocats, appuyées sur ces mêmes pièces, il était difficile de revenir sur une erreur semblable à celle indiquée par M. le Maire de Chasselay; d'autant plus que, lors de la délibération qui a précédé le traité de 1823, lui-même n'avait fait aucune réflexion à ce sujet; que cependant, comme nous n'avions pas le droit de nous ériger en juge dans cette circonstance, nous avions pensé devoir consigner ici cette observation pour que l'Autorité y ait tel égard que de droit.

Attendu qu'il est sept heures du soir, nous avons terminé la séance et avons ajourné la reprise de notre procès-verbal à demain vendredi, neuf heures du matin, au lieu de la Vipierre, chez Giroud la Vernette; et, après lecture faite du présent, avons signé avec toutes les parties. *Signé*, PETIT, maire de Brion; Michel TRIBOULLIER, maire de Chasselay, DÉTROYAT, maire de Varacieux; le marquis DAUBERJON de MURINAIS, maire et expert; GILBERT, Henri FRACHON, FARRE, RAMBERT et FRACHON, commissaire.

ET le vendredi, trois juin mil huit cent vingt-cinq, à neuf heures du matin, au lieu dit la Vipierre, chez Giroud la Vernette, accompagnés de toutes les parties dénommées en notre séance d'hier, nous avons repris le cours de nos opérations, et, la délimitation du 26 août 1784 à la main, nous
nous

nous sommes, en conséquence, dirigés vers la borne n.° 12 ;
à la Vipierre, lieu où confinent actuellement la commune de
Chasselay et celle de Varacieux, à l'entrée du chemin de
Roybon à Varacieux ; de là nous avons été à l'étang de la
Verrerie, pour y reconnaître l'angle que forme, dans cette
partie, le fossé déjà ouvert entre MM. de Menon, de la Tourrette et de Tonnerre ; puis nous avons rejoint la borne placée
au pied du Mollard-Beaumont, du côté du nord ; et, en suivant
la direction du verbal et de la carte, nous sommes arrivés au
mur de face de la maison Tribolier, aussi du côté du nord ;
puis au pont de la Chapelle, d'où nous avons suivi l'ancien
chemin de Roybon à Saint-Marcellin jusqu'à la borne n.° 31,
en passant par le mas de Chapotier ; enfin, de ce point, nous
nous sommes dirigés à celui d'où nous étions partis, passant
par la Feyta ou ancien chemin de l'Estra ; et, après avoir
parcouru toute la propriété qui reste à M. de Menon, comme
une partie de celle de M. de Clermont-Tonnerre et de M. le
marquis de la Tourrette jusqu'à la digonne Perrot, où est la
limite appelée le Plot, nous avons arrêté à l'unanimité les résolutions suivantes :

Il demeure convenu, 1.° que l'assiette du cantonnement des
communes de Murinais et de Varacieux sera faite entièrement sur la propriété de M. le comte de Menon, le long du
chemin de l'Estra, le plus à la proximité desdites communes ;

Qu'à l'égard des communes de Chasselay et de Brion, comme
il est de fait que le territoire de la première ne commence
qu'à compter de la Vipierre, c'est-à-dire là où se trouve la
propriété de MM. de Clermont-Tonnerre et de la Tourrette,
et que le territoire de Brion est à plus d'une heure de la
digonne Perrot, et que d'ailleurs, le cas a été prévu entre les

propriétaires par les actes rapportés, il convient d'asseoir la portion qui doit revenir à ces deux communes, à partir de la Vipierre jusqu'au plot, borne n.º 6, sur la propriété de MM. de Clermont-Tonnerre et de la Tourrette, le long du chemin de l'Estra, le plus à la proximité des communes;

2.º Qu'en conséquence il sera fait estimation de 1,052 hectares 25 ares 11 centiares renfermés dans le polygone mentionné ci-dessus, pour que la portion à remettre auxdites communes soit en harmonie avec la valeur et la qualité réelles de ces 1,052 hectares;

3.º Qu'après ces opérations faites, les portions essartées et défrichées, situées dans l'intérieur de la forêt restante à M. de Menon-de-Ville, et près du cantonnement de ces communes, devront en disparaître pour être transportées dans ce cantonnement, en conservant seulement, dans le lot du propriétaire, tous les terrains en nature de bois dont la coupe demeure seulement réservée aux détenteurs actuels. Etant entendu toutefois, à ce sujet, que si ces portions n'étaient pas en coupe, M. de Menon aura la faculté d'en jouir dès ce moment, en remboursant le montant de la redevance payée par ces détenteurs, pendant le nombre d'années égal à celui que présentera l'âge du bois;

4.º Enfin, que le procès-verbal contiendra l'indication de l'emplacement sur lequel il sera fait compensation des frais, afin que l'Autorité n'ait plus qu'à faire une règle de proportion pour cette reprise, conformément à l'instruction du 24 avril 1825.

Pour parvenir à ce résultat, nous Commissaire avons remis à l'arpenteur Frachon le plan et les pièces qui deviennent nécessaires pour fixer la contenace , en l'invitânt à se livrer aux opérations de son art.

Et attendu qu'il est sept heures du soir , nous avons terminé la séance et avons ajourné la reprise de notre procès-verbal au lundi 6 juin , au lieu appelé la Verrerie-Vieille , pour procéder à la délimitation des propriétés particulières joignant ou entourant lesdits cantonnemens.

Après lecture faite du présent, avons signé avec toutes les parties. *Signé* PETIT , maire de Brion ; Michel TRIBOULLIER , maire de Chasselay ; DÉTROYAT , maire de Varacieux ; le marquis DAUBERJON-DE-MURINAIS , maire et expert ; GILBERT , Henri FRACHON ; FARRE ; RAMBERT , et FRACHON , commissaire.

ET le lundi, six juin mil huit cent vingt-cinq , à neuf heures du matin , au lieu appelé la Verrerie-Vieille , ensuite de la remise faite en la dernière séance de notre procès-verbal , toutes les personnes y dénommées étant ici présentes.

Nous Commissaire ci-devant dénommé , avons engagé toutes les parties à parcourir de nouveau l'étendue de la portion appartenant à M. de Menon , afin de nous livrer , en présence de MM. les Maires , à la délimitation de plusieurs parcelles particulières qui touchent ou entourent les lignes du cantonnement projeté.

Et de suite nous nous sommes transportés sur la propriété des nommés Perraud , Audouard , père et fils , et Charpenay.

D'après la vérification des localités et l'application que nous avons faite de la carte ou plan Fourrier et Baudry , nous avons reconnu qu'il existait un changement total dans la figure du terrain des susnommés, et qu'une anticipation, assez majeure, avait été faite de la part des sieurs Audouard, père et fils, et le sieur Charpenay.

Dans une telle situation, nous Commissaire avons cherché à rapprocher les parties ; mais la différence existante paraissant beaucoup trop forte, nos démarches ont été infructueuses. Cependant il devenait indispensable, pour la suite de notre opération, de terminer une délimitation quelconque, puisque ces propriétés aboutissent au cantonnement de la commune de Chasselay. Nous avons, en conséquence, engagé M. Gilbert à s'expliquer, au nom de ses commettans, sur cette circonstance imprévue.

A l'instant même, M. Gilbert nous a fait observer que cette anticipation des sieurs Audouard et Charpenay, aujourd'hui aux droits de l'ancien seigneur de Chasselay, M. de Saint-Priest, se faisait remarquer, non-seulement par le plan 1772, mais qu'elle n'était que la suite de la déclaration faite dans le procès-verbal de la réformation de 1724, à la séance du 14 août 1726, où il est déclaré par les Consuls, députés des communes de Chasselay et Brion, qu'il n'y a d'autres usurpations dans les bois communs de Chambaran, si ce n'est que le seigneur de Chasselay s'est emparé de 8 ou 10 sétérées qu'il fait conserver à son profit. C'est pourquoi il ne pouvait consentir à traiter avec ces détenteurs sans compromettre gravement son mandat ; que cependant, appréciant la nécessité de nous mettre à même de suivre le cours de nos opérations, il s'en remettait à nous pour conserver, dans leur intégralité, les droits de M. de Tonnerre et de M. de la Tourrette, si, malgré ses justes observations, nous passions outre, protestant de nullité sur toutes décisions contraires.

A quoi nous Commissaire et Agent forestier obtempérant,

et après avoir reçu les dires et protestations contraires de la part des sieurs Audouard, père et fils, et Charpenay, avons résolu de procéder à une délimitation provisoire entre ceux-ci et MM. de Clermont-Tonnerre et de la Tourrette, mais définitive pour la commune de Chasselay; réservant aux parties le droit de se faire raison réciproquement de la différence qui peut exister, ou de se pourvoir, en conséquence, par telle voie et moyen que de droit ; c'est pourquoi nous avons procédé, comme suit, à la délimitation des propriétés particulières qui se trouvent situées dans l'enceinte du périmètre général et avoisinant la forêt, où elles forment divers massifs auxquels nous donnons le nom d'enclave, parce qu'ils sont en effet enclavés dans le périmètre général, quoique n'étant qu'adjacens à la forêt.

Délimitation de l'enclave joignant Terre-Rouge.

EN partant de la borne n.° 9, au lieu appelé Terre-Rouge, nous avons quitté le chemin de l'Estra pour nous diriger au couchant, en suivant les sinuosités d'un chemin établi de toute ancienneté et d'une manière invariable, et nous nous sommes arrêtés à une distance de 299 mètres et demi, mesurés en ligne droite, au point de séparation sur ledit chemin, des terres des sieurs Audouard, père et fils, où nous avons de suite planté une borne haute de 1 mètre 15 centimètres, dont 55 centimètres sortent de terre, son épaisseur étant de 30 centimètres. Cette borne, en pierre dure taillée, se trouvant garnie de tuiles, charbons et garans, et formant, avec celles n.os 8 et 9 du périmètre, un angle saillant de 108 degrés 25 minutes, dont le sommet existe au n.° 9. La borne actuellement

plantée, du consentement des susnommés, est encore distante
de 14 mètres et demi du bois du sieur Perraud, qui a également consenti à son placement. Pour fixer, d'une manière invariable, la ligne de démarcation qui s'étend depuis la borne
Terre-Rouge, nous ajouterons que le chemin sus-rappelé, qui
laisse au midi le bois Perraud, forme d'abord une sinuosité
rentrante dans la forêt de 11 mètres, à 56 mètres de cette
même borne n.º 9. La seconde sinuosité est saillante de 19
mètres, à une distance de 170 mètres. Enfin, il existe une
dernière sinuosité rentrante de 12 mètres, et éloignée de la
susdite borne, n.º 9, de 280 mètres.

En partant de la borne que nous venons de planter et décrire,
nous avons suivi, toujours dans la direction du couchant et en
ligne droite, le chemin qui laisse, au midi de la forêt, les bois
et terre possédés par le sieur François Audouard fils ; et,
arrivés sur la terre maintenant cultivée par le sieur Charpenay,
nous avons de suite fait planter, en l'absence de ce particulier,
qui a été dûment convoqué pour cette seconde opération, une
seconde borne, haute de 1 mètre, et présentant une saillie de
45 centimètres sur 25 centimètres de largeur. Cette borne,
de même pierre que la précédente, est garnie de tuiles,
charbons et garans. Elle est distante de 250 mètres de la
précédente, prise pour sommet d'un angle rentrant de 161
degrés et 12 minutes. Elle est encore distante de 26 mètres
et demi, mesurés sur la même ligne du bois du fils Audouard.

Nous dirigeant maintenant au sud - ouest, et à la distance
de 105 mètres et demi, au point où se trouve la terre cultivée
par le sieur Charpenay et commence celle du sieur Audouard,
nous y avons fait de suite planter une troisième borne, haute
de 95 centimètres, dont 40 centimètres sont en saillie sur une

largeur de 32 centimètres, garnie de tuiles, charbons et garans, et formant, avec la précédente prise pour sommet, un
angle rentrant de 126 degrés et 25 minutes. Nous nous sommes
ensuite rendus dans le bas-fond où prend naissance la grande
rivière, au midi ; et, pour séparer de la forêt la terre et le
bois que détient ledit Audouard père, au levant, nous avons
fait planter dans le marais de la grande rivière sus-rappelée,
une quatrième borne, haute de 1 mètre, sortant de terre de
35 centimètres, sur une largeur de 26 centimètres. Cette
borne, en pierre dure, taillée à quatre faces, est garnie de
tuiles, charbons et garans. Elle détermine une ligne droite de
227 mètres et demi depuis la précédente borne, où il existe
un angle rentrant de 160 degrés 9 minutes.

La cinquième, qui doit compléter cette délimitation, a été
de suite plantée, au levant, à 185 mètres de la dernière,
prise pour sommet d'un angle rentrant de 98 degrés et 10
minutes. Cette cinquième borne, haute de 40 centimètres hors
de terre, sur une largeur de 28 centimètres, est, comme les
précédentes, en pierre dure, taillée à quatre faces. Elle détermine une ligne droite qui laisse au nord le bois dudit
Audouard père.

Enfin, nous avons rejoint, dans la direction du midi, et
en ligne droite, la borne n.º 10 du périmètre général, en
laissant, au levant, les bois des sieurs Bourbon et Mathais,
de Saint-Etienne, de même que celui du sieur Arnaud, de
Saint-Pierre-de-Bressieux, qui ont assisté et consenti à notre
opération. Cette ligne présente une longueur de 200 mètres,
et forme un angle saillant de 99 degrés 20 minutes, dont le
sommet existe à la dernière borne que nous venons de planter.

L'approche de la nuit ne nous permettant pas de suivre

le cours de nos opérations, nous avons clos la séance à sept
heures du soir, en indiquant à demain, 7 courant, et à
neuf heures du matin, un accès sur les mêmes lieux; et,
après lecture faite du présent, nous avons signé avec toutes
les parties et propriétaires ci-dessus désignés, à l'exception
des sieurs Audouard fils qui ont déclaré ne le savoir faire,
et des sieurs Perraud, Bourbon, Arnaud et Mathais qui se
sont retirés. *Signé* F. AUDOUARD, Jacques CHARPENAY,
PETIT, maire de Brion; Michel TRIBOULLIER, maire de Chasselay; DÉTROYAT, maire de Varacieux; le marquis de MURI-
NAIS, maire et expert; GILBERT, FARRE, RAMBERT, Henri
FRACHON, et FRACHON, commissaire.

LE mardi, sept juin mil huit cent vingt-cinq, à neuf heures
du matin, nous commissaire et autres personnes désignées
au présent procès-verbal, nous étant rendus auprès de la
borne n.º 10 du périmètre général de la forêt, ensuite de
la remise faite le jour d'hier; attendu la présence des sieurs
Rojat et Meunier, propriétaires des bois formant la seconde
enclave qui aboutit à la borne de Maupassé, n.º 10
du périmètre général, avons annoncé qu'il allait être de
suite procédé à la délimitation de ces bois après examen
fait des pièces et toutes les observations reçues de la part
des intéressés.

Mais la figure qu'indique le plan servant de base à notre
opération, nous ayant paru, ainsi qu'à toutes les parties,
tellement en harmonie avec les localités, et cette délimitation ne présentant aucune difficulté, puisqu'un chemin, bien
apparent, circonscrit les bois qui en sont l'objet, d'un consentement unanime, nous avons opéré comme suit:

Délimitation

(17)

Délimitation des bois Rojat et Meunier.

En partant de la borne n.° 10, nous avons suivi le chemin de l'Estra, sur une longueur de 146 mètres, du côté de la borne n.° 11, jusqu'à l'embranchement du chemin qu'on rencontre à droite, et se dirige à l'ouest. A cet embranchement, commence le bois de François Meunier, situé au midi de la forêt, dont il est séparé par le chemin venant dudit embranchement. Comme il existe, à 196 mètres depuis ce point, un angle assez prononcé, nous avons jugé à propos d'y placer une borne haute d'un mètre, ayant 40 centimètres de saillie sur 30 centimètres de largeur; cette borne, en pierre dure taillée, est garnie de tuiles et garans. Le chemin, qui en est tout-à-fait rapproché, procure au bois Meunier une sinuosité saillante de 3 mètres et demi, à-peu-près au centre de l'espace compris entre l'embranchement sur le chemin de l'Estra et la borne maintenant plantée, à laquelle nous donnerons le nom de Borne-Meunier.

En partant de cette borne, nous nous sommes dirigés au sud-ouest, en suivant toujours le nouveau chemin dont il est question, qui présente une ligne droite de 158 mètres depuis la Borne-Meunier; et, à cette distance, nous avons fait planter une seconde borne; en pierre dure taillée, haute d'un mètre, saillante de 38 sur 28 centimètres de largeur. Cette borne est placée en face du bois du sieur Rojat; qui commence à 60 mètres en-deçà. Elle est également garnie de tuiles et garans, et forme, avec la précédente prise pour sommet, un angle rentrant de 159 degrés 20 minutes, dont le second côté se dirige vers l'embranchement qui existe sur le chemin

3

de l'Estra, à 146 mètres de la borne n.° 10 du périmètre général.

En partant de la seconde borne que nous venons de planter en face du bois Rojat, nous avons suivi le chemin qui se dirige et va joindre celui de l'Estra, précisément à la borne de Maupassé n.° 11 du périmètre général, qui est distante de 138 mètres, longueur mesurée en ligne droite. Mais nous observons que le chemin qui décrit deux légères sinuosités est tellement enfoncé et invariable, que nous croyons inutile une plus ample description.

L'angle dont le sommet existe à la borne de Rojat, présente une ouverture de 122 degrés et 25 minutes.

La journée entière s'étant écoulée, soit à nous procurer des pierres-bornes, soit à nous livrer aux opérations relatives à leur placement; la délimitation des bois Meunier et Rojat, qui avoisinent la forêt de Chambaran, se trouvant d'ailleurs complète, nous avons levé la séance, en indiquant la reprise des opérations à demain mercredi 8 du courant; et, après lecture faite du présent, nous avons signé, ainsi que toutes les personnes ci-dessus dénommées, non lesdits sieurs Meunier et Rojat qui se sont retirés pendant la rédaction du présent. *Signé* PETIT, maire de Brion ; Michel TRIBOUL-LIER, maire de Chasselay ; DÉTROYAT, maire de Varacieux; le marquis DE MURINAIS, maire et expert; GILBERT, FARRE, RAMBERT, Henri FRACHON, et FRACHON, commissaire.

LE mercredi, huit juin mil huit cent vingt-cinq, à neuf heures du matin, au lieu de la Verrerie-Vieille, où se sont

réunies les personnes ci - dessus désignées qui doivent concourir à nos opérations ensuite du renvoi dont en la précédente séance.

Nous, Commissaire et Agent forestier, informés que tout
le terrain situé au centre de la forêt qui avoisine les bâti-
mens connus sous le nom de Verrerie-Vieille, faisant
partie du domaine de M. de Menon, se divise en plusieurs
articles de propriétés particulières, avant de procéder à leur
délimitation, avons particulièrement mandé aux divers propriétaires de se transporter sur les lieux, pour concourir,
avec nous, à cette opération. Les sieurs Romain, Izerable
et Martin se sont en effet rendus à notre invitation, et
comme le sieur Rambert, chargé des pouvoirs de M. le comte
de Menon, est également présent, nous nous sommes de
suite livrés aux recherches et examen qu'il convient de faire
pour nous assurer de l'existence et de l'étendue des propriétés
dont il s'agit.

Les divers plans et autres documens que nous avons sous
les yeux, le témoignage sur-tout de M. le Maire de Varacieux dont les états de section établissent ces propriétés, ne
laissent, à cet égard, aucun doute, et ledit sieur Rambert, nous
demandant que le domaine de la Verrerie, dont jouit M. de
Menon, qui cantonne aujourd'hui ces communes, soit conservé
dans toute son intégrité, nous avons procédé, du consentement
des parties, à la délimitation suivante :

Délimitation du massif de la Verrerie-Vieille

LA nécessité où nous sommes de rattacher cette enclave à
des points fixes et connus, pour pouvoir en reconnaître le

bornage dans tous les temps, nous force à nous écarter, pour cet objet, seulement de la marche tracée par les instructions; ainsi donc, nous commencerons la délimitation au midi de l'enclave; c'est-à-dire, du côté de la maison, connue sous le nom de Verrerie-Vieille.

La première borne plantée est au nord-ouest de celle n.° 14 du périmètre général, dont elle est distante, de 160 mètres; elle forme, avec cette dernière prise pour sommet et le n.° du périmètre 15, un angle de 93 degrés 30 minutes.

En partant de la borne actuellement plantée, qui est une pierre dure, basse de 60 centimètres en terre, taillée à quatre faces, de 40 centimètres de hauteur, 30 centimètres de largeur, et garnie, en outre, de tuiles, charbons et garans, dans les directions qui seront ci-après indiquées; en partant, disons-nous, de cette borne, nous nous sommes rendus, dans la direction du couchant, à la distance de 312 mètres, et à ce point, nous avons de suite fait planter une seconde borne qui détermine, avec la précédente prise pour sommet et celle n.° 14 du périmètre, un angle de 126 degrés 36 minutes; elle est formée d'une pierre dure, longue de 65 centimètres, garnie de tuiles, charbons et garans. Cette pierre, taillée à quatre faces, s'élève de 35 centimètres hors de terre; chacune de ses faces a 25 centimètres de largeur.

En partant de ce point, la ligne qui formera dorénavant la limite entre la forêt et la propriété particulière de M. de Menon, se dirige maintenant, au nord, sur une étendue de 285 mètres 80 centimètres, et forme, avec la précédente, un angle rentrant de 104 degrés 30 minutes. A l'extrémité de cette ligne droite, il a été planté une borne, en pierre dure taillée, d'une hauteur totale d'un mètre 15 centimètres, dont

50 centimètres hors de terre ; chacune des faces présente 25 centimètres de largeur ; enfin, elle est garnie, comme les précédentes, de tuiles, charbons et garans.

De cette borne, en nous dirigeant au nord-est, nous nous sommes rendus à 123 mètres 6 décimètres dans le bas du coteau, à quelle distance nous avons de suite fait planter, à l'extrémité du bois de M. de Menon, et contre celui du sieur Romain, une 4.ᵉ borne, formant, avec la précédente prise pour sommet, un angle rentrant dans la forêt de 125 degrés 49 minutes. Elle est formée d'une pierre dure, taillée à quatre faces, saillante, hors de terre, de 40 centimètres, sur une largeur de 27 centimètres, et, comme les précédentes, garnie de ses garans, de charbons et de tuiles brisées.

L'emplacement des 5.ᵉ et 6.ᵉ bornes est fixé comme il suit : En partant de celle qui est entre les bois de M. de Menon et du sieur Romain, nous nous sommes dirigés au nord, à la distance de 266 mètres 6 décimètres, mesurés en ligne droite, où nous avons fait planter une borne qui forme, avec la précédente prise pour sommet, un angle de 137 degrés 45 minutes ; elle est à l'extrémité du bois et pré du sieur Ginier ; mais nous observons que, sur la ligne qui aboutit à cette borne, et à la distance de 87 mètres 7 décimètres, s'élève une perpendiculaire rentrant dans l'enclave de 26 mètres 2 décimètres. Nous avons fait planter à son extrémité, entre les bois Romain et Ginier, une nouvelle borne qui, par son rang, se trouve être la 5.ᵉ ; elle est en pierre dure, taillée à quatre faces, qui présentent chacune 24 centimètres de largeur sur une hauteur de 42 centimètres. Cette borne, qui forme, avec la 4.ᵉ prise pour sommet, un angle de 150 degrés 18 minutes, est de même garnie de tuiles, charbons

et garans. Les lignes qu'elle détermine sont droites, et la
borne, placée à l'extrémité du bois Ginier, est par conséquent
la 6.ᵉ de cette délimitation.

En partant de cette borne, nous avons traversé, dans la
direction du levant, une petite combe; et nous sommes arrêtés
à 54 mètres et demi, largeur que présente le bois Ginier;
nous avons fait planter à cette distance la 7.ᵉ borne en
pierre dure, s'élevant, hors de terre, de 40 centimètres, et
dont les faces présentent une largeur de 35 centimètres; la
précédente a 50 centimètres de saillie sur une largeur de 24
centimètres; toutes les deux sont garnies de tuiles, charbons
et garans; l'angle rentrant, formé par les 5.ᵉ et 6.ᵉ bornes,
dont cette dernière est le sommet, présente une ouverture de
96 degrés 30 minutes.

L'emplacement des 8.ᵉ, 9.ᵉ, 10.ᵉ et 11.ᵉ bornes est également fixé au moyen des perpendiculaires élevées sur une
même base, qui, partant de la 7.ᵉ borne, se dirige au sud-
est en formant un angle rentrant dans la forêt de 123
degrés.

Sur cette base, à la distance de 159 mètres 3 décimètres,
s'élève une perpendiculaire rentrant dans l'enclave de 67
mètres 7 décimètres, ce qui fixe la position de la 8.ᵉ borne
placée contre les bois de sieurs Romain et Ginier; elle est
en pierre dure, taillée à quatre faces, ainsi que les précédentes, et sortant de terre de 35 centimètres sur 24 centimètres de largeur; elle est de même garnie de tuiles, charbons et garans. En suivant toujours la même direction, et en
mesurant, sur la base, une longueur de 242 mètres, toujours
à partir de la 7.ᵉ borne, et levant à cette extrémité, et du
même côté que ci-dessus, une perpendiculaire haute de 80

mètres, on trouvera la position de la 9.ᵉ borne de cette délimitation, placée entre le bois Romain et le pré du sieur Martin; elle est en pierre dure taillée, saillante de 50 centimètres, sur une épaisseur de 24 centimètres; elle est accompagnée de tuiles et charbons brisés. Les garans indiquent la direction des lignes qui y aboutissent.

La 10.ᵉ borne, qui est une pierre taillée, haute de 90 centimètres, dont 35 sortent de terre, sur une épaisseur de 25 centimètres, garnie comme ci-dessus, est placée du même côté que les précédentes, contre le pré du sieur Martin; elle s'éloigne de 11 mètres de la base sur laquelle nous avons fait mesurer une nouvelle longueur de 329 mètres et demi.

Enfin, la dernière et 11.ᵉ borne, placée contre la propriété du sieur Izérable, fixe l'extrémité de cette base, longue de 428 mètres et demi; elle est par conséquent éloignée de 100 mètres de la précédente.

En partant de cette borne, qui est en pierre dure taillée, haute d'un mètre, dont 45 centimètres sortent de terre sur une largeur de 27 centimètres, et qui est en outre garnie, comme les précédentes, de tuiles, charbons et garans, nous avons rejoint le point de notre départ, c'est-à-dire la 1.ʳᵉ borne de cette délimitation, à une distance de 385 mètres.

Ainsi se termine l'abornement des propriétés qui forment enclave au lieu de la Verrerie-Vieille; il a eu lieu en présence des personnes intéressées, à l'exception néanmoins du sieur Ginier, quoique par nous convoqué, et de leur consentement.

Nous terminons également la séance de ce jour, à sept

heures du soir, et invitons les parties à se réunir demain,
9 courant, à neuf heures du matin, près la maison Rambaud; de tout quoi le présent procès-verbal a été dressé, et
signé après lecture faite aux parties. *Signé* ROMAIN, PETIT,
maire de Brion ; DÉTROYAT, maire de Varacieux ; Michel
TRIBOULLIER, maire de Chasselay ; le marquis DE MURINAIS,
maire et expert ; GILBERT, RAMBERT, FARRE, Henri FRACHON
et FRACHON, commissaire. ...

LE neuf juin mil huit cent vingt-cinq, à neuf heures du
matin, dans la maison de la veuve Rambaud, où nous Commissaire, Agent forestier et autres personnes désignées dans
le présent procès-verbal, nous sommes rendus à l'effet de
continuer la délimitation des terrains particuliers qui avoisinent la forêt de Chambaran, disons qu'ensuite de la vérification faite, il y a peu d'instans, des localités avoisinant
la maison où nous sommes réunis, en présence sur-tout de
ladite veuve Rambaud, il doit exister, à la suite du terrain
possédé par cette propriétaire ou ses auteurs, une anticipation assez majeure que nous avons reconnue bien facilement
à l'aide du plan Fourrier et Baudry.

Dans cette situation, nous avons demandé à ladite veuve
Rambaud en vertu de quel titre elle jouissait de la portion
de bois qui est à la suite de sa pièce de terre ; lequel bois
ne figure sur aucun plan. Elle répond que, de tout temps,
elle et ses auteurs, en ont eu la propriété ; enfin, pressée
par nos questions, elle prétend que cette portion de bois
a été mise, en 1791, au rôle des contributions.

Nous avons de plus engagé M. Détroyat, maire de la commune de Varacieux, à nous dire ce qui était à sa connaissance

sance à ce sujet. M. le Maire assure que la veuve Rambaud n'est nullement imposée pour cette portion de bois, mais seulement pour la terre qu'indique le plan Fourrier et Baudry.

Nous étant ensuite convaincus, par d'autres témoignages et renseignemens, que le bois, réclamé par la veuve Rambaud, dépend réellement de la forêt; et cette propriétaire ne pouvant appuyer ses prétentions par aucuns titres ni pièces quelconques, nous avons, en conséquence, engagé l'arpenteur Frachon à faire l'application sur le terrain du plan dont il a été parlé; et nous étant de nouveau transportés sur les lieux, cet arpenteur s'y est livré de la manière suivante :

En partant de la borne n.º 16 du périmètre général, et suivant le chemin qui se dirige à la croix Rambaud, on rencontre, à droite, un embranchement sur ce chemin, à 29 mètres de l'angle nord de la maison Rambaud; c'est cet embranchement du nouveau chemin de service que nous avons suivi, dans la direction du nord, jusqu'à 67 mètres depuis sa naissance, en gravissant un petit coteau; il laisse, au couchant, la propriété de la veuve Rambaud. Pour en fixer les limites d'une manière bien apparente, nous avons fait planter, à cette distance de 67 mètres, une borne en pierre dure, taillée à quatre faces; hauté d'un mètre; dont 30 centimètres hors de terre; elle offre une épaisseur de 24 centimètres, et se trouve accompagnée de tuiles, charbons et garans.

En partant de cette borne, nous avons tiré, au sud-ouest, une ligne droite, longue de 119 mètres, formant, avec le précédent chemin, un angle de 52 degrés et 40 minutes.

4

C'est jusqu'à cette ligne seulement que s'étend la propriété Rambaud.

Pour en fixer la direction sur le terrain, il a de suite été planté une seconde borne en pierre dure taillée, longue de 95 centimètres, dont 35 sortent de terre, sa largeur étant de 24 centimètres ; enfin, elle est munie de ses garans de débris de tuiles et de charbons.

De cette borne, placée au-dessus d'un autre chemin ; nous conservons exactement les points de limitation actuellement suivis ; c'est-à-dire, que la ligne de démarcation longe le chemin sur une longueur de 50 mètres ; et, se dirigeant ensuite au sud-est, va rejoindre le chemin de l'Estra auprès d'un nouvel embranchement qui existe à 95 mètres en-deça de la croix Rambaud.

Telles sont réellement les limites qu'il convient de donner à cette propriété ; elles font pleine justice à la veuve Rambaud ; ce que M. le Maire, divers notables de Varacieux et toutes les personnes présentes s'empressent de déclarer, ladite veuve Rambaud le reconnaît maintenant elle-même.

Attendu qu'il est sept heures du soir, nous commissaire avons renvoyé la suite des opérations à demain, 10 juin, à neuf heures de la matinée, au lieu dit le Coin-de-Murinais, en invitant les parties à s'y représenter ; et, après lecture faite, elles ont signé le présent avec nous, non ladite Rambaud pour ne savoir. *Signé* PETIT, maire de Brion ; DÉTROYAT, maire de Varacieux ; Michel TRIBOULLIER, maire de Chasselay ; le marquis DE MURINAIS, maire et expert ; GILBERT, RAMBERT, Henri FRACHON, et FRACHON, commissaire.

LE vendredi, dix juin mil huit cent vingt-cinq, à neuf
heures du matin, nous commissaire, nous étant rendu au
lieu appelé le Coin-de-Murinais, ensuite de la remise faite
en la dernière séance, toutes les personnes y dénommées
étant ici présentes, et de plus les sieurs Tournier et Falque,
propriétaires des bois et terrains cultivés, joignant la forêt
de Chambaran, dans l'enceinte du périmètre général, en
face du territoire de Chevrières, ces deux particuliers nous
ont observé que, de toute ancienneté, le terrain qu'ils possèdent a été regardé comme une propriété particulière,
et, comme tel, devait être distrait de la forêt de Chambaran. A l'appui de leur demande, ils nous ont présenté
divers actes d'acquisition et pièces authentiques établissant
que ce terrain était antérieurement possédé par M. Colom-
bier. Pour mieux nous convaincre de l'exécution de ces faits,
nous avons déployé la carte Baudry et Fourrier, qui présente effectivement la figure du terrain que revendiquent les
sieurs Falque et Tournier; alors, nous avons annoncé qu'il
allait être de suite procédé à la délimitation de ce terrain,
ce que toutes les parties ont accueilli, après avoir reconnu
les droits des réclamans. Nous avons donc tâché de faire,
sur le terrain, l'application du plan qui sert de base à notre
opération; mais les localités se trouvent tellement défigurées,
qu'il ne reste, pour ainsi dire, aucune trace du chemin qui
devait circonscrire le bois de M. Collombier, d'après le plan.
Cette circonstance a fait naître des discussions entre les
parties au sujet de la délimitation de ce bois; car le sieur
Falque prétendait étendre aujourd'hui sa propriété jusqu'au
chemin qui se trouve au nord. Examen fait de la localité
et de la figure du plan, nous avons fait reconnaître au sieur

Falque, que les propriétaires de la forêt seraient évidemment lésés par une semblable limitation ; enfin , par notre
intermédiaire , les parties sont tombées d'accord de tout ce
qui va suivre.

Délimitation des bois Falque et Tournier.

En partant de la borne n.º 23 du périmètre général ,
placée au Coin - de - Murinais, nous avons mesuré , sur le
chemin de l'Estra , et du côté de l'habitation du sieur
Tournier, au couchant, une longueur de 36 mètres ; c'est
à cette distance seulement que commence la propriété de
Tournier.

En partant de ce point, nous avons tiré , dans la direction du nord , une ligne droite , longue de 175 mètres , à
l'extrémité de laquelle il a de suite été planté une borne
en pierre dure taillée, haute d'un mètre, saillante de 45 mètres
sur 30 centimètres de largeur.

De cette première borne , qui est placée au-dessus du bois
Falque , sur le bord d'un petit chemin , et se trouve encore
éloignée de 131 mètres de celle n.º 22 du périmètre général,
nous avons tiré , dans la direction du nord-ouest , une nouvelle ligne droite de 126 mètres de longueur , formant , avec
la précédente , un angle rentrant dans la forêt de 124 degrés
et 45 minutes.

A l'extrémité de cette ligne , il a de même été planté une
seconde borne en pierre dure , taillée à quatre faces , de
même dimension que la première ; et , comme elle , garnie de
tuiles , charbons et garans.

La ligne qui séparera dorénavant le bois de Falque de la

forêt, se dirige maintenant, au couchant, sur une longueur
de 156 mètres et demi, en formant, avec la dernière, un
angle rentrant de 140 degrés et 56 minutes.

A cette distance, nous avons de suite fait planter la 3.e
borne à l'extrémité du bois Falque, et sur le bord d'un petit
chemin qui lui sert de limite, au couchant. Cette 3.e borne
est de même pierre et de même dimension que les précédentes ; elle se trouve de même garnie de deux garans indiquant la direction des lignes qui s'y réunissent ; il a été
encore placé des charbons et morceaux de tuiles au-dessous
de cette borne.

Comme nous nous disposions à descendre le petit chemin
dont nous venons de parler, à l'effet de terminer la délimitation du bois Falque, s'est présenté le sieur Antoine Jacquin, dit Chapot, lequel, se disant propriétaire d'une portion
de bois à la suite de celle qui fut de M. Collombier, nous
invite par conséquent à en faire le bornage.

Nous avons dû consulter le plan Fourrier et Baudry qui
ne fait aucune mention de la propriété du réclamant ; alors
le sieur Jacquin, dit Chapot, interrogé en vertu de quel titre
il jouissait, nous a répondu que, gendre du sieur Niévolet,
il possédait comme son père ; que les états de section de la
commune de Chevrières constataient son droit, et qu'au surplus, il pouvait prouver, par témoins, que de tout temps cette
portion de bois avait été la propriété du sieur Niévolet.

A quoi M. Rambert, au nom de M. de Menon son com-
mettant, a objecté que les états de section ne présentaient
pas des bases assez certaines, ainsi que cela est généralement reconnu aujourd'hui, pour pouvoir s'arrêter à une

preuve semblable ; c'est pourquoi il protestait contre le dire du sieur Jacquin, et s'en remettait, au surplus, à notre décision.

Obtempérant aux dires et protestations des parties , nous avons pensé qu'il était cependant nécessaire de consulter les états de section dont il est question ; c'est pourquoi nous avons renvoyé la séance au lundi, 13 courant, à neuf heures du matin, et avons engagé M. le Maire de Chevrières à se rendre sur les lieux (mas de la Girardière), avec les états de section de la commune, pour vider, s'il est possible, la contestation qui s'élève sur la propriété que réclame ledit Chapot, en invitant toutes les parties d'y assister ; et, après lecture faite, elles se sont signées avec nous, non lesdits Falque et Jacquin-Chapot pour ne le savoir faire. *Signé* PETIT , maire de Brion; Michel TRIBOULLIER , maire de Chasselay; le marquis DE MURINAIS , maire et expert; DÉTROYAT , maire de Varacieux ; GILBERT , RAMBERT , Henri FRACHON , FARRE , et FRACHON , commissaire.

LE lundi , treize juin mil huit cent vingt-cinq, à neuf heures du matin, en présence de toutes les parties dénommées à la présente séance, et au lieu indiqué, par-devant nous Commissaire a comparu M. Jean-Baptiste Brenier, maire de Chevrières.

Lequel, par suite de l'invitation que nous lui avons faite de se rendre sur les lieux contentieux, relativement à la propriété que réclame le sieur Jacquin, dit Chapot, nous a représenté les états de section de la commune de Chevrières, section D., n.° 40, d'après lesquels on voit que le sieur François Niévollet-Paillet a déclaré, entr'autres choses, qu'il

était propriétaire d'une sétérée de bois-broussailles et bruyères
audit lieu. D'après ce document, attendu qu'il existe sur-tout,
dans le terrain réclamé, quelques arbres, d'un âge déjà avancé,
qui annoncent une propriété particulière, nous avons engagé
l'arpenteur Frachon à reconnaître si la contenance de la portion, conservée par Chapot, s'accorde avec celle déclarée
par son beau-père. Cette opération à laquelle il vient de
se livrer, nous porte à croire, en effet, qu'il doit être adjugé
au sieur Jacquin, dit Chapot, tout le terrain qui s'étend depuis
l'ancien bois de M. Collombier, jusqu'à la borne n.° 24 du
périmètre, lequel terrain a la figure d'un triangle.

M. Rambert, audit nom, consulté par nous sur ce résultat,
nous a dit qu'encore bien qu'il persiste dans son dire fait à
la dernière séance, sur le peu de confiance qu'inspiraient les
états de section, il ne s'opposait pas, pour un bien de paix,
à ce qu'on fît au sieur Jacquin, dit Chapot, l'abandon du
contenu déclaré par son beau-père Niévolet, lors des états
de section de 1791.

Nous avons donc engagé de nouveau l'arpenteur Frachon
à nous mesurer et limiter la portion de bois adjugée à Jacques Chapot ; elle contient environ 40 ares, et se trouve
séparée de la forêt, au nord, par une ligne droite, longue
de 164 mètres qui, partant de la 3.° borne, plantée en la
précédente séance, à l'extrémité du bois Falque, aboutit à
la borne n.° 24 du périmètre général ; elle forme, avec cette
dernière prise pour sommet, et le n.° 25 suivant, un angle
rentrant de 153 degrès et 36 minutes.

Cette opération terminée, et croyant avoir atteint le but
que nous nous étions proposé de séparer de la forêt, d'une
manière non équivoque, les propriétés particulières qui l'avoi-

sinent, nous Commissaire, attendu qu'il est six heures du soir, avons annoncé que nous nous rendrions demain, 14 courant, sur les neuf heures du matin, au lieu de la Verrerie-Vieille, pour procéder à l'estimation de la forêt; avons, en conséquence, invité les personnes qui doivent y concourir, à s'y rendre; et, lecture faite du présent, nous sommes signé avec les dénommés ci-dessus. *Signé* PETIT, maire de Brion; BRENIER, maire de Chevrières; Michel TRIBOULLIER, maire de Chasselay; DÉTROYAT, maire de Varacieux; le marquis DE MURINAIS, maire et expert; GILBERT, RAMBERT, FARRE, Henri FRACHON, et FRACHON, commissaire.

ET le quatorze juin mil huit cent vingt-cinq, à neuf heures du matin, nous étant réunis à la Verrerie - Vieille, ensuite du renvoi de la dernière séance, en présence des personnes y dénommées, nous avons annoncé qu'il s'agissait de procéder à l'estimation de toute la masse de la forêt de Chambaran appartenant à M. de Menon-de-Ville, dont la délimitation générale a été reconnue en notre séance du 3 du courant, et déclarée contenir 1,052 hectares 25 ares 11 centiares d'après les titres analysés par la Consultation qui a servi de base aux transactions de 1823.

A cet effet, nous avons observé, d'après la connaissance générale que nous avons acquise de la forêt à estimer, et les indicateurs dont nous nous sommes entourés, qu'elle est généralement assez garnie d'essence, sauf quelques places marécageuses où ne croissent que des aunes, des osiers, et autres moindres essences; mais qu'en général, les bois sont dans un tel état d'abroutissement, que la valeur de la superficie est à-peu-près nulle par-tout, à l'exception de quelques

combes

combes du côté de la Blainte et de la Verrerie-Neuve ; mais sa valeur, sur ces points-là, est encore si faible, que nous avons pensé qu'elle ne valait pas la peine d'en faire une estimation à part ; que seulement on y aurait égard dans le classement et l'estimation du fonds des cantons où cette superficie sera jugée de quelque valeur.

Quant à l'estimation du fonds, nous avons reconnu qu'en général il était bon et très-propre à la végétation dans la pente des combes, mais moins bon sur les hauteurs, moindre encore sur les replats et très-mauvais dans les lieux où le séjour des eaux forme des marécages, ainsi que dans quelques landes presque déboisées ; que cette forêt étant occupée par plusieurs petites combes peu profondes, les coteaux en sont peu élevés et les replats ont peu d'étendue ; en sorte que les pentes, les marécages et les landes se trouvent entremêlés presque partout, ce qui cause une variation continuelle dans les qualités du sol.

Pour obtenir l'estimation de la forêt, il nous a paru convenable de la diviser par mas ou parcelles ; d'opérer le classement de chacune d'elles, l'une après l'autre, suivant les différentes classes du sol qui les compose.

Nous avons jugé que le sol formait quatre classes bien distinctes : la première, très-bon fonds, du moins relativement à l'ensemble de la forêt, et très-propre à la végétation des bois ; la seconde, encore assez bon et passablement garnie d'essence ; la troisième, médiocre et peu garnie, et la quatrième, mauvais terrain presque déboisé, soit à cause de la stérilité du sol ou du séjour des eaux stagnantes.

Après avoir parcouru la forêt en plusieurs sens, nous avons convenu de nos étalons, lesquels sont placés ainsi qu'il suit :

5

L'étalon de première classe se trouve au sud-ouest de la combe Fouitty, le long de la Blainthe, jusque sur la hauteur de la Fouitty.

Celui de deuxième se trouve entre la hauteur de la Fouitty et la combe Bugnassières, toujours près de la Blainte.

Celui de la troisième à la naisance de la combe Bugnassières.

Et celui de la quatrième aux Bugnassières, le long de la route de Saint - Marcellin, près du fossé qui sépare M. de Menon de M. de Tonnerre et de M. de la Tourrette.

Mais attendu qu'il est sept heures du soir, nous avons renvoyé la suite de l'opération à demain mercredi, 15 juin, au même lieu de la Verrerie-Vieille; et, après lecture faite, les parties ont signé avec nous. *Signé* PETIT, maire de Brion; DÉTROYAT, maire de Varacieux; Michel TRIBOULLIER, maire de Chasselay; le marquis de MURINAIS, maire et expert; GILBERT, RAMBERT, Henri FRACHON, FARRE et FRACHON, commissaire.

LE mercredi, 15 juin mil huit cent vingt-cinq, au lieu de la Verrerie-Vieille, à huit heures du matin, ensuite du renvoi de notre séance d'hier, nous nous sommes réunis avec les personnes dénommées ci-devant, à l'effet de procéder à la division de la forêt par mas ou parcelles, et d'opérer sur-le-champ le classement des différentes qualités du sol qui la composent.

A cet effet, au moyen du plan ou carte de la seigneurie de Roybon et de la forêt de Chambaran, dressé en 1772 par MM. Fourrier et Baudry, où se trouve parfaitement décrite la partie de Chambaran sur laquelle nous avons à opérer, et aidés des connaissances locales que chacun de nous a acquises sur la forêt, nous l'avons divisée en dix mas ou parcelles qui se trouvent plus particulièrement désignées au tableau qui en sera dressé ci-après.

Nous avons d'abord visité notre première division ou parcelle, située à l'étang de la Verrerie-Neuve, et en avons fait le classement tel qu'il est présenté au tableau ci-après.

Passant ensuite à la parcelle n.º 2, appelée Verrerie-Vieille, en avons de même opéré le classement comme au tableau.

Mais attendu qu'il est sept heures du soir, nous avons renvoyé la continuation du classement à demain jeudi, 16 juillet, au même lieu de Verrerie-Vieille ; et, lecture faite, toutes les parties ont signé. PETIT, maire de Brion ; DÉTROYAT, maire de Varacieux ; Michel TRIBOULLIER, maire de Chasselay ; le marquis de MURINAIS, maire et expert ; GILBERT, RAMBERT, FARRE, Henri FRACHON et FRACHON, commissaire.

LE jeudi, seize juin mil huit cent vingt-cinq, audit lieu de la Verrerie-Vieille, à neuf heures du matin, ensuite de notre renvoi de la séance d'hier, toutes les personnes dénommées présentes, nous sommes réunis et transportés à la parcelle n.º 3, en Millet et Verrerie - Neuve, dont nous avons classé les différentes natures du sol comme au tableau ci-après.

Nous avons ensuite parcouru la parcelle n.º 4, au plateau Millet ; celle n.º 5, à combe Millet et plateau de la Scie, et celle n.º 6, située à la Fouitty, la Blainte et Plâtre du Peu-Chien, que nous avons classées à mesure ainsi que le porte le tableau.

Mais, attendu l'heure avancée de huit, nous avons renvoyé la continuation de notre opération à demain vendredi, 17 du présent, au lieu de Peu-Chien ; et, après lecture faite, toutes les parties ont signé. PETIT, maire de Brion ; Michel TRIBOUL-

LIER, maire de Chasselay; DÉTROYAT, maire de Varacieux et expert; le marquis de MURINAIS, maire et expert; GILBERT, RAMBERT, Henri FRACHON, FARRE et FRACHON, commissaire.

LE vendredi, dix-sept juin mil huit cent vingt-cinq, à neuf heures du matin, au lieu appelé le Plâtre-du-Peu-Chien, de conformité au renvoi indiqué à la séance d'hier, toutes les personnes dénommées, nous sommes réunis et transportés à la parcelle n.° 7, au plateau des Bugnassières, ensuite à celle n.° 8, combe de la Valorsière, n.° 9, Fontaine-de-Bourre, et n.° 10, Chapotier, que nous avons également classées à fur et mesure, conformément à ce qui est indiqué au tableau ci-joint.

La journée étant finie, ainsi que la reconnaissance de toutes nos parcelles, et comme il est huit heures du soir, il a été convenu que nous nous réunirions le 21 du courant à Roybon, pour dresser le tableau et arrêter définitivement le classement auquel nous nous sommes livrés sur le terrain; après lecture faite, toutes les parties dénommées ont signé. PETIT, maire de Brion; Michel TRIBOULLIER, maire de Chasselay; DÉTROYAT, maire de Varacieux et expert; le marquis de MURINAIS, maire et expert; GILBERT; RAMBERT, Henri FRACHON, FARRE et FRACHON, commissaire.

Le mardi, vingt-un juin mil huit cent vingt-cinq, à neuf heures du matin, au lieu de Roybon, chez le nommé Charvin, aubergiste, conformément à ce qui a été arrêté à notre séance du 17, nous avons réuni les notes prises pour le classement du terrain, pendant nos séances des 15, 16 et 17 du courant, nous en avons formé le tableau détaillé ci-après :

N.º 1.ᵉʳ *TABLEAU de la contenance générale de la forêt et des différentes classes du sol qu'elle présente.*

MAS OU PARCELLES.	LEUR ÉTENDUE.	CONTENANCE PAR CLASSES.			
		Première.	Deuxième.	Troisième.	Quatrième.
	h. a. c.	h. a. c.	h. a. c.	h. a. c.	h. a. c.
1.º Etang de la Verrerie-Neuve JJ , depuis la Verrerie-Neuve , au levant de la combe , jusqu'au grand fossé, et au pré de la Verrerie-Vieille . .	60 » »	5 » »	24 » »	12 » »	19 » »
2.º Verrerie-Vieille, depuis la Vipierre jusqu'à la croix Pelat	42 » »	4 » »	20 » »	10 » »	8 » »
3.º En Millet KK , entre la combe de la Verrerie et la combe Millet , depuis la Verrerie-Neuve jusques à la hauteur de la Verrerie-Vieille. . .	158 » »	72 » »	47 17 20	20 82 80	18 » »
4.º Plateau Millet LL , au-dessus des combes Millet et Fouitty , depuis la croix Pelat jusques à la nouvelle route de Saint-Marcellin , en-deça de Darlay.	160 » »	26 » »	72 » »	38 » »	24 » »
5.º Combe Millet ou plateau de la Scie , entre la combe Millet et la Fouitty , depuis la Verrerie-Neuve jusques à la naissance de la combe Fouitty, au midi	85 » »	62 » »	18 » »	» » »	5 » »
6.º La Fouitty et Plâtre-du-Peu-Chien NN, OO, depuis la combe de la Fouitty et la Blainte jusques à la combe de Bugnassières , et jusques à la nouvelle route du côté du Peu-Chien	146 25 11	35 » »	32 » »	48 » »	31 25 11
7.º Plateau de Bugnassières, depuis le Plâtre-Peu-Chien , vis-à-vis la maison Fleuret , des deux côtés de la route , jusques au fossé de séparation avec MM. de Tonnerre et de la Tourrette , près de Triboullier.	85 » »	» » »	4 » »	46 » »	35 » »
8.º Combe de Valorsières , entre la combe et la route à partir de Bugnassières , et les propriétés de Morel-Fleuret et du Plâtre-Peu-Chien jusques à la naissance de la combe.	46 » »	12 » »	16 » »	7 » »	11 » »
9.º Fontaine de Bourre et la Girardière , depuis la combe de Valorsières et le pré de Fleuret jusques au coin de Murinais	85 » »	21 » »	35 » »	14 » »	15 » »
10.º Chapotier , depuis le pré Fleuret et la combe Valorsières jusques au chemin de l'Estra , et à la vieille route de Saint-Marcellin	185 » »	26 » »	46 » »	69 » »	44 » »
Total de la contenance générale et de celle des classes.	1052 25 11	263 » »	314 17 20	264 82 80	210 25 11

D'après ce tableau, nous avons arrêté que le sol de la totalité de la forêt à estimer se compose, savoir : à la première classe, de 263 hectares ; à la seconde, de 314 hectares 17 ares 20 centiaires ; à la troisième, de 264 hectares 82 ares 80 centiares ; et à la quatrième, de 210 hectares 25 ares 11 centiares, formant le total général de 1,052 hectares 25 ares 11 centiares, égal à la contenance indiquée par les plans et titres qui nous ont été remis.

Ce travail terminé, et attendu qu'il est sept heures du soir, nous avons indiqué à demain mercredi, 22 juin, notre réunion au lieu de la Verrerie-Vieille, pour la continuation de nos opérations ; et, après lecture faite, toutes les parties dénommées ont signé. PETIT, maire de Brion ; Michel TRIBOULLIER, maire de Chasselay ; DÉTROYAT, maire de Varacieux et expert ; le marquis de MURINAIS, maire et expert ; GILBERT, RAMBERT, Henri FRACHON, FARRE et FRACHON, commissaire.

ET le mercredi, vingt-deux juin mil huit cent vingt-cinq, ensuite de l'indication qui a été faite en notre séance d'hier, nous étant réunis au lieu dit la Verrerie-Vieille, à neuf heures du matin, nous avons repris le tableau de classement arrêté hier, et nous nous sommes occupés de l'estimation, par hectare, de chaque classe de terrain ; et, après diverses propositions, il a été arrêté que la valeur vénale de l'hectare serait portée, pour la première classe, à 435 fr. ; pour la seconde, à 324 fr. ; pour la troisième, à 212 fr., et pour la quatrième, 106 fr. ; lesquels prix étant multipliés par le nombre d'hectares, ares et centiares de chaque classe, donnent pour chacune les valeurs indiquées au tableau qui suit :

N.º 2.

Numéros des classes.	CONTENANCE de chaque classe.			VALEUR de l'hectare.	VALEUR à raison des contenances.	
	het.	ar.	cent.		fr.	cent.
1	263	»	»	435	114 405	oo
2	314	17	20	324	101,791	73
3	264	82	80	212	56,143	53
4	210	25	11	106	22,286	62
Totaux.	1052	25	11		294,626	88

D'où il résulte que la valeur totale des 1,052 hectares
25 ares 11 centiares de la forêt, à partager entre les communes et M. de Menon, monte à la somme de 294,626 fr. 88 cent.
dont les deux tiers lui restant formeront la somme de 196,417 fr,
92 cent.[es], et le tiers à expédier aux communes, celle de
98,208 fr. 96 cent.[es]; lequel tiers est à diviser entr'elles, suivant
les contenances qui lui ont été fixées par les traités de 1823, et
qui indiquent la proportion de leurs droits respectifs. Ces
contenances leur donnent droit aux valeurs relatives portées
au tableau ci-dessous :

N.º 3

DÉSIGNATION DES COMMUNES ou des parties prenantes.	Contenances indi- quant la proportion et droit des parties.			VALEURS qui en résultent.	
Brion	46	35	77	12,980	16
Chasselay	78	65	05	22,022	12
Varacieux	148	10	81	41,470	24
Murinais	77	63	»	21,736	41
Totaux pour les Communes.	350	74	63	98,208	96
M. de Menon. . .	701	50	48	196.417	92
Totaux pour la masse . . .	1052	25	11	294,626	88

Où l'on voit que la valeur du lot de la commune de Brion
doit être de 12,980 fr. 16 cent.^{es}; celle du lot de Chasselay,
de 22,022 fr. 12 cent.^{es}; celle du lot de Varacieux, 41,470 fr.
27 cent.^{es}, et celle du lot de Murinais, 21,736 fr. 41 cent.^{es};
celle du lot de M. de Menon étant, comme il a déjà été dit,
de 196,417 fr. 92 cent.^{es}

Ces bases déterminées, et attendu qu'il est sept heures du
soir, nous avons été obligés de renvoyer la suite de nos opérations, sur les cantonnemens, au lundi 27 du courant, attendu
que M. Frachon fils, géomètre chargé de lever le plan, de
donner la mensuration et de tracer les lignes provisoires des
cantonnemens à délivrer aux communes, n'a pu encore terminer tous ces travaux; et, après lecture faite, toutes les parties
ont signé. PETIT, maire de Brion; Michel TRIBOULLIER, maire
de Chasselay; DÉTROYAT, maire et expert de Varacieux; le
marquis de MURINAIS, maire et expert; GILBERT, RAMBERT,
Henri FRACHON, FARRE et FRACHON, commissaire.

ET le lundi, vingt-sept juin mil huit cent vingt-cinq, toutes
les personnes dénommées au présent s'étant réunies avec nous
au lieu dit la Verrerie, à neuf heures du matin, ainsi que le
portait le procès-verbal de notre dernière séance, et M. Frachon fils, géomètre, nous ayant représenté les plans qu'il a
dressés des parties de bois destinées à former les cantonnemens des communes, sur lesquels se trouvent tracées les
lignes provisoires de séparation, avec indication des contenances respectives telles qu'elles ont été fixées par les traités
de 1823, pour indiquer la proportion des droits des communes,
nous avons observé que, s'il ne s'agissait que d'adjuger aux
communes

communes les contenances qui leur sont allouées par les traités
de 1823, sans avoir égard à la valeur du sol, notre opération se terminerait par la délimitation sur le terrain des lignes
séparatives des cantonnemens décrits par les plans que nous
remet M. Frachon fils. Mais, pour se conformer à la clause
des traités, portant que ces cantonnemens seront expédiés eu
égard à la valeur et à la qualité des différentes natures de
terrain, il ne faut plus considérer les contenances allouées aux
communes par les traités, que comme des termes exprimant
la proportion des droits des communes, et s'en rapporter à la
valeur qui résulte de cette opération, conformément au tableau
n.° 3, ci-dessus, et délivrer à chaque commune une contenance telle, qui puisse représenter cette valeur, qui est la
vraie base du partage.

A cet effet, nous avons parcouru l'emplacement du cantonnement de la commune de Brion, situé au mas du Plot,
compris entre la combe Lombard et les bois de M. de Goutefrey, et dont la ligne de séparation, du côté de M. de
Clermont-Tonnerre et de la Tourrette, est tracée provisoirement par des jalons de distance en distance. Il est résulté
de l'examen que nous avons fait, que le sol est bien moindre
que celui de la masse à partager, et qu'un complément considérable sera nécessaire pour arriver à la valeur du lot assigné à cette commune; nous avons fait le classement du terrain
de ce cantonnement, et en avons déduit la valeur, conformément au tableau n.° 4 qui sera ci-après rapporté.

Nous avons ensuite visité l'emplacement du cantonnement
de la commune de Chasselay, situé au-dessus de la grande

6

rivière, depuis la limite de celui de Brion jusqu'au fossé de la
Vipierre, et dont la ligne, du côté de M. de Clermont-Tonnerre et de la Tourrette, est tracée provisoirement par des
jalons ; il résulte de notre examen que le sol de ce cantonnement, quoique meilleur que le précédent, est encore un peu
moindre que celui de la masse, et qu'un léger complément
sera nécessaire pour arriver à la valeur du lot qui doit lui être
assigné ; nous en avons fait le classement du sol, et en avons
déduit la valeur comme on le verra ci-après sur le tableau
n.° 4.

Mais, attendu qu'il est sept heures du soir, nous avons
renvoyé la suite de nos opérations à demain mardi, 28 juin,
neuf heures du matin, au lieu de la Vipierre ; et, après
lecture faite, toutes les parties ont signé. PETIT, maire de
Brion ; Michel TRIBOULLIER, maire de Chasselay; DÉTROYAT,
maire de Varacieux et expert ; le marquis de MURINAIS, maire
et expert ; GILBERT, RAMBERT, Henri FRACHON, FARRE
et FRACHON, commissaire.

LE jeudi, trente juin mil huit cent vingt-cinq, à neuf heures
du matin, au lieu dit la Vipierre, nous nous sommes réuni,
avec toutes les personnes dénommées au présent, ensuite
d'une convocation expresse ; le mauvais temps nous ayant
obligé de suspendre notre opération sur le terrain, les 28 et
29 du courant, nous avons pris la suite de notre travail.
Nous avons fait la visite des bois destinés à former le cantonnement de la commune de Varacieux, qui s'étend le long
du chemin de l'Estra, depuis le fossé de la Vipierre jusques

à une ligne droite tirée de la borne n.º 19 du périmètre
qui servira aussi de limite pour la partie de Murinais : la
limite de séparation, du côté de M. de Menon, étant également provisoirement indiquée par des jalons. Examen fait
du terrain de ce cantonnement, nous avons reconnu qu'il est
bien inférieur à celui du restant de la forêt de M. de Menon,
et qu'un complément considérable sera nécessaire pour former
la valeur du lot revenant à la commune de Varacieux. Nous
avons fait le classement du sol, et en avons déduit la valeur,
ainsi qu'il est indiqué au tableau n.º 4.

Nous avons ensuite fait la même vérification pour le cantonnement de Murinais, situé à la naissance de la combe
Valorsières et au coin de Murinais, depuis la borne n.º 19
et le cantonnement de Varacieux, jusques à la Croix-Nicolas
et à la limite du cantonnement adjugé précédemment à la
commune de Chevrières. La ligne de séparation du côté de
M. de Menon, étant provisoirement indiquée par des jalons,
nous avons reconnu que le terrain était bien meilleur généralement que celui du précédent, en comprenant cependant du
mauvais, en compensation duquel un complément sera nécessaire. Nous en avons classé les différentes natures de terrain
pour en déduire la valeur exactement, ainsi qu'on le verra ci-
après sur le tableau n.º 4.

Nous devons observer que tous ces complémens à ajouter
aux cantonnemens des communes, sont une nécessité résultant de leur emplacement le long de la hauteur du chemin
de l'Estra, qu'il nous est impossible de changer, parce qu'ils
occupent toute la partie de la forêt la plus rapprochée des

communes, ainsi que le veulent les instructions du 24 avril
1825; et sont en même temps une compensation éminemment
équitable des mauvais terrains qu'ils contiennent relativement
à la partie restante à M. de Menon, dont la contenance
se trouve ainsi justement réduite jusques à concurrence de
la plus value du sol qui lui est alloué pour sa part; le
classement de cette portion nous a également servi à en déduire la valeur exacte : elle est également indiquée en son lieu
sur le tableau n.° 4.

La nuit nous ayant séparés, nous avons indiqué une réunion chez M.ᵉ Frachon, notaire à Saint-Marcellin, l'un de
nous, pour le samedi, 2 juillet, à neuf heures du matin,
afin d'examiner et adopter définitivement le tableau n.° 4 sus-
cité; et après lecture faite, toutes les parties ont signé.
PETIT, maire de Brion; Michel TRIBOULLIER, maire de Chasselay; DÉTROYAT, maire et expert de Varacieux; le marquis
DE MURINAIS, maire et expert; GILBERT, RAMBERT, FARRE,
Henri FRACHON, et FRACHON, commissaire.

ET le samedi, deux juillet mil huit cent vingt-cinq, à
neuf heures du matin, nous Commissaire et les personnes
dénommées aux précédentes séances, nous étant réunis à
Saint-Marcellin, chez M.ᵉ Frachon, notaire, l'un de nous,
à neuf heures du matin, nous nous sommes occupés à
vérifier les calculs qui ont servi à former le tableau n.° 4,
dont s'agit, et, après avoir été adopté, il a été transcrit
ci-après.

N.° 4. *TABLEAU des contenances effectives et de la valeur vénale des lots adjugés aux communes de Brion, Chasselay, Varacieux, Murinais et à M. de Menon-de-Ville, dans la partie de la forêt de Chambaran, indivise entr'eux.*

RÉSULTAT définitif de l'estimation et du partage.

DÉSIGNATION des LOTS.	CONTENANCE PAR CLASSE.				CONTENANCE totale de chaque lot.	MONTANT DE LA VALEUR PAR CLASSE.				VALEUR totale de chaque lot.
	1.re Classe.	2.e Classe.	3.e Classe.	4.e Classe.		1.re Classe.	2.e Classe.	3.e Classe.	4.e Classe.	
	h. a. c.	h. a. c.	h. a. c.	h. a. c.	h. a. c.	fr. c.	fr. c.	fr. c.	fr. c.	fr. c.
BRION	1 73 83	16 80 41	25 89 45	12 16 89	56 60 58	756 16	5,444 52	5,489 58	1,289 90	12,980 16
CHASSELAY . . .	15 73 »	28 52 75	20 16 30	15 68 04	80 10 09	6,842 55	9,242 91	4,274 56	1,662 10	22,022 12
VARACIEUX . . .	7 59 14	54 81 08	66 64 86	59 24 35	188 29 43	3,302 26	17,758 70	14,129 50	6,279 81	41,470 27
MURINAIS	11 64 45	31 05 20	21 47 60	19 40 83	83 58 08	5,065 36	10,060 86	4,552 91	2,057 28	21,736 41
TOTAUX p. les Comm.es	36 70 42	131 19 44	134 18 21	106 50 11	408 58 18	15,966 33	42,506 99	28,446 55	11,289 09	98,208 96
M. de Menon . . .	226 29 58	182 97 76	130 64 59	105 75 »	645 66 93	98,438 67	59,284 82	27,696 93	10,997 50	196,417 92
TOTAUX de la masse .	263 » »	314 17 20	264 82 80	210 25 11	1,052 25 11	114,405 »	101,791 81	56,143 48	22,286 59	294,626 88

Duquel tableau il résulte que , pour obtenir la valeur assignée à chaque lot par l'état n.° 3 (voir ci-devant), il a fallu adjuger à chaque co-partageant les contenances suivantes, savoir :

A la commune de Brion , 56 hectares 60 ares 58 centiares.

A celle de Chasselay , 80 hectares dix ares 9 centiares.

A celle de Varacieux, 188 hectares 29 ares 43 centiares.

A celle de Murinais, 83 hectares 58 ares 8 centiares , et le restant s'élevant à 643 hectares 66 ares 93 centiares à M. de Menon-de-Ville.

D'où il suit que le complément pour la commune de Brion est de 10 hectares 24 ares 81 centiares.

Pour Chasselay, de 1 hectare 45 ares 4 centiares.

Pour Varacieux, de 40 hectares 18 ares 62 centiares.

Et pour Murinais, de 5 hectares 95 ares 8 centiares, d'après le tableau comparatif qui va suivre.

N.° 5. *TABLEAU de comparaison entre les contenances proportionnelles indiquées par les transactions de 1823 et celles réelles résultant du procès-verbal.*

NOMS des COMMUNES.	CONTENANCE d'après LES ACTES.			CONTENANCE d'après L'ESTIMATION.			SUPPLÉMENT à FOURNIR.		
Murinais. . . .	77	63	»	83	58	08	05	95	08
Varacieux . . .	148	10	81	188	29	43	40	18	62
Chasselay . . .	78	65	05	80	10	09	1	45	04
Brion	46	35	77	56	60	58	10	24	81
Totaux. .	350	74	63	408	58	18	57	83	55

Pour raison desquelles différences, nous avons engagé l'arpenteur Frachon à se transporter sur les lieux, afin d'y continuer les opérations nécessaires à la fixation des limites provisoires du lot présentement abandonné à chaque commune, en emplaçant, à la suite des contenances déjà mesurées, celles dont se composent les supplémens.

Le tout ainsi convenu, et la journée entière s'étant écoulée, nous avons terminé la séance, en invitant les parties à se représenter le lundi, 4 juillet, à neuf heures du matin, à la borne du Plot ; et, après lecture faite, elles ont signé. PETIT, maire de Brion ; Michel TRIBOULLIER, maire de Chasselay ; DÉTROYAT, maire et expert de Varacieux ; le marquis DE MURINAIS, maire et expert ; GILBERT, RAMBERT, Henri FRACHON, FARRE, et FRACHON, commissaire.

Le lundi, quatre juillet mil huit cent vingt-cinq, à neuf heures du matin, nous Commissaire, nous étant rendu au lieu désigné en la précédente séance, accompagné de toutes les personnes aux qualités qui précèdent, à l'effet d'asseoir et de décrire les cantonnemens, résultat de toutes les opérations qui ont fait jusqu'à présent la matière de ce procès-verbal, le sieur Frachon fils, géomètre, nous a communiqué les plans qui représentent ces cantonnemens, dont les contenances ont été rectifiées suivant les tableaux dressés et adoptés en la séance du samedi, 2 courant.

Après nous être assuré de leur exactitude, et avoir reconnu que les dispositions qu'ils renferment sont l'expression de la volonté des parties, nous en avons de suite fait l'application sur le terrain, et avons tracé les contenances, soit au moyen

de forts piquets plantés aux angles, soit en ouvrant de
petits fossés, ou sauts de loups, longs de 2 mètres, à la
distance de 100 mètres environ les uns des autres. Nous
observons de nouveau que ces cantonnemens sont le plus
à proximité, et joignant même le territoire des communes
auxquelles ils appartiennent; comme aussi leur figure est la
plus régulière que permettaient les localités.

Les portions de la forêt de Chambaran, qui reviennent à
chacune des quatre communes, se trouvent donc délimitées et
décrites comme suit :

BRION. Le polygone attribué à la commune de Brion est
circonscrit, en partant de la borne du plot n.º 6 du périmètre général, par la ligne adoptée en 1824, lors de la
reconnaissance de ce périmètre, jusqu'à 276 mètres au-delà
du n.º 8; de ce point, qui se trouve encore éloigné de 172
mètres de la borne n.º 9, la ligne de démarcation se dirige
au nord-ouest, en formant un angle de 90 degrés. Elle
s'étend sur une longueur de 600 mètres en ligne directe,
et, remontant au nord-est en formant un angle de 80 degrés
54 minutes, va joindre, sur le périmètre général, le bois
de M. de Goutefrey, à 685 mètres en-deça de la borne
n.º 6; l'angle qui existe à ce point de rencontre se trouve
contenir 108 degrés et 7 minutes.

Ce polygone, dont la figure est assez régulière, contient
56 hectares 60 ares 58 centiares; il joint, par angle, le
territoire de Brion, et se trouve séparé du surplus de la forêt
par une ligne droite qui termine en même temps, du même
côté, le cantonnement de Chasselay.

CHASSELAY,

CHASSELAY. Au point ci-dessus indiqué, à 172 mètres de la borne n.º 9 du périmètre général où aboutit le cantonnement de Brion, commence celui de Chasselay, dont la contenance s'élève à 80 hectares 10 ares 9 centiares; la ligne qui le circonscrit, ayant joint cette même borne n.º 9, suit la délimitation adoptée, les 6 et 7 juin dernier, pour l'enclave des propriétés particulières, joignant terre Rouge et celle des bois Rojat et Meunier.

Ainsi, parvenu à la borne n.º 11 du périmètre général, nous nous sommes dirigés à la borne de la Vipierre n.º 12, en comprenant, dans le cantonnement de Chasselay, la portion de bois, au midi, qui fut reconnue dépendre de la forêt dans la séance du jeudi, 14 octobre 1824, et que réclamait alors le sieur Giroud-Vernerette.

De la borne n.º 12, la ligne de démarcation suit, sur une étendue de 602 mètres, dans la direction du nord-ouest, le fossé qui se dirige à la borne croisière, et sépare la portion de M. de Menon de celle appartenante à MM. de Clermont-Tonnerre et de la Tourrette; à cette distance de 602 mètres, vient aboutir la ligne droite partant du bois de M. de Goutefrey, pour fixer le cantonnement de Brion, en formant, avec la précédente, un angle de 108 degrés 56 minutes jusqu'à la rencontre du cantonnement de Brion, et de là, nous avons rejoint le point de notre départ, distant de 600 mètres, longueur précitée; c'est-à-dire, que le cantonnement ci-dessus, et celui que nous décrivons, ont un côté commun perpendiculaire sur la ligne du périmètre général que déterminent les bornes n.ºs 8 et 9.

Cette limitation se trouve, comme la précédente, tracée sur le terrain par des piquets et des fossés.

7

Attendu qu'il est huit heures du soir, nous avons renvoyé
la continuation de nos opérations à demain, 5 juillet, à neuf
heures du matin, au lieu de la Vipierre; et, après lecture
faite du présent, nous sommes signé avec les parties. *Signé*
PETIT, maire de Brion; Michel TRIBOULLIER, maire de Chasselay; DÉTROYAT, maire de Varacieux et expert; le marquis
DE MURINAIS, maire et expert; GILBERT, RAMBERT, Henri
FRACHON, FARRE, et FRACHON, commissaire.

LE cinq juillet mil huit cent vingt-cinq, à neuf heures du
matin, nous commissaire nous étant rendu au lieu de la
Vipierre, ainsi que toutes les personnes dénommées aux précédentes séances, à l'effet de continuer l'application et la description des cantonnemens dont les plans ont été dressés sur
les bases que renferme le présent procès-verbal; et l'arpenteur Frachon s'étant livré aux opérations nécessaires pour
parvenir au but de notre réunion, nous en rapportons le
résultat de la manière suivante :

VARACIEUX. Le fossé qui part de la borne Croisière, et
aboutit à celle de la Vipierre n.° 9, est assez connu; il forme,
dans toute son étendue, la limite nord-est de la portion accordée à la commune de Varacieux.

De la borne n.° 9 ci-dessus, la ligne de circonscription
suit celle adoptée pour le périmètre général jusqu'à la borne
n.° 19, en face du bois de Joseph Soullier, sous la distraction
toutefois de la propriété enclavée de la veuve Rambaud, dont
la délimitation a eu lieu le 9 juin dernier.

Nous avons ensuite tracé, dans la direction du nord-ouest,
une ligne droite de 965 mètres, formant un angle de 86

degrés 55 minutes, dont le sommet existe à ladite borne
n.º 19; cette ligne aboutit à la naissance de la combe Foity;
de son extrémité, on va rejoindre directement la borne Croisière, point de départ, en formant un angle de 93 degrés
28 minutes.

Telle est la délimitation du cantonnement de Varacieux
qui présente une surface de 188 hectares 29 ares 83 centiares, non compris la contenance des propriétés enclavées
au mas de la Verrerie - Vieille, et délimitées le 8 juin
dernier.

MURINAIS. Le polygone attribué à cette commune présente une surface de 83 hectares 58 ares 8 centiares ; il
prend naissance à la borne n.º 19 du périmètre général ,
à la suite du cantonnement de Varacieux , et s'étend jusqu'à celle n.º 24, près la croix de Nicolas, vis-à-vis le territoire de Chevrières, en suivant la limitation adoptée en 1824,
faisant distraction toutefois des bois Falque, Tournier et
Jacquin-Chapot, enclavés dans le périmètre général et déli-
mités les 10 et 13 juin dernier.

De cette borne n.º 24, la ligne de circonscription se dirige
au nord, en laissant, au couchant, le cantonnement de Chevrières, et formant, avec la borne n.º 23, au coin de Murinais, un angle saillant de 67 degrés 13 minutes.

Nous avons fait connaître, dans notre procès-verbal du 17
mai dernier, que le cantonnement de Chevrières, St.-Appo-
linard et Bessins, présentait, dans cette partie, une largeur
de 518 mètres 3 décimètres. Cette même ligne sera prolongée de 497 mètres, à l'égard du cantonnement de Murinais,

qui présentera donc, du côté du couchant, une étendue de 1,015 mètres et 30 centimètres.

A cette extrémité désignée sur le terrain, comme sus est dit, par un piquet et des fossés, la ligne remonte au nord-est, en traversant la route départementale, à la distance de 90 mètres ; elle se prolonge, sur une longueur totale de 361 mètres, jusqu'à la naissance de la combe Foity, et forme, avec la précédente, un angle saillant de 142 degrés et 8 minutes. Nous faisons remarquer que cette direction aboutit précisément à la borne dite Croisière dont il a été fait mention, de manière que l'ensemble des cantonnemens de Murinais et Varacieux ne présente, de ce côté, qu'une seule ligne droite.

La délimitation du polygone de Murinais se complète par une ligne droite de 965 mètres, qui, partant de la naissance de la combe Foity, en formant un angle de 86 degrés 32 minutes, va rejoindre la borne n.º 19, point de départ où se trouve le sommet d'un angle également saillant, qui contient 120 degrés 58 minutes.

Ainsi se trouve déterminée et délimitée la portion de la forêt de Chambaran - Roybon, attribuée aux communes de Murinais, Varacieux, Chasselay et Brion, pour leur canton-nement respectif, présentant, comme nous l'avons dit, une surface de 408 hectares 68 ares 18 centiares, dans laquelle se trouvent compris, savoir :

Dans la portion de Murinais, le rafour, terre et dépen-dances de sieur Joseph Tournier, tels qu'ils se poursuivent et se comportent ; étant observé que ce terrain n'est qu'une pure usurpation pour laquelle il a été payé dans un temps redevance à la commune de Roybon.

Dans celle de Varacieux, la maison, les bois et la terre de Louis Belin, présentant, d'après le rôle établi à cet effet à Roybon, une usurpation de 2 hectares 73 ares 73 centiares.

Ceux de Suiffon-Ballet, présentant également une usurpation de 3 hectares 82 ares 56 centiares.

La terre et le bois du sieur Joseph-Mathieu Bayoud, présentant une usurpation de 73 ares dix centiares.

La maison et terre de Nicoud-Franquet, présentant 1 hectare 7 ares 69 centiares.

Celle de Nicoud-Franquet (Sylvestre), présentant 26 ares 74 centiares.

La terre de Jean-Soullier, de la contenance de 31 ares 35 centiares.

Enfin, la maison, terres, bois et broussailles de Barthelemy Muselier, composant une masse de 2 hectares 92 ares 32 centiares.

Et dans celle de Chasselay, la terre de François Audouard père, de la contenance de 29 ares 82 centiares.

Celle de Jacques Charpenay, portée au rôle pour une contenance de 53 ares 70 centiares; mais réduite aujourd'hui à environ moitié, au moyen de la délimitation provisoire par nous faite dans la séance du 6 juin dernier.

Enfin, celle de Chevalier (Pierre), de la contenance de 64 ares 7 centiares.

Attendu qu'il est sept heures du soir, nous Commissaire nous avons renvoyé la continuation de notre opération à demain, en invitant toutes les personnes présentes à se réunir, sur les neuf heures du matin, à la Verrerie - Vieille ; et, après lecture, nous avons signé avec toutes les parties ci-devant dénommées. *Signé* PETIT, maire de Brion ; DÉTROYAT, maire et expert de Varacieux ; Michel TRIBOULLIER, maire de Chasselay ; le marquis DE MURINAIS, maire et expert ; GILBERT, RAMBERT, Henri FRACHON ; FARRE, et FRACHON, commissaire.

LE six juillet mil huit cent vingt-cinq, à neuf heures du matin, au lieu de la Verrerie-Vieille, indiqué dans notre séance d'hier, en présence de toutes les personnes indiquées à nos précédentes séances.

Nous Commissaire avons représenté à toutes les parties qu'au moyen de la conclusion des différentes opérations analysées à nos précédentes séances, il ne nous restait plus qu'à prendre une détermination relative aux propriétés usurpées, les plus rapprochées de la ligne intérieure du cantonnement, et maintenant placées dans le lot des propriétaires. Pour faire la juste application, à ce sujet, des instructions dont l'exécution nous a été confiée, nous en avons de nouveau pris lecture, et il a été reconnu, à l'unanimité, qu'il devenait indispensable de prendre en considération toute particulière les dispositions qu'elles renferment relativement à ces usurpations, pour la plus grande sécurité des propriétaires et des communes.

D'après l'extrait du rôle établi à Roybon, ces usurpations consistent, en partie, au mas des Bugnassières :

1.° Dans 1 hectare 10 ares 85 centiares de terre, sur lesquels la femme Rose Meynier possède une maison ;

2.º Dans 4 hectares 36 ares 71 centiares de terre et bois, à l'emplacement desquels est également une maison où réside la veuve de Benoît Bourre;

3.º 38 ares 88 centiares en bois, détenus par les héritiers de François Gerbert-Genton;

4.º Dans 9 ares 74 centiares de bois, possédés par François Gerbert-Genton fils à François;

5.º Dans 4 hectares 26 ares 75 centiares en terre, possédés par Paul Fillet, sur lesquels est une maison;

6.º 39 ares en bois et terre, possédés par François Gerbert-Genton fils d'Antoine;

7.º 28 ares 85 centiares en bois, possédés par Antoine-Gerbert Genton fils d'Antoine;

8.º 98 ares 86 centiares en bois, possédés par Nicoud-Léonard Grassot jeune;

9.º 2 hectares 19 ares 60 centiares, sur lesquels est une maison possédée par Joseph Patel;

10.º Et 2 hectares 13 ares 15 centiares en terre, pré et bois, sur lesquels est une maison possédée par Jean-Pierre Triboullier père, et aujourd'hui réduite, au moyen du fossé qui sépare la portion de M. le comte de Menon d'avec celle de M. le duc de Tonnerre et M. le marquis de la Tourrette, à environ la moitié.

Ce qui présente, en totalité, une contenance de 16 hectares 16 ares 39 centiares.

D'après cet exposé, nous nous disposions à reconnaître ces emplacemens sur le terrain, lorsque M. Gilbert, ci-devant dénommé et mandataire de M. le duc de Clermont-Tonnerre et de M. le marquis de la Tourrette, nous a fait observer que, par suite de l'examen auquel il s'est déjà livré en présence de M. le Garde-général Farre, l'habitation des nommés Joseph Patel, et la terre de Jean-Pierre Triboullier, semblaient devoir faire partie du cantonnement de la commune de Roybon, d'où il s'en suivait que nous ne devions nous occuper que du surplus desdites usurpations.

Procédant à l'instant à l'examen de ces dernières usurpations, nous avons engagé MM. les Maires desdites communes à faire l'application des principes adoptés relativement à ces usurpations.

En conséquence, nous avons reconnu, d'après l'observation qui vient d'être faite, que les 16 hectares 16 ares 39 centiares de terrain en différentes natures usurpés, se trouvaient réduits à 11 hectares 83 ares 64 centiares, tant en terres qu'en bois.

En conséquence, il a été également arrêté que tout ce qui se trouvait en bois, devant naturellement composer le lot du propriétaire, M. de Menon, les usurpateurs reprendront seulement sur le lot des communes, dont le terrain sera le plus rapproché, le montant des terrains par eux défrichés ; ainsi, par exemple :

Les 11 hectares 83 ares 64 centiares, tant en terres qu'en bois, sur lesquels sont emplacées quatre maisons, et détenus dans ce moment par Meynier (Rose), Bourre, veuve Benoît, Gerbert-Genton, fille à François Fillet ; autre Genton, fils d'Antoine, héritier de François Genton ; Antoine Genton et Nicoud-Léonard, jeune Grassot, seront, pour le plus, comme pour le moins, reportés, comme il vient d'être dit,

dans

dans chacun des lots des communes les plus voisines de ces usurpations.

Mais, attendu que ce déplacement occasionnera une dépense extraordinaire pour ces usurpateurs, lesdites communes devront y suppléer par une portion de terrain plus considérable, et qui sera ultérieurement déterminée entre ces détenteurs et lesdites trois communes, de manière à ce que M. de Menon ne puisse être recherché à ce sujet; si mieux aime toutefois M. le comte de Menon prendre tels arrangemens avec ces détenteurs, la faculté lui en est entièrement réservée.

A l'égard des portions de terrains en bois usurpés par les susnommés dans le lot qui reste à M. de Menon, il sera libre de les reprendre, à la charge de rembourser à ces individus la redevance qu'ils ont payée à Roybon, d'après l'âge que présentera la coupe de ces bois, ou ces usurpateurs pourront eux-mêmes profiter de cette coupe en l'exploitant, sous la surveillance desdits propriétaires, si toutefois elle a atteint l'âge.

Attendu que l'opération de cantonnement se trouve entièrement terminée, il ne nous reste plus maintenant qu'à indiquer le mode à suivre pour le remboursement des frais.

Au moyen de ce que la portion, remise auxdites communes pour compléter leur lot, a été augmentée d'un supplément, il demeure convenu que l'imputation des frais se fera sur ce supplément.

Ainsi; on a vu que, pour la commune de Murinais, le supplément à lui remettre se trouvait fixé dans la troisième classe, dont le prix a été porté à 212 fr.;

8

Que, pour celle de Varacieux, le supplément se trouvait fixé dans la deuxième classe, dont le prix a été porté à 324 fr. ;

Que, pour celle de Chasselay, le supplément se trouvait fixé dans la première classe, dont le prix a été porté à 425 fr.

Enfin, pour celle de Brion, le supplément était fixé dans la troisième classe, dont le prix a été porté à 212 fr. ;

Il sera donc facile à l'autorité de fixer ses idées sur la portion de terrain représentative qui devra rester à M. de Menon, pour les frais à la charge des communes.

Nous croyons devoir observer que le supplément de contenance à remettre à Chasselay, ne s'élevant qu'à 1 hectare 45 ares 4 centiares, il paraîtrait qu'il ne suffira pas pour le montant des frais à sa charge ; c'est pourquoi, lorsque cette compensation sera faite, il sera donné une quantité de terrain suffisante sur la ligne, au nord-ouest, que présente dans ce moment le cantonnement, et dont nous estimons, dès-à-présent, le terrain moitié en première classe et moitié en seconde classe.

Le but de notre réunion nous paraissant entièrement atteint par toutes les opérations dont nous avons rédigé le présent procès-verbal, nous avons clos la présente séance, en engageant les parties à se retirer devant M. le Préfet, pour en réclamer son homologation, et à signer avec nous après lecture faite.

Nous étant taxés, savoir : Nous dit Frachon, commissaire délégué par M. le Préfet, la somme de 576 fr., savoir : 480 fr., pour quatre-vingt-seize vacations, dont quatre-vingt sur les lieux, et seize pour transport et retour, à 6 fr. l'une ; et 320 fr. pour quatre-vingts vacations à chacun de MM. Gilbert, expert de M. de Menon ; d'Auberjon-de-Muri-

nais, Détroyat et Petit, experts de leur commune ; et celle
de 180 fr. pour frais de trois indicateurs employés, outre
papier ; M. d'Auberjon - de - Murinais ayant déclaré que son
intention était que cette taxe profite à sa commune et vienne
à la décharge de sa portion de frais. *Signé* PETIT, maire
de Brion ; Michel TRIBOULLIER, maire de Chasselay ; DÉ-
TROYAT, maire et expert de Varacieux ; le marquis de MURI-
NAIS, maire et expert ; GILBERT, RAMBERT, Henri FRACHON,
FARRE, et FRACHON, commissaire.

Suivent les annexes :

LE vingt juin mil huit cent vingt-quatre, le Conseil municipal de la commune de Murinais, réuni pour délibérer sur
la désignation d'un expert, chargé de fixer la délimitation de
la forêt de Chambaran et de veiller aux intérêts de la commune de Murinais dans le partage qui doit être fait avec les
propriétaires de cette forêt, par suite de la transaction qui
a été signée à Murinais, en Mairie, le 1.er septembre 1823 ;
le Conseil délibérant sur cet objet, et, sur l'exposé que lui en
a fait M. le Maire, reconnaissant l'importance et l'utilité de
ce partage pour tous les habitans de la commune, nomme M. le
marquis de Murinais pour son expert, qui, de concert avec
ceux des propriétaires de Chambaran, fixera la délimitation et
la valeur du sol qui doit revenir aux habitans de la commune
de Murinais, conformément à la transaction du 1.er septembre 1823, ci-dessus citée.

Ainsi délibéré à Murinais, en Mairie, le jour et an que
dessus. *Signé* à l'original, REVOL, adjoint ; Pierre ARGOUD,

20 Juin et 16
octobre 1824.

Délibération
et prestation de
serment de l'ex-
pert de Muri-
nais.

Jean MANGER, Jean - Baptiste GUILLOT, GIRAUD, Antoine
BUISSON, le marquis DE MURINAIS, maire.

POUR copie conforme à l'original, délivré en mairie, à Murinais, le 13 octobre 1824. *Signé* le marquis DE MURINAIS,
maire.

PAR procès-verbal du seize octobre mil huit cent vingt-
quatre, enregistré, fait devant le Juge de paix du canton de
Saint-Marcellin, M. de Murinais a prêté le serment voulu par
la loi.
Saint-Marcellin, le 6 décembre 1824.

Signé BOISSET, *greffier.*

Extrait des délibérations du Conseil municipal de la commune de Brion.

9 Mai et 25 oc-
tobre 1824.

Délibération
et prestation de
serment
pour l'expert de
Brion.

LE neuf mai mil huit cent vingt-quatre, au lieu de Brion,
et dans la salle où le Conseil municipal tient ordinairement
ses séances, ensuite de la lettre de M. le Sous-Préfet de l'arrondissement de Saint-Marcellin, du 2 avril dernier, le sieur
Joussard, adjoint de ladite commune de Brion, a convoqué le
Conseil municipal de ladite commune, à l'effet de délibérer sur
la nomination d'un expert, qui sera chargé de s'entendre,
concurremment avec celui des propriétaires qui ont droit dans
la forêt de Chambaran de Roybon, sur les opérations de délimitation et autres actes prévus, pour parvenir à l'expédition
de la portion qui doit revenir à notre commune.

Le Conseil municipal délibère ce qui suit : Qu'il propose;

pour expert de ladite commune de Brion, le sieur Etienne
Petit, propriétaire et maire de ladite commune, et propose,
pour lui aider, si besoin fait, dans ses opérations, le sieur
François Sauze, géomètre à Saint-Geoirs, et lesdits experts
seront payés aux frais de la commune.

Fait et délibéré à Brion, le 9 mai 1824, par les membres
du Conseil municipal ci-après dénommés.

Dénomination du Conseil municipal présent à la séance,
GERMAIN (Joseph), MÉARY (François), ROJAT (Pierre),
FAVIER (Joseph), CHAMPON (Louis), GUILLOT (Joseph),
MÉARY (Dubois - François), CHAMPON (Maurice), PETIT
(Joseph). Tous signés au registre. Certifié conforme et véri-
table par nous, *Signé* PETIT, maire.

Le sieur Petit a prêté serment, en qualité d'expert, à l'au-
dience publique de M. le Juge de paix de ce canton, du 25
octobre 1814. *Signé* COCHET, greffier.

Prestation de serment de M. Détroyat, en sa qualité d'expert.

11 octobre 1824.

Prestation de
serment de l'ex-
pert de Vara-
cieux.

Du onzième octobre mil huit cent vingt-quatre, devant nous
Louis-François Sorrel, juge de paix du canton de Vinay, en
notre demeure, audit Vinay, écrivant Claude Surre, notre
greffier.

Est comparu M. François-Hypolite Détroyat, propriétaire et
maire de la commune de Varacieux, demeurant à Quinciyet;
lequel a dit que, par délibération du Conseil municipal de la
commune dudit Varacieux, en date du 11 avril 1824, il a été

nommé expert pour représenter la commune de Varacieux
dans le cantonnement qu'il écheoit de faire des bois de la
forêt appelée de Chambaran ; que la mission, qu'en cette qualité il est appelé à remplir, lui impose l'obligation de prêter
préalablement le serment devant nous ; qu'en conséquence il
requiert à ce qu'il nous plaise l'admettre et recevoir en son
dit serment, qu'il a sur-le-champ prêté, levant la main à la
manière accoutumée, a promis de bien et fidèlement remplir
les fonctions d'expert qui lui sont déléguées par la délibération
ci-dessus relatée.

Dont acte qu'il a signé avec nous et notre greffier. Ainsi à
la minute, Détroyat, Sorrel, juge ; Surre, greffier.

Enregistré à Vinay, le 11 octobre 1824. Reçu 1 fr. 10 c.
Signé Expilly.

Pour extrait au requis de M. Détroyat, *Signé* Surre,
greffier.

Extrait des minutes du greffe du Tribunal de paix du canton de Roybon. (Isère.)

Prestation de serment.

21 octobre 1824.

Prestation de serment de M. Gilbert, expert de M.de Menon.

Aujourd'hui vingt-un octobre mil huit cent vingt-quatre,
dans la salle de nos audiences publiques, à Roybon (Isère),
devant nous François Monteil, juge de paix du canton de
Roybon, assisté de notre greffier, est comparu sieur Claude-
Jean-Benoît Gilbert, rentier, demeurant à Saint-Marcellin,
lequel nous a dit que M. Louis-Augustin comte de Menon-de-

Ville, maire de la commune de Saint-Sevin, l'a nommé expert
pour procéder à l'attribution et estimation à faire aux communes de Varacieux, Chasselay, Brion et Murinais, de la
portion qui leur est accordée à titre de cantonnement dans la
forêt de Chambaran de Roybon, aux termes des transactions
passées devant M.ᵉ Frachon, notaire à Saint-Marcellin, le 20
septembre 1823, enregistrées et homologuées par ordonnance
royale du 18 septembre 1824; et comme, avant d'agir en ladite
qualité d'expert, il doit prêter serment devant nous, de bien
et fidèlement remplir la commission qui lui est déléguée, il
nous requiert à ce qu'il nous plaise le recevoir en ladite prestation et a signé. A la minute est signé GILBERT.

Nous, Juge susdit, vu la comparution et réquisition ci-
dessus, avons pris et reçu du sieur Claude-Jean-Benoît Gilbert
le serment qu'il a fait, la main levée, de remplir, en son
ame et conscience, la commission d'expert dont il est cas;
de laquelle prestation de serment nous lui avons donné acte,
qu'il a signé avec nous, les susdits jour, mois et an; à la minute
sont signés, GILBERT, MONTEIL, juge de paix; BERRUYER,
greffier.

Enregistré à Roybon, le 25 octobre 1824, f.° 195 r.°, c. 4
et 5. Reçu 1 fr. 1 déc. *Signé* CHARREL.

Extrait collationné sur la minute, et délivré au requis de
M. Gilbert par nous greffier: *Signé* BERRUYER, greffier.

Pour extrait collationné, certifié conforme :

Le Sous-Préfet,

CARA-DE-LA-BATIE.

1.er avril 1825.

Bornage
entre
M. de Menon
et
MM. de Ton-
nerre et de la
Tourrette.

ENTRE M. Jules-Gaspard Aynard, duc de Clermont-Tonnerre, pair de France;

Et M. Antoine-Marie-Just-Louis de la Rivoire, marquis
de la Tourrette, colonel de cavalerie; tous les deux domiciliés à Paris, et propriétaires par indivis de la forêt de
Chambaran de Roybon, enclavée dans l'ancien mandement
de Roybon;

Représentés par M. Claude-Jean-Benoît Gilbert, demeurant
à Saint-Marcellin, leur procureur-fondé, d'une part;

Et M. Louis Augustin, comté de Menon-de-Ville, maire
à Saint-Savin, aussi propriétaire d'une portion de la forêt
de Chambaran, en qualité de seul héritier de madame de
Menon-de-Ville de Sainte-Jay, son aïeule;

Représenté par M. Charles-Henri Rambert, percepteur des
contributions à Roybon, son mandataire, d'autre part;

En présence et par l'intermédiaire de M. Henri Frachon,
arpenteur des forêts à Saint-Marcellin.

Pour régler respectivement l'étendue de leurs possessions
dans ladite forêt, il a été convenu d'une délimitation définitive, résultant de l'application faite sur le terrain des bases
du traité, du 31 janvier 1783, et de la convention supplémentaire, du 26 août 1784, intervenue entre les anciens seigneurs de Roybon et celui de Varacieux.

Il est utile de faire connaître, pour l'intelligence de cette
opération, les dispositions desdits actes qui devaient terminer
tous les différens existans entre les parties au sujet de leurs
droits sur la forêt.

En effet, la contestation étant devenue sérieuse, afin d'é-
viter

viter des débats dispendieux et très-prolongés, on convint
de MM. de Vaulx, de Garnier et de Chaléon, président et
conseillers au Parlement de Grenoble, pour arbitres chargés
de proposer des termes de conciliation. Ce fut sous la médiation de ces Magistrats qu'intervint le traité du 31 janvier
1783, dont nous allons retracer littéralement quelques dispositions.

« Art. 1.er — Madame de Menon continuera de jouir et
» posséder, en toute propriété, les dépendances du fief de la
» Bâtie et les bois mis en réserve.

» Art. 2. — Elle conservera la propriété de la forêt qui est
» entre la combe de la Valorsière et le chemin qui va de
» Varacieux à Roybon, passant par Pommeras.

» Ladite limitation sera prise au chemin qui tend de Roybon
» à Pommeras, vis-à-vis le bas du penchant du Mollard-
» Beaumont, du côté du couchant, et suivant ledit chemin de
» l'Estra, jusques et compris le mas de Chapolier, et suivra
» le chemin allant vers Satralier et Clairefond, jusques au
» pont de la Chapelle, et dudit pont tendant en ligne droite
» au pied dudit Mollard-Beaumont, passant sous la maison
» de Triboulier.

» A la charge par elle, etc.... »

Pour réaliser l'esprit de ce traité, il fallait procéder à une
plantation de limites; mais cette opération fut différée, et de
nouvelles contestations s'élevèrent.

Les parties s'adressèrent alors à leurs anciens arbitres, sous
la médiation desquels intervint une convention supplétive à
la date du 26 août 1784, dont voici quelques-unes des dispositions

9

» « Pour prévenir les difficultés qui pourraient s'élever sur
» la limitation de la forêt de Chambaran, en exécution de
» l'art. 2 du traité du 31 janvier 1783, les parties intéressées
» désirant expliquer ledit article, il a été convenu :
» Que, du pont de la Chapelle, il sera tiré une ligne droite
» jusqu'au mur de face de la maison Triboulier, du côté du
» nord, et dudit mur, il sera tiré une ligne droite au pied du
» Molard-Beaumont, aussi du côté du nord, jusques à l'en-
» droit où il a été tracé un rond en crayon sur le plan
» communiqué par M. le duc de Clermont-Tonnerre ; et dudit
» pont, il sera tracé une ligne droite jusques à une autre
» marque faite sur ledit plan, vis-à-vis de deux J. J. majus-
» cules, correspondant à ces mots : *Etang de la Verrerie*;
» et, de ladite marque, il sera tiré une ligne droite jusques
» à l'entrée du chemin de Roybon à Varacieux, dans le che-
» min de l'Estra, à l'endroit où le mandement de Chasselay
» et de Varacieux se confinent.
» A laquelle décision, MM. de Clermont-Tonnerre, de
» Monteynard et de Menon, déclarent adhérer pleinement
» et entièrement ; et en conséquence, a été convenu entr'eux
» que les limites seront incessamment plantées par leurs
» agens respectifs, conformément aux lignes tracées sur le
» plan produit par MM. de Tonnerre et de Monteynard,
» et aux points indiqués par MM. les Arbitres ; lesquelles
» lignes les parties ont fait tracer à l'encre sous leurs
» yeux.
» Au surplus, convenu, 1.° que, du côté du mas du Cha-
» potier et de Chevrières, la ligne tracée à l'encre et la limi-
» tation doivent suivre le chemin ordinaire de Roybon à
» Saint-Marcellin, et que ladite ligne n'a été tracée extérieu-

» rement que pour ne pas effacer, sur le plan, la tracé dudit
» chemin ;

» Convenu, 2.°, etc........

Il s'agit donc de procéder aujourd'hui à une plantation de
bornes, en vertu des actes ci-dessus rappelés.

Cette opération, que les événemens de la révolution ont
fait suspendre jusqu'à ce jour, ainsi que la procédure relative au cantonnement de Chambaran, est d'autant plus nécessaire, qu'elle doit précéder les opérations du cantonnement
dont on va s'occuper, conformément aux traités passés en
1823, avec les communes usagères et à l'arrêté de M. le Préfet,
de l'Isère, en date du 4 août 1824.

Lecture ayant donc été prise des actes ci-dessus relatés,
les soussignés, après avoir parcouru les localités à l'aide du
plan intitulé : *Carte de la seigneurie de Roybon et de la
forêt de Chambaran*, sur lequel a été tracée par les arbitres, en 1784, la délimitation dont s'agit, décrivent ainsi
les limites de la portion de Chambaran, qui est attribuée
à M. le comte de Menon, et sur laquelle doivent être cantonnées les communes de Murinais, Varacieux, Chasselay et
Brion, conformément aux deux traités du 22 septembre 1823,
sans préjudice à la contribution que doit encore fournir M. de
Menon pour les cantonnemens de Chevrières et de Roybon.

Pont de la Chapelle.

POUR observer, dans le cours de cette délimitation, l'ordre
établi dans la convention du 26 août, qui fait la base de
notre travail, et nous conformer d'ailleurs aux instructions de
l'administration forestière, qui prescrit comme point de dé-

part'une limite naturelle et fixe, nous nous sommes portés
en la combe de Valorsière, au lieu où devait se trouver
le pont de la Chapelle, formant le premier point de station à l'angle nord-est du périmètre que nous devons parcourir.

On désigne vulgairement par le pont de la Chapelle ce
passage établi au travers du ruisseau de Clairefont, à 15
mètres au-dessus de la jonction du ruisseau de Valorsière
à ce dernier, c'est-à-dire à l'embranchement du chemin
allant chez Courcelle, sur celui de Saint-Marcellin à Roybon,
par Clairefont.

En partant donc de l'emplacement où était jadis ce pont
qui tirait son nom d'une chapelle établie à peu de distance,
et que la tradition nous apprend avoir été desservie par les
Antonins, nous nous sommes portés au nord-est, à l'effet de
reconnaître la maison Triboulier, indiquée comme point de
repaire de la reconnaissance dont s'agit.

Cette maison est encore existante au mas des Bugnassières, et possédée par les enfans dudit Triboulier, surnom-
més Meaubec.

Pour nous conformer aux plans et actes ci-dessus rappelés, nous avons tracé sur le terrain la ligne droite qui,
partant du pont de la Chapelle, devait aboutir à la face,
au nord, de la maison Triboulier. Il résulte, de cette opération, que la ligne de démarcation qui séparera dorénavant
la portion attribuée à M. le comte de Menon, après avoir
traversé diverses propriétés particulières, sur une étendue de
980 mètres, arrive à la forêt de Chambaran, immédiatement
après le bois du sieur Ageron, et à 58 mètres en-deça de
la route départementale, 9 , jusqu'à quel point il a été planté

une borne intermédiaire pour maintenir ce tracé. Cette borne, qui est en pierre dure, taillée à quatre faces, est placée au-delà de l'ancien chemin qui sépare la forêt du bois Ageron.

Le prolongement de la ligne jusqu'à l'angle de la maison Triboulier, après avoir traversé la route à 70 mètres de l'extrémité du grand alignement qu'elle présente, passe à 7 mètres et demi de la maison nouvellement construite, dans la forêt de MM. de Tonnerre et de la Tourrette, et possédée par le sieur Jean-Pierre Triboulier oncle; il rencontre ensuite un chemin qui descend à la maison de Meaubec, en séparant, dans cette partie, la forêt du bois patrimonial de ce dernier; à quel point il a été planté une nouvelle borne, que nous reconnaîtrons sous la désignation de *borne Triboulier*, et distante de 335 mètres de la précédente.

Enfin, nous sommes arrivés à la maison Triboulier-Meaubec, formant le deuxième point de station, et éloignée de 416 mètres du pont de la Chapelle, lieu de notre départ.

Mollard - Beaumont.

Les actes, plan et notes particulières du temps, que nous avons sous les yeux, nous indiquent que la ligne de démarcation doit se prolonger à partir de la maison Triboulier, dans la même direction du nord-est, inclinant légèrement au nord, jusqu'au pied du Mollard-Beaumont.

Nous nous sommes, en conséquence, tranportés audit lieu à l'aide du plan général, dont il est fait mention auxdits actes, et des renseignemens positifs que nous ont donnés des personnes d'un âge avancé et digne de foi.

Il est situé contre et à droite du chemin terminant le bois appelé la Grande-Forêt, appartenant à M. le comte de Menon, et précisément à l'angle que forme ce bois, à l'entrée du pré Louvier, possédé par ce dernier avant les traités susdatés et énoncés.

Le plan sus-rappelé indique que le même chemin devait être continué en revenant à l'ouest, au moyen d'un contour aigu très-rapproché du point que nous venons de fixer à l'entrée du pré Louvier.

Les traces apparentes de ce chemin ne nous laissant aucun doute sur la véritable position de ce point, nous y avons fait planter une borne empreinte du n.° 3, et distante de 13 mètres, sur le bord gauche de la rivière qui traverse le pré Louvier.

La ligne droite de 1,590 mètres qui y aboutit en fixant à la maison Triboulier le sommet d'un angle rentrant de 176 degrés, traverse la combe de Bugnassières, la forêt de la Blainte, et passe encore à l'extrémité de la combe appelée la Fouity.

Borne de la Grande-Croisière ou Pommeras.

En partant du pied du Mollard - Beaumont, la limitation doit être déterminée par une ligne droite, que la convention du 26 août rapporte avoir été tracée sur le plan jusqu'à une marque faite vis-à-vis deux JJ majuscules, correspondant à ces mots : *Etang de la Verrerie.*

Muni de ces documens et des informations auxquelles les parties ont déclaré s'en rapporter, nous avons reconnu que cette ligne, formant, avec la précédente, un angle saillant de 130 degrés et 50 minutes, se dirige à l'est et se termine, au chemin de Roybon à Chasselay, à 230 mètres du point vulgai-

rement appelé la Grand - Croisière, ou croisée dudit chemin
avec celui de la Verrerie-Neuve au Pommeras, à quelle distance nous avons fait planter, au-delà du chemin de Chasselay,
une nouvelle borne pour fixer le quatrième point de station.
Elle est encore éloignée de 220 mètres du milieu d'un petit
marais appelé Plâtre-de-la-Rivière-des-Pierres.

La ligne droite qu'elle détermine a été reconnue, d'après la
mensuration, contenir 1,396 mètres; ci . . . . 1,396 mètres.

Savoir : 1.° 230 mètres à partir du Mollard-
Beaumont jusqu'à la rencontre de Chambaran,
à quelle distance a été de même plantée une
borne intermédiaire au-dessus de la Rivière-
des-Pierres, ci 230

Le complément de 1,166 mètres, mesuré au
travers de la forêt, ci 1,166

Total égal. . . . . 1,396 mètres.

Le surplus de la limitation, indiquée par la convention du
26 août, est d'une facile application. Pour nous y conformer,
il a été mené une ligne droite, au midi, jusqu'au chemin de
l'Estra, précisément sur la borne n.° 12 du périmètre général
de la commune, établi en 1824; laquelle borne se trouve
placée contre le chemin de Roybon à Varacieux, appelé la
Vie-Pierre, formant limite entre les communes de Chasselay
et Varacieux : c'est le cinquième angle de la présente délimitation.

La ligne qui prend naissance à la borne précédente, dont
nous avons indiqué la plantation entre la Grand - Croisière et
le Plâtre-de-la-Rivière-des-Pierres, présente une longueur de

1,350 mètres, et fixe sur cette borne le sommet d'un angle saillant de 134 degrés 54 minutes.

Elle laisse, au levant, la forêt de MM. de Clermont-Tonnerre et de la Tourrette ; cependant nous observons que ces derniers, pour faciliter l'assiette des cantonnemens de Chasselay et Brion, à fournir par M. de Menon et les placer à proximité de ces communes, sont convenus, suivant acte déposé chez M.ᵉ Frachon, notaire, le 6 octobre 1824, d'expédier sur leurs possessions les deux cantonnemens ci-dessus, bien entendu qu'ils recevraient alors en échange, soit au Chapotier ou ailleurs, une surface égale en valeur à celles qu'ils auraient concédée.

Chemin de l'Estra.

LA limitation qui fait l'objet du présent procès-verbal coïncide maintenant avec celle adoptée, en 1824, pour le périmètre général de la commune, depuis la borne de la *Vie-Pierre* jusqu'à celle n.° 31, plantée en face de Paul Fillet, au point où le chemin de Saint-Marcellin à Roybon, par Clairefont, qui est maintenant peu fréquenté, remonte l'ancien chemin de l'Estra.

Nous avons donc suivi ce dernier chemin sur une étendue considérable, d'abord, au sud-ouest, en face de la commune de Varacieux ; et, dépassant ensuite le coin de Murinais, nous sommes arrivés, à l'ouest et en face du territoire de Chevrières, à la borne ci-dessus n.° 31, qui forme le sixième point de station.

Pensant qu'il est inutile d'indiquer ici le nombre et l'emplacement

cement des bornes placées sur le chemin de l'Estra, nous ren-
voyons, pour le détail de cette partie, au procès-verbal de la
délimitation du périmètre général, ayant pour date, au commencement, le 11 octobre 1824.

Chemin de Clairefont.

IL nous reste maintenant à rejoindre le pont de la Chapelle,
point du départ de notre reconnaissance, en suivant, au nord,
le chemin de Saint-Marcellin à Roybon, par le Saralier et
Clairefont.

Sa direction, en partant de la dernière borne, est constante
et ne peut être confondue avec un autre chemin qui s'y em-
branche dans Chambaran, un peu au-dessus de la naissance de
la combe Plâtre-du-Pontey, et se dirige sur la propriété de la
veuve Ginier-Grillot.

Le premier chemin qui doit servir à délimiter la portion
de M. de Menon, sera celui qui, après avoir traversé le
ravin ou naissance de la combe ci-dessus, arrive sur la sommité, à partir duquel point il est encaissé jusqu'à la forêt
du sieur Simien de St.-Etienne.

Pour en fixer l'emplacement, nous avons cru utile de
planter une dernière borne contre cette forêt, et à la distance de 40 mètres 40 centimètres de l'angle que forme, au
couchant, le bois de la veuve Ginier-Grillot.

Ainsi, cette borne sera éloignée de 633 mètres de celle
n.º 51, du périmètre général, distance mesurée suivant
une ligne droite qui s'écarte légèrement du susdit chemin de
St.-Marcellin à Roybon, restant au levant.

Partant de ladite borne, à l'entrée de la forêt du sieur

Simien, le même chemin se prolonge encore dans la même direction, en traversant diverses propriétés particulières, et laissant, à l'ouest, la forêt Simien, celle du sieur Mathieu, les terres et prés dudit Simien.

Les maisons ci-après désignées sont encore situées du même côté, et éloignées du chemin, savoir : 1.º celle de la veuve Ginier, de 170 mètres ;

2.º L'habitation du sieur Mathieu, appelée le Saralier, et désignée dans le traité de 1783, en est distante de 65 mètres ;

3.º Enfin, la grange de Clairefond est à 25 mètres du chemin, distance mesurée depuis l'angle le plus avancé des écuries.

Les propriétés, à l'est, qui se trouvent par ce moyen enclavées dans le périmètre que nous décrivons, sont encore, en partant de la dernière borne, la forêt Simien, la terre de Mathieu Bayoud, les terres, bois et prés Simien dépendant du domaine de Clairefond ; lequel dernier article d'immeubles aboutit au pont de la Chapelle, qui offre le sommet d'un angle saillant de 92 degrés 50 minutes, formé par une ligne droite de 1720 mètres, et mesurée depuis la borne qui est à l'entrée de la forêt Simien.

Ainsi se termine la limitation de la portion, attribuée dans la forêt de Chambaran à M. le comte de Menon, représentant l'ancien seigneur de Varacieux.

Elle a été tracée sur le terrain pour faciliter l'ouverture des fossés qui doit avoir lieu partout où la ligne de circonscription traverse la forêt de Chambaran.

De laquelle opération, faite en vertu des actes des 31 janvier 1783 et 26 août 1784, suivant encore les dispositions du même plan qui servit aux auteurs de ces actes, l'arpenteur soussigné a dressé le présent procès-verbal, auquel MM. Gilbert et Rambert, aux qualités qu'ils agissent, déclarent s'en rapporter dorénavant, et ont apposé leurs signatures après lecture faite.

Clos à Roybon, le 1.er avril 1825. *Signé* RAMBERT, Henri FRACHON et GILBERT.

Pour expédition collationnée, conforme à l'original déposé à la Préfecture, à la requête de M. Gilbert.

Grenoble, le 8 janvier 1827.

Pour le Préfet, député,

Le Secrétaire-général délégué,

DE BESSON.

GRENOBLE. — Imprimerie de F. ALLIER, cour de Chaulnes.

FORÊT DE CHAMBARAN.

PROCÈS-VERBAL
DE CANTONNEMENT
De la Commune de Dionay.

L'AN mil huit cent vingt-cinq, le jeudi six mai, à dix heures du matin, en la forêt de Chambaran, maison du sieur Manin-Lachaux, qui fut de Tiron, près de la combe de Dionay.

6 mai 1825,
clos
17 avril 1826.

Nous Antoine-Mathurin Frachon père, notaire à Saint-Marcellin, commissaire délégué par arrêté de M. le Préfet de l'Isère, à la date du 14 août 1824, et tiers-expert pour les opérations dont il sera ci-après parlé.

Assisté, 1.º de M. Jean-Jacques Farre, garde-général des forêts, résidant à Valence, délégué par M. le Conservateur des forêts du 13.º arrondissement, suivant sa lettre du 16 avril dernier;

2.º De M. Claude-Jean-Benoît Gilbert, légiste, domicilié actuellement à Saint-Marcellin, agissant en qualité de fondé de pouvoirs de MM. Jules-Gaspard Aynard, duc de Clermont-Tonnerre, pair de France, et Antoine-Marie-Just-Louis de la Rivoire, marquis de la Tourrette, colonel de cavalerie, demeurant à Paris, suivant procurations passées devant M.ᵉ Garnot,

1

notaire à Paris, les 19 mai et 17 juin 1823, dont expédition a été déposée aux minutes de nous, dit M.ᵉ Frachon.

Lesquels dits duc de Clermont-Tonnerre et marquis de la Tourrette sont propriétaires indivis avec M. le comte de Menon de la forêt de Chambaran, aux termes de la transaction ci-après relatée;

3.° De M. Charles-Henri Rambert, propriétaire domicilié à Roybon, agissant en qualité d'expert, nommé le 21 octobre 1824, par suite des pouvoirs que nous venons de relater, à l'effet de concourir aux opérations dont au présent procès-verbal, dans l'intérêt de M. le duc de Clermont-Tonnerre et de M. le marquis de la Tourrette. Lequel a prêté serment en ladite qualité, le même jour 21 octobre, suivant procès-verbal de M. le Juge de paix du canton de Roybon ;

4.° De M. Gabriel Germond, maire de la commune de Dionay;

5.° De M. Jean-Pierre Baudouin, notaire à Saint-Antoine, agissant en qualité d'expert de la même commune, nommé par délibération de son conseil municipal, en date du 15 avril 1824, dûment assermenté devant le juge de paix du canton de Saint-Marcellin, par procès-verbal du 16 octobre suivant;

6.° Et, enfin, de M. Henri Frachon fils, arpenteur attaché à la 13.ᵉ conservation des forêts, assermenté, et spécialement chargé de concourir également auxdites opérations, par arrêté de M. le Préfet, du 14 août 1824.

Tous lesquels réunis à l'effet de remettre à la commune de Dionay, une quantité de 61 hectares 28 centiares correspondant à 120 arpens forestiers qui lui ont été alloués à titre de cantonnement dans la forêt de Chambaran de Roybon, aux termes d'une transaction intervenue entre ladite commune et MM. de Clermont-Tonnerre, aïeul du prénommé, et de Monteynard, grand oncle maternel de M. le marquis de la Tourrette, le 10 septembre 1784, devant M.ᵉ Saint-Romme, notaire à Roybon; laquelle transaction a été confirmée et ratifiée par un traité supplémentaire, également intervenu avec lesdites communes, d'après les formes usitées, par acte passé devant nous dit M.ᵉ Frachon, notaire, et notre collègue, le 13 septembre 1823, dûment enregistré, homologué par ordonnance royale du 18 février 1824.

Le tout conformément à un arrêté de M. le Préfet du département de l'Isère, en date du 14 août 1824, et à ses instructions additionnelles au susdit arrêté, en date du 24 avril 1825.

A cet effet, M. Gilbert, audit nom, nous a remis :

1.º Lesdites transactions des 10 septembre 1784 et 13 septembre 1823;

2.º Le procès-verbal de bornage et arpentage, dressé devant M.ᵉ Faure, notaire à Bressieux, commissaire député en cette partie, le 20 août 1785, en présence du fondé de pouvoirs de MM. de Clermont-Tonnerre et de Monteynard, MM. Vachon, notaire à Chatenay; Giroud, commissaire à Terrier, expert-géomètre d'office, et feu M.ᵉ Frachon aîné, arpenteur de la maîtrise de Saint-Marcellin, lequel procès-verbal détermine et délimite lesdits 120 arpens;

3.º La minute du plan qui en a été dressé par ledit sieur Frachon;

4.º L'arrêté de M. le Préfet susdaté et les instructions additionnelles sus-mentionnées.

A l'instant même, nous avons pris lecture de chacune desdites pièces ; il en est résulté que la mission que nous avons à remplir consiste particulièrement, d'après les dernières instructions susdatées, savoir :

1.º A reconnaître l'emplacement où étaient assis les 120 arpens revenant à la commune de Dionay, conformément au procès-verbal de Faure ;

2.º A fixer et détourner les limites des propriétés particulières qui pourraient se trouver enclavées dans la quotité de terrain attribué auxdites communes ;

3.º A sortir de l'intérieur de la forêt, et du milieu des possessions de MM. de Clermont-Tonnerre et de la Tourrette, le petit nombre d'usurpateurs qui s'y trouveraient établis, en leur assignant en échange, et sur la circonférence du cantonnement affecté à ladite commune, une étendue de terrain plus considérable, à moins qu'il ne fût arrêté pour toujours, avec les administrateurs locaux, qu'il y a lieu d'invincer tout-à-fait ces usurpateurs ;

4.º A indiquer, enfin, la valeur estimative des terrains qui doivent entrer dans ce cantonnement, mais seulement pour mettre l'autorité à même de fixer la portion représentative de terrain que ladite commune aura à remettre aux propriétaires pour s'acquitter de la portion des frais à sa charge, conformément à l'arrêté du 14 août précité.

Ces bases établies, nous Commissaire chagé également, par l'arrêté susdaté, de mettre les parties d'accord sur les points de division en notre qualité de tiers-expert, nous avons invité toutes les parties à nous faire connaître les observations qu'elles pourraient avoir à présenter relativement aux dispositions qui viennent d'être analysées.

M. le Maire de Dionay nous a fait observer que , d'après
la transaction intervenue le 13 septembre 1823, les 61 hectares 28 ares qui avaient été accordés à la commune par
le traité de 1784, devaient être expédiés, eu égard à la valeur
et aux différentes natures de terrain ; qu'il ne s'agissait donc
pas de suivre de point en point la procédure de limitation
qui en avait été faite en 1785, mais d'ajouter au cantonnement, alors désigné, un supplément équivalent à la moins-
value qu'il prétend résulter de la comparaison de ce cantonnement avec le surplus de la forêt de Chambaran , restant
à MM. de Clermont-Tonnerre et de la Tourrette, qu'il nous
invitait d'observer, à cet effet, que la partie assignée à sa
commune, sur-tout dans le haut et le long du chemin de
l'Estra, ne présentait que des landes et bruyères ; que les
essences de bois y avaient été détruites ou abrouties par les
dévastations de toute espèce. Qu'en outre , cette partie était
entrecoupée, en tous sens, par des chemins qui, ayant fré-
quemment changé de place, occupaient une grande partie de
terrain qui ne pouvait être d'aucune valeur , et que, d'après
les termes rapportés ci-dessus du traité précité de 1823 , il
était dû un dédommagement à sa commune, en raison de cette
moins-value.

A quoi M. Gilbert, en sadite qualité, a répondu que les
prétentions de M. le Maire de Dionay étaient occasionnées
par une clause contradictoire avec toutes les autres dispositions du traité de 1823, qui approuve, de la manière la plus
formelle, le traité de 1784, et ordonne, art. 2, de se conformer à la procédure de limitation de 1785, ce qui exclut
l'addition de toute espèce de supplément au cantonnement
alors délimité ; qu'il s'agit seulement de le reconnaître pure-

ment et simplement ; que si cette partie de bois est réduite
en l'état où M. le Maire prétend qu'elle se trouve aujour-
d'hui, c'est parce que les habitans de Dionay ont abusé, de
la manière la plus inouie, des droits d'usage de la commune,
pour détruire la propriété en elle-même, autant qu'ils ont
pu ; que la partie qui doit rester aux propriétaires, en a
également souffert, et qu'il ne lui paraît pas juste de dédom-
mager la commune à leurs dépens pour les dévastations qu'elle
a souffertes de la part de ses propres habitans, et dont
MM. de Clermont-Tonnerre et de la Tourrette ont été également les victimes.

Que, d'après l'art. 2 du traité ratifié, du 2 septembre 1784, il
avait été convenu : « Que quoiqu'il y ait, dans lesdits 120
» arpens, quelques terrains qui ne soient pas en bois, ils
» feront fonds dans lesdits 120 arpens, ainsi que s'ils étaient
» en bois.

Qu'on voit encore, à l'appui des objections de M. Gilbert,
dans les conclusions du procès-verbal, en date au commencement du 30 mars 1785 « que le canton ci - dessus
» assigné à ladite communauté de Dionay, était essence chêne,
» hêtre et charme, en taillis ras dans son état actuel, le
» chêne y dominant ; que les bords, le long du chemin de
» l'Estra, se trouvent un peu dégradés sur environ 5 arpens
» de surface, l'essence y ayant été arrachée en différens en-
» droits, les gazons paraissant avoir été enlevés dans quel-
» ques parties depuis environ deux ans ; que d'ailleurs le
» surplus de ce canton est suffisamment garni de souches
» vigoureuses pour reproduire du taillis, et paraît, par la
» qualité des souches et du sol, de meilleure nature et pro-

» duction que ce qui reste du côté des gorges d'Aigue-Noire,
» aux seigneurs de Roybon. »

Qu'au surplus, si la partie du cantonnement dont il s'agit
a été dégradée le long du chemin de l'Estra, les autres parties, et sur-tout la combe au sud-est de la maison Sauvier,
sont garnies d'essence, et d'une belle végétation ; qu'il ne
croit pas que, comparaison faite de ce cantonnement avec
les autres parties de la forêt, qui contiennent de vastes can-
tous très-mauvais, il puisse en résulter une moins-value considérable pour la commune.

Qu'il soumettait ces observations à MM. les Experts, en
ajoutant que la prétention de M. le Maire de Dionay lui
paraissait d'autant moins fondée, qu'elle semblait en opposition
aux instructions additionnelles précitées de M. le Préfet, en
date du 24 avril dernier.

Nous Commissaire et experts susnommés, après avoir mûrement réfléchi les dires et observations des parties, ainsi
qu'aux dispositions des traités sur lesquels ils s'appuient respectivement, il nous a paru que, d'après la ratification formelle des actes et procédure de 1784 et 1785, exprimée dans
les articles 1.er et 2.e du traité de 1823, il semblerait que
nous n'aurions qu'à reconnaître sur les lieux la procédure de
limitation de 1785, et d'en faire l'application purement et
simplement, sans nous occuper des différentes qualités du sol ;
tandis que, pour satisfaire à la clause contenue en l'art. 1.er
du traité de 1823, portant que les 120 arpens seront expédiés
eu égard à la valeur et à la qualité des différentes natures
de terrain, la moins-value prétendue du cantonnement, entraî-
nerait l'addition d'un supplément de terrain quelconque, et
nécessiterait un changement plus ou moins considérable à la

délimitation de 1785, ce qui nous mettrait dans l'impossibilité de nous y conformer exactement ; d'où il résulte que le traité de 1823 contient des dispositions contradictoires, qui ne peuvent être exécutées simultanément sans violer les unes ou les autres.

En cet état de choses, nous avons pensé que, pour terminer cette difficulté, il s'agissait de reconnaître en quoi pouvait consister la moins-value du cantonnement de Dionay, et d'engager les parties de réduire leurs prétentions à un terme moyen qui, tout en conciliant les intérêts de chacun, terminât des contestations qui ne pourraient qu'avoir des suites fâcheuses.

C'est pourquoi nous avons arrêté ici la présente séance, et avons renvoyé au jeudi, 30 mai, pour parcourir l'étendue dudit cantonnement, en reconnaître la valeur proportionnellement à la portion restante, et avons chargé M. Frachon, arpenteur, de tracer à cet effet l'ancien cantonnement de 1784 ; et, après lecture, avons signé RAMBERT, FARRE, Henri FRACHON, GILBERT, GERMOND, maire, et FRACHON, commissaire.

ET le jeudi, trente mai, mil huit cent vingt-cinq, à neuf heures du matin, au lieu de Pontet, en la forêt de Chambaran, où nous nous sommes réunis avec les parties, conformément à notre dernière séance.

M. Frachon fils, ayant terminé les opérations géométriques qui devenaient nécessaires pour l'application de l'ancien plan, d'après son indication, nous avons reconnu le terrain sur lequel avaient été emplacés les 120 arpens par la procédure

dure de 1785, qui s'étendent depuis la borne n.° 61 de la délimitation du périmètre général fait en 1824, jusques à celle n.° 69 de la même délimitation, toujours en face du territoire de Dionay, sur une profondeur déterminée en ladite procédure, du côté des gorges d'Aigue-Noire.

Mais, avant d'en fixer la délimitation, nous nous sommes rappelé notre arrêté de la séance précédente, relativement au supplément à ajouter au cantonnement de Dionay, en raison de sa moins-value.

Pour prendre une délibération à cet effet, nous avons parcouru, avec attention, la partie qui compose le cantonnement de la commune de Dionay, à l'effet d'en reconnaître les diverses qualités de sol, et d'observer s'il est plus ou moins bien complanté en bois; et nous avons reconnu qu'effectivement du côté du midi, et le long du chemin de l'Estra, le terrain y était peu garni d'essence, dont la faible végétation annonçait le peu de profondeur du sol; mais que, du côté du nord, sur tout le penchant qui fait face à Aigue-noire, les essences y étaient en quantité bien suffisante, et annonçaient, par leur vigueur, la bonté du sol; la combe, près Sauvier, présentait plus particulièrement une belle végétation; et qu'en masse, la partie du bois, formant le cantonnement dont s'agit, ne contenait aucun bois propre à couper; que la valeur de sa superficie était nulle, parce qu'elle avait été continuellement dépouillée depuis bien des années; mais qu'elle ne demandait que du temps et une bonne conservation pour produire des coupes de bois d'une valeur considérable, à raison de leur étendue.

Parcourant ensuite la partie de Chambaran restante à MM. de Clermont-Tonnerre et de la Tourrette, nous avons reconnu

2

que, si la partie de la combe de Souté et du Fahy présentent des natures de terrains de première qualité et une belle végétation, une étendue non moins considérable, depuis Berruyer l'Allemagne jusques en Royandière, ne contenait que des landes presque dépourvues d'essence, ainsi qu'une partie du Pontet, d'autres parties du côté de Passardière et Charamelette se composent de terrains médiocres; que sur tous ces cantons les essences avaient été aussi continuellement dépouillées, et ne présentaient aucuns bois à couper, ni par conséquent aucune valeur pour la superficie, et qu'il faut partout du temps et de la surveillance pour en obtenir des coupes en valeur.

Que, depuis cet examen général, il résultait que les parties restantes aux propriétaires présentaient quelques cantons meilleurs que ceux du cantonnement de Dionay, et n'en contenaient pas de plus mauvais que les bords du chemin de l'Estra; que tout bien examiné, il serait probablement dû un léger supplément, en compensation de la moins-value, à la commune, pour raison desquels nous Commissaire et Agent forestier nous nous réservons de consulter l'Administration.

En conséquence, attendu l'heure avancée, nous avons clos la présente séance; et, après lecture, avons signé. RAMBERT, FARRE, Henri FRACHON, GILBERT, GERMOND, maire, et FRACHON, commissaire.

LE samedi, onze mars mil huit cent vingt-six, en l'étude de nous M.ᵉ Frachon à Saint-Marcellin, ensuite de l'invitation que nous avons donnée aux parties ci-devant dénommées, nous avons pris de nouveau communication des observations consignées aux précédentes séances. Il en résulte qu'il n'est plus question aujourd'hui que de s'entendre et de rapprocher les intéressés pour déterminer l'étendue du supplément à accorder à la commune de Dionay au cantonnement de 1784, à cause des chemins y pratiqués depuis lors, et l'indemniser de la moins-value à laquelle elle peut avoir droit.

Après en avoir référé, au surplus, à l'administration supérieure, nous avons engagé MM. les experts de la commune et des propriétaires à émettre leur opinion.

M. Rambert, expert de ces derniers, a proposé de remettre à la commune une contenance supplémentaire de 11 hectares (30 sétérées), et d'abandonner les frais anciens et nouveaux auxquels la procédure de Chambaran a pu et peut encore donner lieu.

De son côté, M. Baudouin, expert de ladite commune, a demandé que ce supplément fût porté à 22 hectares (60 sétérées), indépendamment desdits frais.

Pour apprécier à leur juste valeur ces prétentions diverses, nous Commissaire, en qualité de tiers-expert, jugeant à propos de réfléchir plus particulièrement sur l'opinion qu'il nous reste à émettre dans cette circonstance, nous invitons les parties à se rendre dans notre étude, à pareil jour, 8 avril prochain, afin d'entendre prononcer notre décision pour laquelle nous désirons faire nouvel examen des localités ; et, après lecture, nous avons *signé*. GILBERT, Henri FRACHON, GERMOND, maire ; RAMBERT, FARRE et FRACHON, commissaire.

ET le samedi, huit avril mil huit cent vingt-six, en l'étude dudit M.ᵉ Frachon, l'un de nous ;

Nous commissaire et agent forestier, assistés des mêmes

pérsonnes dénommées aux précédentes séances, à l'exception
de M. Baudouin ;

Par suite de l'examen auquel nous Commissaire avons cru
devoir particulièrement nous livrer, nous avons fait connaître
aux parties qu'il était facile de les rapprocher, en partant de
l'opinion émise par MM. les experts.

En conséquence, nous sommes d'avis des conclusions qui
vont suivre, et auxquelles les parties déclarent se soumettre.

Il demeure convenu et entendu que M. le duc de Clermont-
Tonnerre et M. le marquis de la Tourrette, par l'organe de M.
Gilbert leur mandataire, font remise :

1.º De la partie des frais des actes et procédures de 1784
et 1785, et suivans, tels que sommations, assignations, cons-
titutions, plaidoiries, requêtes et arrêt du Parlement de
Grenoble, délimitation générale de la forêt, ordonnée par
lesdits arrêts; lesquels frais devaient être payés par la
commune d'après l'article 7 du traité de 1823, dont le montant nous a paru considérable, quoique nous n'ayons pu faire
le dépouillement de quelques-unes des pièces qui ne sont pas
entre nos mains ;

2.º De la portion des frais de la procédure qui pouvaient
être à la charge de la commune de Dionay, tels que le
traité de 1823, honoraires des commissaires de M. le Préfet,
impression de la Consultation des avocats et de ce traité,
de l'arrêté de délimitation, de la procédure de cette délimitation, vacations des experts, plantations, fournitures et
transports de limites, frais d'indicateurs et levée des plans,
desquels frais généraux actuels nous ne pouvons spécifier au
juste le montant, puisque les opérations se poursuivent encore,
mais que notre connaissance parfaite de leur objet nous a

fait apprécier assez approximativement pour en traiter et trancher toutes difficultés ultérieures à leur sujet ;

3.º Et, en outre, une contenance de 16 hectares 95 ares 51 centiares (45 sétérées) ; mesure du pays ; à prendre ensuite du cantonnement déjà expédié par la procédure du 20 août 1785, en aboutissant à la réunion du chemin de Saint-Marcellin à Montfalcon ; sur celui de Roybon à Saint-Antoine.

Au moyen desquels abandons et remises la commune de Dionay sera amplement dédommagée de la moins-value de son cantonnement de 1785, et MM. de Clermont-Tonnerre et de la Tourrette se trouveront compensés de toutes prétentions contre la commune pour cause de dilapidations quelconques de sa part, et naturellement subrogés au lieu et place de cette dernière, pour tous frais de bornages, avec les riverains de ladite forêt.

De tout quoi nous avons rédigé le présent procès-verbal, et arrêté les conventions qui en sont résultées.

En conséquence, nous avons ajourné la continuation de nos travaux jusqu'au moment où M. Frachon, arpenteur, nous aura fait connaître la conclusion de ses opérations géométriques ; et, après lecture, les parties ont signé avec nous. *Signé* RAMBERT, Henri FRACHON, GILBERT, FARRE, GERMOND, maire, et FRACHON, commissaire.

LE lundi, dix avril mil huit cent vingt-six, à neuf heures du matin, nous Commissaire, accompagné de MM. l'Agent forestier, maire, expert et géomètre, nous sommes rendu au lieu du Pontet, en la forêt de Chambaran, à l'effet d'ex-

pédier et tracer les contenances remises à la commune de
Dionay, savoir : 61 hectares 28 ares (120 arpens) résultant
des traités de 1784 et 1823, ci . . 61 hect. 28 ar. » c.

Et 16 hectares 95 ares 49 centiares
(45 sétérées), abandonnés à titre de
supplément, suivant l'accord des parties, consigné au procès-verbal de la
précédente séance, ci . . . . . . 16 hect. 95 ar. 49 c.

En totalité, 78 hectares 23 ares 49
centiares, ci . . . . 78 hect. 23 ar. 49 c.

Pour mettre plus de précision dans notre travail, nous
croyons devoir indiquer d'abord jusqu'où s'étend la première
contenance (120 arpens), en faisant l'application de la procédure de 1785.

Elle est placée en face de la commune de Dionay, à partir
de la borne n.° 61, sur le périmètre général, où se termine
le cantonnement indivis entre les communes de Chevrières,
Saint-Appolinard et Bessins, jusques à celle n.° 69, du même
périmètre, qui est placée sur le chemin de l'Estra, à 301 mètres
en-deçà de la croix Robert.

De cette borne, la ligne de circonscription se dirige au nord-
est sur une étendue de 642 mètres 70 centimètres, en formant,
avec la direction de la borne précédente (n.° 68), un angle
saillant de 93 degrés 52 minutes.

A l'extrémité de cette ligne, nous avons formé un nouvel
angle saillant de 73 degrés 40 minutes pour nous rendre au sud
sur une étendue de 1,230 mètres, au premier angle saillant

du polygone abandonné aux communes de l'ancien mandement de Chevrières.

Parvenu à ce point, distant de 234 mètres de la borne n.° 61, et plus particulièrement décrit au procès-verbal relatif auxdites communes, nous avons rejoint ce point de notre départ en suivant la même ligne de 234 mètres, qui forme, avec la précédente, un angle saillant de 147 degrés 17 minutes. Celui qui forme, à la même borne n.° 61, le polygone que nous décrivons, offre une ouverture de 90 degrés.

Ainsi se trouvait emplacée la contenance des 120 arpens dont se composait primitivement le cantonnement de Dionay.

Le supplément de 45 sétérées qui leur est attribué, nous met dans la nécessité de procéder aujourd'hui à une nouvelle opération, pour asseoir sa contenance à la suite des 120 arpens que nous venons de circonscrire.

Pour y parvenir, nous avons de nouveau pris lecture du procès-verbal de la dernière séance et avons parcouru le terrain où doit être emplacé le supplément convenu.

Cet examen nous ayant fait reconnaître qu'il existe encore quelques propriétés particulières à délimiter, avant d'atteindre l'article Bourgeonnière du cantonnement de Roybon et la route de Saint-Antoine, jusqu'où doit s'étendre la contenance supplémentaire, nous nous livrons de suite à cette opération; ayant donc fait prévenir tous les propriétaires de ces terrains, il a été convenu entre tous les intéressés de la délimitation suivante :

En partant de la borne n.° 69, du périmètre général, nous avons suivi, sur une étendue de 85 mètres 80 centimètres, l'ancien chemin de l'Estra qui se dirige à la croix-Robert, n.° 70; on rencontre à cette distance la propriété, en culture, du sieur Antoine Villard ; pour la séparer de la forêt, nous y avons fait planter une première borne en pierre taillée, de même qualité et mêmes dimensions que celles employées dans nos précédentes opérations ; elle est placée sur le bord droit de l'ancien chemin de l'Estra, qui servira de limite à la forêt depuis notre point de départ.

De cette borne nous avons mené au nord une ligne droite de 118 mètres qui longe la propriété ci-dessus et aboutit entre la terre du sieur Cabussa et celle de Jean Billet-Némoz, où nous avons fait planter la seconde borne ; sa direction, que nous avons établie sur les traces d'une ancienne haie, forme un angle de 123 degrés 20 minutes sur la borne précédente, près le chemin de l'Estra.

L'existence d'anciennes souches et l'ancien plan nous ont également servi à restreindre l'étendue du bois de Billet-Némoz dans ses véritables limites ; nous avons donc mené au nord-est une nouvelle ligne droite de 94 mètres 80 centimètres, formant, sur la précédente borne, un angle saillant de 116 degrés 30 minutes.

La troisième et dernière borne que nous avons fait planter à son extrémité est encore distante de 75 mètres 70 centimètres de la première borne de l'article Bourgeonnière, n.º 12 du cantonnement de Roybon, et que notre procès-verbal, à la séance du 17 août dernier, rapporte avoir été plantée à l'angle rentrant que forme le bois de Jean Billet-Némoz, au lieu du Pontet.

Le bois du même Némoz forme, sur cette dernière étendue, une ligne droite établie par compensation du consentement dudit propriétaire.

Cette délimitation terminée, nous avons levé la séance en
invitant

invitant les parties à se trouver au même lieu le lundi prochain, 17 courant, à l'effet d'assister à l'expédition du supplément et à l'assiette définitive du cantonnement de Dionay; M. Frachon fils, arpenteur, restant chargé des opérations géométriques qui deviennent nécessaires pour arriver à ce but.

Et, après lecture faite, nous avons signé le présent avec les parties, non lesdits sieurs Villard, Cabussa et Némoz, propriétaires, qui ont déclaré ne le savoir faire. *Signé* RAM-BERT, FARRE, Henri FRACHON, GILBERT, GERMOND, maire, et FRACHON, commissaire.

LE lundi, dix-sept avril mil huit cent vingt-six, à neuf heures du matin, nous Commissaire, assisté des personnes désignées aux précédentes séances, nous étant rendu au lieu du Pontet, forêt de Chambaran, pour terminer le cantonnement assigné à la commune de Dionay, après avoir parcouru les localités et pris connaissance du plan que vient de dresser l'arpenteur-forestier, nous avons reconnu que l'espace compris entre le polygone, des 120 arpens dont se composait l'ancien cantonnement et la réunion des chemins de Montfalcon et Saint-Antoine, offraient une contenance plus forte que celle du supplément convenu.

Cette circonstance nous met dans la nécessité d'apporter une légère modification à la figure du premier polygone, changement que toutes les parties reconnaissent avantageux à la commune, même sous le rapport de la qualité du sol, et adoptent en conséquence.

Il paraît effectivement plus convenable de remonter la

3

grande ligne qui termine au levant le polygone, de manière à étendre la contenance jusqu'à la réunion des deux chemins dont il est parlé ci-dessus, ce qui offre l'application entière de la convention intervenue le 8 courant, et présente plus de régularité dans la figure du cantonnement.

Le calcul de la surface à expédier ayant été fait d'après ces bases, il en est résulté que la largeur du cantonnement, mesurée depuis la borne n.º 69, et que nous avons dit être de 640 mètres 70 centimètres, se trouve aujourd'hui moindre de 100 mètres ; par ce moyen les deux contenances qui reviennent à la commune de Dionay, s'élevant à 78 hectares 23 ares 49 centiares, ne présenteront plus qu'une seule figure devenue régulière autant qu'il est possible de l'obtenir.

Décrivons ce nouveau périmètre :

Au nord-ouest, du cantonnement indivis entre les communes de Chevrières, Saint-Appolinard et Bessins, et en partant de la borne n.º 61 de la délimitation du périmètre général, nous avons suivi, jusqu'à celle n.º 69, les limites adoptées lors de cette première opération.

On rencontre alors la petite délimitation faite en la séance précédente, c'est-à-dire qu'après avoir suivi, du côté de la croix Robert, le chemin de l'Estra, sur une étendue de 85 mètres 80 centimètres, à partir de la borne n.º 69, on remonte au nord pour parcourir les lignes que déterminent quatre bornes plantées en face des terres Villard, Cabussa, Billet-Némoz et bois de ce dernier.

Parvenu à la dernière de ces bornes, il nous reste encore à suivre, au couchant, le même bois de Billet-Némoz, sur une longueur de 55 mètres, jusqu'à la trace que nous avons éta-

blie, le 3o septembre dernier, pour former l'article Bourgeonnière, n.° 12 du cantonnement de Roybon.

Nous devons maintenant longer la trace ou limite de cet
article jusqu'à la route de Roybon à Saint-Antoine, désignée
pour confins du polygone de Dionay ; il est donc utile d'observer que cette route ne présentant pas une direction bien régulière, il a paru plus convenable de la tracer dans l'emplacement qu'elle doit occuper par la suite, c'est-à-dire de re-
dresser ces légères sinuosités.

En conséquence, nous n'avons suivi l'article Bourgeonnière
que sur une étendue de 223 mètres, à partir du bois de Némoz ;
à cette distance s'arrête la contenance remise à Dionay ; mais,
pour séparer définitivement cette contenance de la forêt de
MM. de Clermont-Tonnerre et de la Tourrette, qui manifes-
tent l'intention, par l'organe de leur mandataire, d'ouvrir un
fossé de leur côté, nous avons porté, en sus de la longueur
ci-dessus 223 mètres, celle de 10 mètres, soit pour le nouvel
emplacement de la route, soit pour la demi-largeur des
fossés; ainsi la nouvelle surface de la route se trouve réunie
au cantonnement de Dionay, et cette commune ne pourra se
refuser à fournir sa largeur totale.

Partant donc d'un point pris sur la limite de l'article Bourgeonnière, à la distance de 233 mètres du bois Némoz, en formant un angle saillant de 92 degrés 22 minutes, nous avons
mené, au nord-est, une ligne droite de 324 mètres, longeant la
route de Saint-Antoine et aboutissant au-delà du chemin de
Montfalçon, qui la traverse.

Nous nous dirigeons maintenant au sud-est, en formant un
angle saillant de 101 degrés 40 minutes ; la ligne droite menée

dans cette direction rencontre, à une distance de 615 mètres, la largeur primitive du cantonnement que nous avons dit restreinte de 100 mètres. De ce point de rencontre, nous avons mené, au midi, une ligne droite de 1,204 mètres, formant un angle saillant de 147 degrés 10 minutes ; elle aboutit au premier angle saillant du polygone abandonné aux communes de l'ancien mandement de Chevrières.

Le surplus de la présente délimitation se trouve coïncider avec le périmètre que nous avions précédemment établi, c'est-à-dire que nous avons rejoint le point de notre départ en longeant toujours, sur une étendue de 234 mètres, le cantonnement desdites communes.

Ainsi, se trouve emplacée la contenance de 78 hectares 23 ares et demi, attribuée à Dionay pour son cantonnement définitif. Elle laisse, au levant et au nord, la forêt de MM. de Tonnerre et de la Tourrette, dont elle sera séparée par des fossés tracés en notre présence, au moyen de forts piquets et sauts de loup très-rapprochés.

Nous observons que dans ce cantonnement se trouve comprise la maison du S.ʳ Pierre Sauvier, ainsi que les terres et bois présentant, d'après la déclaration qu'il en a faite sur le rôle établi, à cet effet, à Roybon, une contenance totale de 2 hectares 85 ares 56 centiares.

A l'égard des usurpations qui se trouvent rapprochées de la ligne et à la naissance de la combe d'Aigue-Noire, elles sont toutes en bois, à l'exception des nommés Cotte (Henri) et Vical-Galauret, qui ont construit chacun une maison et défriché une portion de terre. Mais, attendu que ces usurpations sont à une distance de plus de 400 mètres de la ligne du cantonnement, nous n'avons pas pu les reporter dans la portion qui forme ce cantonnement. MM. de Clermont-Tonnerre et de la Tourrette, ainsi qu'il a été posé en principe dans notre séance du 26 mai, prendront possession des usurpations en bois faites par les nommés Manin-Lachaux (Pierre), pour une contenance de 5 hectares 65 ares 52 centiares, mais seulement pour une portion, l'autre se trouvant emplacée dans le cantonnement que nous venons de déterminer, et Joly-Joseph Ageron, pour celle de 75 ares 36 centiares, en leur remboursant, s'il y a lieu, la redevance qu'ils auraient payée pendant le temps ci-devant déterminé, ou en laissant faire la coupe du bois auxdits Manin-Lachaux et Joly-Joseph Ageron.

Au moyen de ce que la compensation des frais anciens et nouveaux, se trouve complètement opérée par les conventions et opérations résolues aux précédentes séances, nous n'avons pas à nous occuper de cette partie de l'arrêté de M. le Préfet, du 14 août 1824; En conséquence, les parties et la commune de Dionay pourront, dès qu'ils le jugeront convenable, procéder à l'ouverture des fossés pour séparer leurs lots respectifs, conformément à la décision de S. Exc. Mgr. le Ministre des finances, en date du 19 septembre 1811, et la circulaire de M. le Directeur de l'Administration des forêts, en date du 24 octobre suivant.

Le but de notre réunion nous paraissant entièrement atteint par toutes les opérations dont nous avons rédigé le présent procès-verbal, nous avons clos la présente séance, en engageant les parties à se retirer devant M. le Préfet pour en réclamer son homologation, et, après lecture faite, avons signé. RAMBERT, FARRE, Henri FRACHON, GILBERT, GERMOND, maire, et FRACHON, commissaire.

Suivent les annexes.

Pour extrait des registres du Conseil municipal de la commune de Dionay.

15 avril et 16 octobre 1824.

———

Délibération et prestation de serment pour Dionay.

Du jeudi, quinze avril mil huit cent vingt-quatre, à l'issue de l'office divin, se sont réunis dans la salle de la Mairie de la commune de Dionay, MM. Joseph Buisson, Antoine Giranthon, Antoine Giroud, Pierre Repiton, Pierre Billet-Némoz, Pierre Moyne, Joseph Ageron, André Philibert et Antoine Pellat, composant le Conseil municipal de ladite commune, lesquels ont été convoqués par M. le Maire, ensuite de la lettre de M. le Sous-Préfet de l'arrondissement de Saint-Marcellin, en date du 2 du courant mois d'avril. Le Conseil ainsi assemblé, M. le Maire a fait lecture de la lettre sus-relatée, laquelle l'informe que, par ordonnance royale du 18 février dernier, la transaction, passée entre la commune de Dionay et les ayant-droit sur la forêt de Chambaran a été approuvée, et que les actes et documens relatifs à cette affaire ont été déposés dans les minutes de M.ᵉ Frachon, notaire à Saint-Marcellin.

Après cette lecture, M. le Maire a invité le Conseil à choisir un expert qui sera chargé, concurremment avec celui des propriétaires, de toutes les opérations relatives à l'expédition de la portion qui doit revenir à cette commune.

Considérant qu'il est de la plus grande importance pour l'intérêt de la commune de choisir un expert instruit, en état de remplir sa mission et de procéder à toutes les opérations y relatives. En conséquence, le Conseil a délibéré à l'unanimité et a nommé M. Baudouin, notaire à Saint-Antoine, pour expert

de la commune de Dionay, lequel sera chargé, concurremment avec celui des propriétaires, des opérations de délimitation, liquidation et autres actes prévus par la transaction, à
l'effet de parvenir à l'expédition de la portion qui doit revenir
à la commune de Dionay sur la forêt de Chambaran, à quel
effet le Conseil lui donne tout pouvoir nécessaire.

Ainsi délibéré le jour et an que dessus, et ont les membres,
qui sont littérés, signé. GIRANTHON, Pierre MOYNE, Antoine
GIROUD, Pierre RÉPITON, BILLET, GERMOND, maire.

Pour extrait conforme au registre, à Dionay, en Mairie, ce
15 octobre 1824. *Signé* GERMOND, maire.

PAR verbal du 16 octobre 1824, enregistré le 23 dudit,
devant le Juge de paix du canton de Saint-Marcellin,
M.ᵉ Baudouin, notaire à Saint-Antoine, expert nommé par la
délibération du Conseil municipal de la commune de Dionay,
du 15 avril précédent, pour la délimitation de la forêt de
Chambaran, a prêté le serment voulu par la loi.

Pour extrait conforme :

Le Greffier de la Justice de paix,

Signé BOISSET.

Pour extrait collationné certifié conforme :

Le Sous-Préfet,

CARA-DE-LA-BATIE.

TRAITÉ entre les Seigneurs Duc de Tonnerre et Marquis de Montéynard, et la Communauté de Dionay.

10 Septembre 1784.

DEVANT le notaire soussigné et les témoins ici après nommés, ce dixième septembre après-midi mil sept cent quatre-vingt quatre, ont été présens M.ᵉ Jacques Clerc, procureur au Cour de Saint-Marcellin, procureur spécialement fondé par deux actes publics, l'un devant M.ᵉ Girard et son confrère, conseiller du Roi, notaire à Grenoble, du 27 septembre 1781, dûment contrôlé, et l'autre par M.ᵉ Lefèvre, aussi conseiller du Roi, notaire à Paris, du 10 janvier 1783, lesquels demeureront annexés aux présentes, de très-haut et puissant seigneur Jules-Charles-Henri duc de Clermont-Tonnerre, pair de France, seigneur de Veauvillers et co-seigneur de la Ville-Neuve-Roybon, premier baron, connétable, grand-maître héréditaire de Dauphiné, premier commis né des Etats de cette province, chevalier des ordres du Roi, lieutenant-général de ses armées, et son lieutenant-général de ladite province de Dauphiné, y commandant en chef, demeurant ordinairement en son hôtel à Grenoble ; et de très-haut et très-puissant seigneur Louis-François marquis de Montéynard, seigneur de Laplerre, le Châtellard, le Champ, Prébois, Feuillant, Avèze, Frogess, Brinion, Tencin, Montéynard, co-seigneur de Theys, Urtière, les Adrets et de la Ville-Neuve-Roybon ; lieutenant-général des armées du Roi, grand-croix de l'ordre royal militaire de Saint-Louis, gouverneur et lieutenant-général du Royaume et île de Corse, gouverneur de

la

la ville et forteresse de Sarre-Louis, demeurant ordinairement, eh son château de Tencin, d'une part;

Sieur Joseph Niévolet, bourgeois, habitant à Dionay, et sieur Antoine Massonnet, receveur-général et procureur-fondé de l'ordre de malte, résidant à Saint-Antoine, députés de la communauté de Dionay, et chargés des pouvoirs d'icelle pour le fait des présentes, par acte d'assemblée générale de ladite communauté, du 5 du présent mois, contrôlé, qui sera également joint et annexé à la suite des présentes, assisté de M.° Louis-François Guilhermet fils, conseil de ladite communauté, habitant à St.-Marcellin, d'autre part.

Lesquels ont exposé que les terrains qui forment à présent le mandement ou territoire de Roybon, appartenant autrefois à nos Dauphins, étaient vraisemblablement en bois, sous le nom Chambaran, qui paraît être un ancien terme vulgaire de la contrée, qui signifiait une grande forêt, puisqu'il paraît des anciens actes que celles du voisinage portaient également le nom.

Nos anciens Dauphins ayant attiré des habitans pour fonder une ville dans les terrains qui forment à présent le territoire de Roybon, et l'ayant fondée, en effet, sous le nom de Ville-Neuve-de-Roybon, ils lui donnèrent des priviléges et immunités par une première chartre qu'on ne trouve plus, et qu'on croit être d'environ 1260, du Dauphin Guigues VII, comte de Viennois, ou de Béatrix de Savoie sa femme, mais qui se trouve rappelée dans une seconde, donnée par le Dauphin Humbert I.er et Anne Dauphine sa femme, du mois de juillet 1294, où sont évidemment en détail tous les priviléges et immunités que contenait la première chartre.

4

On voit, dans cette seconde chartre de 1294, que les terrains, soit en terres cultivées, soit en bois, étaient limités
d'orient par un grand chemin, appelé l'Estra, qui les séparait, comme il les sépare encore, du mandement de Varacieux, qui forme aujourd'hui les paroisses, seigneuries et
communautés de Brion, Chasselay et Varacieux, et encore
du territoire de la paroisse, seigneurie et communauté de
Murinais, qui se trouve dans l'angle sud-est du midi, par le
même chemin appelé l'Estra, qu'il séparait, comme il sépare
encore, ledit territoire de Roybon de l'ancien mandement
de Chevrières, Bessins et Saint-Appolinard, les paroisses,
seigneuries et communautés de Blanieu, Saint-Verand n'étant
pas de l'ancien mandement de Chevrières, et encore de la
paroisse, seigneurie et communauté de Dionay qui se trouve
dans l'angle sud-ouest, où le chemin de l'Estra s'éloigne
du territoire de Roybon, et que les confins d'occident étaient
le territoire de la paroisse, seigneurie et communauté de
Montrigaud, et celui appelé anciennement les Loives, qui
forme aujourd'hui la paroisse, seigneurie et communauté de
Montfalcon ; le confin du nord n'est pas rappelé dans la chartre, mais d'autres actes apprennent qu'il était formé par les
territoires de Viriville et de la baronnie de Bressieux, où il y
avait aussi, et y a encore, beaucoup de bois, qu'on appelait, et qu'on appelle également encore, Chambaran-de-Viri-
ville et de Bressieux ; enfin, par une pointe du territoire de
Saint-Etienne-de-Saint-Geoirs, qui touche du nord-est celui de
Roybon.

Parmi les priviléges et immunités que la chartre de 1294
donnait aux habitans de la Ville-Neuve-de-Roybon, elle leur
accordait des droits d'usage, de bûcherage, pâturage, et

autres exprimés par la chartre, dans les bois et terrains
compris dans l'enceinte, qui forme, suivant la chartre, le
mandement de Roybon, et qui sont connus dans les actes sous
le nom de Chambaran de Roybon.

Dans la suite, les Dauphins donnèrent aussi des usages
plus ou moins étendus aux habitans du mandement de Varacieux, à ceux de Murinais, à ceux du mandement de Chevrières et à ceux de Dionay, ou du moins ces communautés
riveraines prétendirent en avoir acquis par possession.

D'autre part, les Dauphins firent des concessions à des
particuliers, soit à titre de fief, d'albergement ou acense-
ment, ou simple usager, dans l'enceinte dudit territoire de
leur Ville-Neuve-de-Roybon.

Humbert II, dernier Dauphin de Viennois, ayant remis
définitivement le Dauphiné, par l'acte du 30 mars 1349,
au Roi Philippe de Valois, pour Charles son petit-fils, qui
fut ensuite Roi sous le nom de Charles V, et le Roi Jean;
et Charles, premier Dauphin de France, son fils aîné,
ayant cédé au comte de Savoie, par le traité de Paris, du
5.° janvier 1354, plusieurs châteaux, terres, fiefs, arrière-
fiefs et territoires d'Hugues et Aymond de Genève, et de
leurs femmes, en Savoie, Valromey, Bugey et pays de Geyx,
ils chargèrent le comte de Valentinois, leur Commissaire
nommé par lettres-patentes du 11 février 1354, de remettre
des terres à Hugues et Aymond de Genève, en dédommagement, et il leur remit, en 1355, la seigneurie et châtellenie et territoire de Roybon, avec plusieurs autres, ce qui
fut confirmé par lettres-patentes du mois d'avril 1358, par
lesquelles on donna encore un supplément à la maison de
Genève.

Hugues de Genève laissa pour héritier Aymond son fils ;
celui-ci, décédé à son tour, laissa pour héritière Béatrix sa fille,
mariés au comte de Saluces.

A Béatrix de Genève succéda Amédé, cardinal de Saluces
son fils, qui laissa pour héritier Henri, marquis de Saluces
son neveu.

Henri, marquis de Saluces, vendit la terre de Roybon et
ses dépendances à Moretus de Clavesly, sous faculté de réachat ; il cède ensuite cette faculté à Antoine Allemand, évêque
de Cahors, qui, de son côté, la céda à Barachim Allemand,
son neveu, qui l'exerça et entra en possession de Roybon et
son territoire.

Barachim Allemand laissa pour héritier Aymond Allemand,
son neveu, fils d'Annequin ; Aymond Allemand laissa pour
héritière, Izabeau de Latour, son épouse, qui vendit la terre
de Roybon et ses dépendances à noble François - Claude et
Pierre de Berger frères, en 1549, et pendant leur jouissance,
les limites du territoire de Roybon furent vérifiées en 1605.

La terre passa à Claude de Berger, qui la laissa à noble
Jacques de Rivoire son héritier.

Antoine de Beaumont, comte de Saconney, succéda à Jacques de Rivoire ; et le Roi ayant établi une commission pour
la réformation des bois dans la province, le procureur du Roi
assigna M. de Beaumont, la communauté de Roybon et les
autres qui prétendaient des droits d'usage dans les terrains
et forêt de Chambaran de Roybon, comme les supposant domaniaux, et ils furent déchargés par jugement du 2 mars 1678,
et autres ensuivis.

Antoine de Beaumont laissa pour héritière dame Thérèse

de Laforêt son épouse ; ayant eu une nouvelle commission pour la réformation des bois , elle y fut de nouveau assignée , ainsi que la communauté de Roybon et quelques autres , et fut encore déchargée par jugement du 3 juillet 1701.

Thérèse de Laforêt succéda à Françoise de Beaumont, marquise de Châles sa fille , qui fut encore assignée devant une nouvelle Commission, pour la réformation des bois de cette province , établie en 1724 ; et, ne s'étant pas défendue, il y eut un jugement, le 14 octobre 1730, qui déclara, la forêt et le terrain de Chambaran de Roybon, domaniaux ; mais la marquise de Châles en appela au Conseil, où, quoique mal défendue encore , il y eut un arrêt interlocutoire le 7.e décembre 1734 , qui préjugea que lesdits terrains et forêts de Chambaran de Roybon étaient patrimoniaux , comme ils l'étaient en effet depuis la rémission qui en avait été faite à la maison de Genève en 1355.

Françoise de Beaumont , marquise de Châles , laissa pour héritier Jean-Henri de Milles , marquis de Châles son fils , qui vendit la terre de Roybon et ses dépendances à M. Louis Morel-d'Arcy , conseiller au Parlement , le 18.e juillet 1746 , et les héritiers de celui-ci la revendirent , le 7.e mai 1763 , à noble Abel de Perrotin-de-Belle-Garde, qui se disposait à agir pour faire juger définitivement l'appel , relevé au Conseil par la marquise de Châles, du jugement des Commissaires de la réformation des bois de 1730, interloqué par l'arrêt du Conseil du 7.e décembre 1734.

Ces divers seigneurs de Roybon et territoires, depuis la rémission qui en avait été faite à Hugues et Aymond de Genève , ayant joui patrimonialement de ladite terre de Roy-

bon et territoire, par conséquent des terrains et forêts appelés
Chambaran de Roybon, avaient essuyé beaucoup de contestations et de procès au sujet des concessions que les Dauphins avaient faites dans lesdits terrains et forêt de Chambaran; et d'autre part, lesdits seigneurs, qui avaient succédé
au Dauphin dans ladite terre de Roybon, avaient aussi fait
des concessions, notamment beaucoup d'albergemens dans lesdits terrains et forêts de Chambaran, et y avaient aussi peut-
être souffert beaucoup d'usurpations.

Dans cet état de choses, et dans la supposition que lesdits
terrains et forêt de Chambaran de Roybon, et même les
autres du voisinage, qu'on nomme également Chambaran,
étaient domaniaux, Sa Majesté les inféoda par arrêt du Conseil, du 12.ᵉ décembre 1771, auxdits seigneurs de Clermont-
Tonnerre et de Monteynard, sous la redevance et aux clauses
et conditions portées par cet arrêt, qui fut expliqué par un
autre du 31.ᵉ mars 1772. MM. de Clermont-Tonnerre et de
Monteynard firent en conséquence lever une carte topographique, tant des terrains et forêt de Chambaran de Roybon,
et des autres terrains dépendant aussi du territoire de Roybon, que des alentours; ils établirent cinq gardes avec un
brigadier pour veiller sur la forêt, dans l'espérance qu'en
empêchant les dégradations qui s'y faisaient journellement,
le bois reviendroit; et d'autre part, ils assignèrent les seigneurs et communautés riveraines, les prétendus usagers et
autres qui prétendaient quelques droits sur lesdits terrains
et forêt de Chambaran, pour, en exécution desdits arrêts
du Conseil, représenter leurs titres devant M. Pajot de Marcheval, Intendant de la province, Commissaire député par
lesdits arrêts du Conseil, ou le sieur Cara-de-la-Bâtie, son

Subdélégué à Saint-Marcellin, qu'il avait commis à ce sujet;
et il y eut, en conséquence, beaucoup de rémissions de titres,
des dires et comparutions de part et d'autre ; plusieurs des
intéressés soutinrent, entr'autres, que lesdits terrains et forêt
de Chambaran de Roybon étaient patrimoniaux, comme dépendant du territoire de Roybon.

Et, par autre arrêt du Conseil, du 25 novembre 1774,
M. Delagrée, procureur-général du Roi en la Chambre des
Comptes de cette province, fut commis pour donner son avis
et des conclusions, sur le tout, d'après les titres produits par
les intéressés et ceux qu'il pourrait y avoir encore à la Chambre des Comptes, lequel avis devait être suivi d'un autre de
M. l'Intendant.

M. de Perrotin-de-Bellegarde, seigneur de Roybon, en cette
qualité, vrai propriétaire des terrains et forêt de Chambaran
de Roybon, prétendait faire révoquer l'inféodation, et, en
conséquence, faire rejeter tout ce qui s'en était ensuivi.

Sur quoi MM. de Clermont-Tonnerre et de Monteynard se
déterminèrent à acquérir, de M. Perrotin-de-Bellegarde, par
contrat du 13 juillet 1775, la terre et seigneurie de Roybon,
et ses dépendances , et généralement tous les droits dudit
seigneur de Perrotin-de-Bellegarde ; et ayant reconnu, non-
seulement par les titres produits par les intéressés, mais plus
particulièrement encore par ceux qui furent trouvés à la Chambre des Comptes, que les terrains et forêt de Chambaran de
Roybon étaient véritablement patrimoniaux, comme apparte-
nans à la seigneurie dudit lieu, ils donnèrent leur requête à
M. l'Intendant, en sa qualité de Commissaire du Conseil, le
5 août de la même année 1775, où, d'après l'analyse d'une infinité d'actes, ils conclurent à ce que, vidant l'interlocution

portée par l'arrêt du Conseil, du 7 décembre 1734, réformant
et cassant le jugement des Commissaires de la réformation des
bois, du 14 octobre 1730, ils fussent maintenus en la propriété,
possession, jouissance, à titre patrimonial, de tous les terrains
et forêt de Chambaran, connus sous le nom de Chambaran de
Roybon, ensemble dans tous les droits quelconques, dus sur
les terrains enclavés ou dépendant de ladite forêt et terrain de
Chambaran de Roybon, pour jouir du tout en pleine propriété,
sous la mouvance et hommage à Sa Majesté comme Dauphin.

M. Delagrée donna ensuite son avis et ses conclusions,
d'après les titres produits respectivement par les intéressés et
d'autres actes qu'il découvrit encore à la Chambre des Comptes;
le résultat de ses conclusions fut que lesdits terrains et forêt
de Chambaran de Roybon étaient véritablement patrimoniaux,
comme faisant partie du territoire de Roybon, circonscrit par
la chartre de 1294; qu'en conséquence, MM. de Clermont-
Tonnerre et de Monteynard devaient être maintenus en la propriété comme ils le demandaient; M. Delagrée conclut aussi
sur les prétentions des usagers et autres intéressés qui avaient
été assignés, et qui avaient remis des titres ou paru devant
M. l'Intendant ou son subdélégué à St.-Marcellin; il fut d'avis
aussi que les autres bois des environs du territoire de Roybon,
dénommés également Chambaran, étaient pareillement patrimoniaux aux seigneurs ou communautés, dans le territoire desquels ils étaient situés, et il porta ses vues et ses conclusions
sur tous les objets et sur toutes les circonstances et dépendances de l'affaire.

M. de Marcheval, intendant de la province, donna ensuite
son avis, sur le tout également, d'après la vision des titres
produits

produits par les parties, et de ceux qu'avait joints M. Delagrée, et pensa comme lui.

Le Conseil a fait arrêt, en conséquence, le 19 juin dernier, par lequel, vidant en tant que de besoin l'interlocutoire porté par l'arrêt du Conseil, du 7 décembre 1734, sans s'arrêter au jugement des commissaires de la réformation, du 14 octobre 1730, que sa Majesté a cassé et annulé, a maintenu MM. le duc de Clermont - Tonnerre et marquis de Monteynard, en qualité de seigneurs de Roybon, dans la propriété, possession et jouissance de la partie de la forêt de Chambaran, située et enclavée dans le mandement et territoire de ladite seigneurie ; ordonne, en conséquence, que les arrêts du Conseil, du 12 décembre 1771 et 31 mars 1772, demeureront, quant à ce, nuls et de nul effet, et que, sur les demandes, fins et contestations des prétendans droits sur ladite partie de la forêt de Chambaran, les parties procéderont devant les Juges qui en doivent connaître.

MM. de Clermont-Tonnerre et de Monteynard ont fait signifier cet arrêt à la communauté de Roybon et autres usagers, notamment à la communauté de Dionay, même à toutes les riveraines, et ont annoncé, d'un côté, qu'ils entendaient de faire vérifier et reconnaître les limites du territoire de Roybon, qui comprend, comme on l'a vu, lesdits terrains et forêt de Chambaran de Roybon; et, d'autre part, qu'ils entendaient aussi de faire cantonner ses communautés usagères, c'est-à-dire de faire un partage avec elles desdits terrains et forêt, pour que ce qu'il doit leur rester, comme seigneurs et propriétaires, soit séparé de ce qui sera assigné aux usagers pour leurs usages, ce qui devient d'autant plus nécessaire, que les usagers n'ayant jamais gardé de règle ni de mesure, la forêt

5.

est actuellement pour ainsi dire détruite, et ne présente plus qu'un terrain en landes et Bruyères, nonobstant tous les soins et les précautions qu'on avait pu prendre, notamment de la part de MM. de Clermont-Tonnerre et de Monteynard, depuis la concession de 1771, pour la conserver, qui, à cet effet, y avaient mis, comme on l'a vu, cinq gardes et un brigadier, qui ont constamment agi et veillé, et dressé quantité de procès-verbaux, sans pouvoir empêcher la destruction de la forêt.

La communauté de Dionay, intéressée comme les autres usagers au partage et division pour conserver la portion qui doit lui revenir pour ses usagers, a tenu une assemblée générale des trois ordres, dans laquelle elle a nommé ledit sieur Joseph Niévolet, lieutenant de châtellenie dudit lieu, pour, avec le secrétaire-greffier, assembler les titres établissant les droits de la communauté sur lesdits terrains et forêt de Chambaran de Roybon, dresser, en conséquence, les mémoires et instructions nécessaires, les présenter auxdits seigneurs duc de Clermont-Tonnerre et marquis de Monteynard, traiter et régler avec eux amiablement la portion que doit avoir ladite communauté de Dionay, sur lesdits terrains et forêt de Chambaran de Roybon, pour son cantonnement; et, à cet effet, se faire assister de tel conseil qu'il jugera à propos, pour ensuite être le traité rédigé, et les bornes et limites posées avec tous les autres députés dénommés au commencement des présentes, en présence du conseil qu'aurait choisi le sieur Niévolet.

Ledit sieur Niévolet ayant, en conséquence, rassemblé les titres de la communauté, et dressé ou fait dresser les mémoires et instructions convenables, s'est rendu à Grenoble avec ledit M.ᵉ Guilhermet, conseil; et MM. de Clermont-

Tonnerre et de Monteynard ayant consenti que le partage et
cantonnement se fît à l'amiable, entre MM. Barthélemy d'Or-
banne et Barnave, leur conseil, assistés de M. Claude-
Mathias Sylvestre-St.-Romme, capitaine châtelain et notaire
dudit lieu de Roybon, et ledit sieur Niévolet assisté dudit
Guilhermet, son conseil, ils se sont assemblés.

Ledit sieur Niévolet, député, ou pour lui ledit M.ᵉ Guilhermet, a observé que la terre de Dionay avait appartenu
à nos anciens Dauphins, par la rémission que leur en avait
faite le seigneur de Bressieux, à titre d'échange et en reconnaissance de l'inféodation de la terre de Varacieux, suivant un
acte du premier octobre 1315 ; que les Dauphins en jouirent
plusieurs années jusqu'à ce qu'ils la cédèrent ou remirent à
Jean Payan ; qu'il ne faut, par conséquent, pas être surpris
que la communauté de Dionay eût acquis des droits d'usage
dans les terrains et forêt de Chambaran de Roybon, qui ne
sont séparés du territoire de Dionay que par le chemin appelé
l'Estra, d'autant qu'il était ordinaire, dans ce temps-là, que les
seigneurs laissassent user de leurs terrains, bois et pâturages,
tous les habitans de leurs terres qui se trouvaient à portée.

Que, d'ailleurs, la communauté de Dionay a des titres
précis, même à prix d'argent ; et, en effet, la communauté de
Roybon lui ayant cherché querelle et fait un procès sous prétexte qu'elle avait droit, par la chartre de 1294, d'exercer ses
usages sur toute l'étendue desdits terrains et forêt de Chambaran de Roybon, il intervint un traité, le 20 avril 1361,
entre les seigneurs et les habitans de Dionay, d'un part ; et
la communauté, d'autre, par lequel il fut convenu que les habitans de Dionay avaient leurs usages, promiscuément avec
ceux de Roybon, dans le canton desdits terrains et forêt de

Chambaran de Roybon, désigné dans l'acte, à raison de quoi
les habitans de Dionay donnèrent quarante florins d'or à ceux
de Roybon. Ce traité fut confirmé par Hugues et Aymond de
Genève, par deux actes, du 24 du même mois d'avril, à raison
de laquelle confirmation les habitans de Dionay leur donnèrent
quatre-vingts florins, moyenant quoi, Hugues et Aymond de
Genève promirent de n'accorder aucun droit d'usage aux étrangers dans le canton assigné aux habitans de Dionay, qui fut
ensuite limité par procédure du 17 janvier 1362 ; ainsi les
droits d'usage de la communauté de Dionay, qui avaient vraisemblablement commencé par une simple possession, lui furent
acquis par ces actes à titre onéreux.

Ce n'est pas la seule dépense qu'elle ait faite à ce sujet ; la
querelle avec la communauté de Roybon s'étant souvent renouvelée, puisqu'on trouve énoncé qu'il y eut un nouveau
traité en 1466, et un autre en 1620, ç'a été tout autant de
sujets à nouvelles dépenses.

Mais ce qui en a bien plus occasionné encore, ce fut un
procès qu'il y eut dans le siècle dernier entre les deux communautés de Roybon et de Dionay, dans lequel le seigneur de
Roybon intervint à raison des albergemens qu'il avait faits dans
le canton assigné aux habitans de Dionay, promiscuément
avec ceux de Roybon. Ce procès fut considérable et fort coû-
teux aux habitans de Dionay. Il fut jugé, par arrêt du 4 mai
1665, qui ne termina définitivement qu'une partie des contestations et ordonna des procédures à l'égard du surplus ; en sorte
que la communauté de Dionay dépensa beaucoup à raison de
cette affaire ; on peut dire qu'elle dépensa encore considérable-
ment à raison des assignations qui lui furent données devant
la commission de la réformation des bois en cette province ,

de 1672, 1701 et 1724; et si elle avait conservé ses papiers,
on verrait qu'elle a fait des dépenses immenses à raison des
usages dont il s'agit.

Ledit sieur Niévolet, député, a ajouté que ladite communauté de Dionay, composée de divers hameaux et de plusieurs
maisons isolées, contient plus de soixante maisons ou familles
usagères, qui font plus de trois cents personnes, et qu'ils ont
environ deux cents bœufs, vaches, chevaux, mulets ou autres
bêtes aumailles, qui vivent une grande partie de l'année au
pâturage, et que ce n'est guère que par le moyen des bestiaux qu'ils ont des récoltes, leur territoire étant fort stérile,
et qu'ils parviennent à payer leurs charges royales et seigneu-
riales.

Et il a conclu, de ses diverses observations, qu'il est juste
de leur remettre pour leur cantonnement une portion considérable desdits terrains et forêt de Chambaran de Roybon.

De la part de MM. de Clermont-Tonnerre et de Monteynard, on a dit que, quoi qu'on n'entende pas de contester aux
habitans de Dionay les droits d'usage qui peuvent leur être
dus, les habitans doivent faire attention qu'ayant commis des
dégradations énormes dans la forêt, ayant réduit le canton, où
ils avaient leurs usages et les alentours pour ainsi dire en
friche, on pouvait les faire déchoir de leurs droits d'usage;
qu'indépendamment de cela, on peut les réduire à l'absolu
nécessaire qui, dans les circonstances, se réduiront à peu de
choses, soit parce que la communauté de Dionay, étrangère
au mandement de Roybon, a chez elle des bois et des pâturages qu'on pouvait dire suffisans pour les usages, relativement
au nombre et à l'état de ses habitans, et au nombre de ses
bestiaux, soit parce que dans le fait elle n'a pas autant de

familles ou maisons usagères ni de personnes qu'elle le sup-
pose, outre que, par l'état de ses habitans, il leur faut peu de
bois, soit parce que dans le fait, encore, elle n'a point autant
de bêtes aumailles qu'elle le dit ; que, d'ailleurs, elle ne peut
prétendre d'usages de pâturages que relativement aux gros
bestiaux employés à la culture et exploitation des terres, et
nullement eu égard au menu bétail, d'autant moins que,
suivant les réglemens, les moutons, brebis et chèvres ne
peuvent pas être mis dans les bois ; d'où on a conclu que ce
qu'on donnera à la communauté de Dionay, pourra être regardé comme un superflu pour elle, puisque dans le vrai son
territoire fournit assez de bois et de pâturages pour ses
besoins.

On ajoute, de la part desdits seigneurs de Clermont-Tonnerre et de Monteynard, qu'en donnant à la communauté de
Dionay une portion au-delà de ce qu'elle pourrait prétendre
dans les circonstances et même de ses besoins, ils entendent
que cette portion ne pourra être défrichée en tout ou en partie ;
qu'ils entendent aussi de se réserver, et à leurs officiers, la
police pour la conservation des bois sur cette portion, et les
amendes auxquelles les délits pourraient donner lieu, sauf à
la communauté et aux habitans leur action contre les délinquans, pour les dommages-intérêts qu'ils pourraient souffrir,
et qu'ils entendent encore de se réserver un cens féodal avec
directe et droit de lods, sur ce qu'on assignera à la communauté.

A ces causes, le susdit jour, 10 septembre 1784, ledit sieur
Jacques Clerc, procureur-fondé desdits seigneurs duc de Clermont-Tonnerre et marquis de Monteynard, d'une part, et lesdits sieurs Joseph Niévolet, vice-châtelain, et Massonnet, député

de la communauté de Dionay, assisté dudit M.° Guilhermet,
conseil de ladite communauté, d'autres, avertis de la force
des transactions qu'aucun recours n'est admis contre tels actes
s'il n'y a dol personnel, qu'ils ont assuré n'être intervenu aux
présentes, ont traité et convenu :

ARTICLE PREMIER.

Que le nombre des maisons et familles usagères de ladite
communauté de Dionay n'excède pas soixante, qui ne font pas
trois cents personnes, et que les bœufs, vaches, chevaux,
mulets et autres bêtes aumailles ou de somme desdits habitans
n'excèdent pas la quantité de cent quatre-vingt-dix, et néanmoins qu'il sera remis à ladite communauté pour sa part et
cantonnement, dans les terrains et forêt de Chambaran de
Roybon, pour lui tenir lieu et à ses habitans de tous les usages de bûcherage, paquerage et autres quelconques, la
quantité de 120 arpens, mesuré royale, ou des eaux et forêts,
qui est de 1,344 toises 479.°°, toises royales, pour chaque
arpent ; lesquels 120 arpens seront et demeureront francs,
libres et exempts, à ladite communauté et habitans de Dionay,
de tous droits de bûcherages, paquerages et usages quelconques, prétendus sur ladite forêt et terrains de Chambaran de
Roybon, par d'autres communautés ou d'autres particuliers ;
lesdits seigneurs de Clermont-Tonnerre et marquis de Monteynard restant chargés de faire cesser toutes prétentions sur lesdits 120 arpens, de la part desdites communautés et particuliers prétendus usagers ; et moyennant ce aussi, ladite communauté et habitans de Dionay n'auront et ne pourront plus prétendre d'usages, soit de bûcherage, paquerage et de quelques
autres espèces que ce puisse être sur le surplus desdits terrains

et forêt de Chambaran de Roybon, ni sur le surplus de la
portion sur laquelle leurs usages leur avaient été assignés
anciennement, sauf auxdits seigneurs de Tonnerre et de Monteynard de s'arranger avec les autres usagers ainsi et comme
ils aviseront.

ART. 2.

Lesdits 120 arpens seront pris dans le canton ou ladite
communauté ou habitans de Dionay avaient leurs usages,
joignant le chemin de l'Estra, du midi, inclinant à l'occident
et vis-à-vis le territoire de ladite communauté de Dionay, à
l'effet, cependant, que le long du chemin de l'Estra, lesdits 120
arpens, adjugés à ladite communauté et à ses habisans, seront
pris et mesurés sur une ligne directe, le long dudit chemin, de
la longueur de 450 toises, sur laquelle étendue, qui ne pourra
être portée au-delà du côté dudit chemin de l'Estra, seront
pris les 120 arpens adjugés à la communauté; le surplus de
la contenance sera pris en profondeur proportionnelle dans la
forêt de Chambaran, et le tout sera mesuré à tire et aire,
sans intervalle, de proche en proche; en sorte que, quoiqu'il
y ait dans lesdits 120 arpens quelques terrains qui ne soient
pas en bois, ils feront fonds dans lesdits 120 arpens, ainsi que
s'ils étaient en bois; convenu que le contenu ci-dessus, qui est
assigné à la communauté de Dionay et à ses habitans, sera
pris immédiatement après le cantonnement de la communauté
de Chevrières et son mandement, qui se terminera à l'extrémité orientale du territoire de Dionay, à l'entrée de laquelle
sera placé immédiatement le contenu des 120 arpens ci-dessus,
et sera prolongé en ligne directe, joignant le chemin de l'Estra,
sur l'étendue de 450 toises, comme il a été plus particulièrement expliqué ci-dessus.

ART. 3.

ART. 3.

La communauté en général, ni les habitans en particulier,
ne pourront, en aucun temps, ni sous aucun prétexte, défricher et mettre en culture lesdits 120 arpens, en tout ni en
partie, ce qui aura lieu quand même les habitans, maisons ou
familles usagères se diviseraient en détail lesdits 120 arpens,
et si quelqu'un entreprenait de défricher et mettre en culture
quelques parties desdits 120 arpens, il perdra, dès-lors, les
droits qu'il pourra y avoir, et les seigneurs de Tonnerre et de
Monteynard pourront la remettre à tel autre habitant qu'ils
trouveront à propos, en vertu du présent traité et sans qu'il soit
besoin d'autres formalités.

ART. 4.

La police sur lesdits 120 arpens, pour la conservation des
bois, demeure réservée auxdits seigneurs de Tonnerre et de
Monteynard, et à leurs officiers, tant pour empêcher le défri-
chement que pour tout ce qu'il peut échoir de faire pour conserver lesdits 120 arpens en nature de bois, néanmoins sans
pouvoir gêner la communauté ni les particuliers dans leurs ex-
ploitations; et s'il était prononcé des amendes, elles appartiendront auxdits seigneurs de Clermont-Tonnerre et de Monteynard, comme seigneurs de Roybon, sauf à la communauté ou
habitans de Dionay, possesseurs, leurs actions en dommages
et intérêts contre les délinquans.

ART. 5.

Lesdits 120 arpens assignés à la communauté et habitans de
Dionay, sont et demeureront chargés d'un denier de cens

6

féodal pour chaque arpent, payable à chaque jour de Toussaint, avec directe envers lesdits seigneurs duc de Clermont-
Tonnerre et marquis de Monteynard, comme seigneurs de
Roybon, et son territoire, en cette qualité propriétaires des
terrains et forêt de Chambaran de Roybon; sans néanmoins,
qu'à raison desdits cens et directe, la communauté soit tenue
à aucun droit de lods ou indemnité, tant qu'elle jouira en
corps; mais s'il arrive que les susdits 120 arpens soient divisés
entre les habitans, en ce cas il sera dû lods pour les mutations, et mi-lods à qui de droit pour les échanges qui pourraient survenir après ladite division, et néanmoins il est convenu que la première mutation desdits terrains, soit par vente
ou échange, sera exempte desdits lods et même des mi-lods,
dans le cas où les seigneurs seraient en droit de les prétendre.

ART. 6.

Il est convenu que toutes les dispositions dudit traité sont
corrélatives et dépendantes les unes des autres, en sorte qu'on
ne puisse pas en attaquer une ou plusieurs, tandis qu'on voudrait laisser subsister les autres; comme aussi convenu qu'on
demandera l'homologation du présent, tant au Conseil de Sa
Majesté qu'au Parlement de cette province.

ART. 7.

Les frais et droits du présent acte, ainsi que ceux du contrôle, ensemble les frais de bornage et limitation qui seront
faits desdits 120 arpens, et ceux d'homologation, seront payés
et supportés par moitié par lesdits seigneurs de Clermont-Tonnerre et de Monteynard, et moitié par la communauté de
Dionay, déclarant les parties que les 120 arpens ci-dessus ne

peuvent excéder la somme de 1,000 liv., et pour l'observation de tout ce que dessus, ledit sieur Clerc, en sa qualité de procureur spécialement fondé des seigneurs duc de Tonnerre et Monteynard, lesdits sieurs Niévollet et Massonnet, députés, et en vertu des pouvoirs qui leur ont été donnés par ladite délibération, et ledit M.ᵉ Guilhermet, conseil de ladite communauté, ainsi que ledit M.ᵉ Clerc, au nom desdits seigneurs, ont passé les soumissions, promesses, obligations et renonciations requises. Fait et récité audit Saint-Marcellin, où je me suis transporté à la réquisition des parties, dans l'étude dudit M.ᵉ Guilhermet, en présence de M.ʳᵉ Marie-Antoine Guilhermet, chanoine-clavier de l'église collégiale de Romans, curé de St.-Nicolas de la même ville, et de sieur Pierre Perrier, huissier audiencier de la même ville, y résidant, qui ont signé avec ledit M.ᵉ Guilhermet, M.ᵉ Clerc, Massonnet et Niévollet. Ainsi signé, à la minute : CLERC, NIÉVOLLET, MASSONNET, GUILHERMET fils, GUILHERMET, chanoine ; PERRIN, SILVESTRE-SAINT-ROMME, notaire.

En marge est écrit : contrôlé à Saint-Antoine, le 25 septembre 1784. Reçu 3 liv. 5 s. GLANDUT.

Teneur des procurations et assemblées.

PAR-DEVANT les Conseillers du Roi, Notaires à Grenoble, soussignés, cejourd'hui vingt-sept septembre mil sept cent quatre-vingt-un, a été présent très-haut et très-puissant seigneur, Mgr. Jules-Charles-Henri, duc de Clermont-Tonnerre, pair de France, seigneur de Vauviller-d'Allincourt, Mauville, Epinal, Thilot et autres lieux, co-seigneur de Ville-Neuve-de-Roybon, premier baron, connétable, grand-maître héréditaire de Dauphiné, commis né des Etats de cette province, lieutenant-général des armées du Roi, et son lieutenant-général et commandant en chef dans ladite province.

Lequel, sans révocation des procureurs par lui ci-devant constitués, a fait et constitué son procureur-général spécial quant à ce, une qualité ne dérogeant à l'autre, la personne de M.ᵉ Jacques Clerc, procureur au baillage de Saint-Marcellin, y résidant, auquel il a donné pouvoir de, pour et en son nom, conjointement avec Mgr. le marquis de Monteynard, ou son procureur-fondé, faire examiner les prétentions d'usages demandés par la communauté et habitans de Roybon et son mandement, la communauté et habitans de Dionay, les communautés et habitans de Villard-Chévrières, Bessins et St.-Appolinard, formant l'ancien mandement de Chevrières, la communauté et habitans de Murinais, les communautés et habitans de Varacieux, Chasselay et Brion, formant l'ancien mandement de Varacieux, et tous les autres dans les terrains et forêts de Chambaran de Roybon, appartenant en pleine propriété audit seigneur constituant, conjointement avec ledit seigneur marquis de Monteynard, suivant qu'il est jugé par l'arrêt du Conseil, du 19 juin dernier; contester lesdits prétendus usages, s'il y échoit; soutenir que les prétendus usagers doivent être privés et déchus de leurs prétendus usages, s'ils sont dans le cas; les faire cantonner s'ils sont dans le cas de l'être; traiter, transiger à ce sujet avec les prétendus usagers aux clauses et conditions que ledit sieur procureur trouvera à propos; et s'ils refusaient de s'arranger et traiter à l'amiable, agir et poursuivre en justice, devant tels Tribunaux qu'il appartiendra, soit pour faire débouter les prétendus usagers de leurs prétentions, soit pour les faire déclarer privés et déchus des usages qu'ils pouvaient avoir eus dans lesdits terrains et forêts de Chambaran de Roybon, soit pour les y faire cantonner s'il y échoit; à cet effet, constituer tels procureurs qu'il trouvera à propos; les révoquer, en constituer d'autres; requérir et faire telles procédures qu'il pourra échoir; en recourir et en faire faire d'autres le cas échéant; former telles oppositions et appellations que ledit procureur pourra croire nécessaires; les soutenir devant tels Tribunaux qu'il appartiendra; affirmer de ses voyages, séjours, retours, et généralement faire et agir à raison de ce que dessus, circonstances et dépendances, ainsi que pourrait le faire ledit seigneur constituant, s'il était en personne, promettant d'avoir à gré, rectifier et confirmer, si besoin est, tout ce qui sera fait par sondit procureur, et de l'indemniser des charges de la présente, que ledit seigneur constituant entend de voir sortir effet, nonobstant surannation. Ce fut ainsi fait, passé et récité, à Grenoble, dans l'hôtel dudit seigneur constituant, qui a signé à la minute des présentes, demeurées au pouvoir de Girard, l'un des notaires soussignés; contrôlé, à Grenoble, le 28.º septembre 1781; reçu, en tout, 29 sols. BREMOND, compr. B. C. VEYRET, GIRARD.

Nous François Sadin, écuyer, conseiller du Roi, vibally de Viennois, lieutenant - général civil et criminel au siège royal présidial de Graisivaudan, séant à Grenoble, certifions et attestons à tous qu'il appartiendra, que M.º Girard et son confrère, qui ont signé la procuration ci-dessus, sont conseillers du Roi, notaires à Grenoble et témoins, de quoi nous avons signé ces présentes avec le substitut du greffier du siège, et y fut apposé le scel royal d'icelui. Donné à

Grenoble, le 28 septembre 1789. *Signé* SADIN, lieut.-gén'.; BEROARD, subst.

PAR-DEVANT les Conseillers du Roi, Notaires à Paris, sous-signés, fut présent très-haut et très-puissant seigneur, Mgr. Louis-François marquis de Monteynard, lieutenant-général des armées du Roi, gouverneur et lieutenant-général pour Sa Majesté du royaume de Corse, gouverneur des villes et forteresses de Sarre-Louis, grand'croix de l'ordre royal et militaire de Saint-Louis, seigneur des terres de Monteynard, Lapierre, Champ, Châtelard, Tencin, Froges, Brinion, Pré-bois, Feuillan et Avert, co-seigneur de Theys, Hurtières, les Adrets, la Ville-Neuve-de-Roybon et autres lieux, demeu-rant à Paris, en son hôtel, rue du Bacq, paroisse de Saint-Sulpice.

Lequel, sans révocation des procureurs par lui ci-devant constitués, a fait et constitué son procureur-général et spé-cial quant à ce, une qualité ne dérogeant rien à l'autre, la personne de M.ᵉ Jacques Clerc, procureur au baillage de St.-Marcellin, y résidant, auquel il donne pouvoir de, pour et en son nom, conjointement avec Mgr. le duc de Tonnerre, ou son procureur-fondé, faire examiner les prétentions d'u-sages demandés par la communauté et habitans de Roybon et son mandement, la communauté et habitans de Dionay, les com-munautés et habitans de Villard-Chevrières, Bessins et St.-Appo-linard, formant l'ancien mandement de Chevrières, la com-munauté et habitans de Murinais, les communautés et habi-tans de Varacieux, Chasselai, Brion, formant l'ancien man-dement de Varacieux, et tous autres dans les terrains et

forêt de Chambaran de Roybon, appartenant, en pleine propriété, audit seigneur constituant, conjointement avec, ledit
seigneur duc de Tonnerre, suivant qu'il est jugé par l'arrêt
du Conseil du 19 juin 1781 ; contester lesdits prétendus
usages, s'il y écheait ; soutenir que lesdits prétendus usagers
doivent être privés et déchus en leurs prétendus usages, s'ils
sont dans le cas ; les faire cantonner, s'ils sont dans le cas
de l'être ; traiter, transiger à ce sujet avec les prétendus usagers, aux clauses et conditions que ledit sieur procureur
trouvera à propos ; et s'ils refusaient de s'arranger et de
traiter à l'amiable, agir et poursuivre en justice dans tels
Tribunaux qu'il appartiendra, soit pour débouter lesdits prétendus usagers de leurs prétentions, soit pour les faire déclarer privés et déchus des usages qu'ils peuvent avoir eus
dans lesdits terrains et forêt de Chambaran de Roybon, soit
pour les y faire cantonner s'il y échoit ; à cet effet, constituer tels procureurs qu'il trouverait à propos ; les révoquer,
en constituer d'autres ; requérir et faire telles procédures qu'il
pourra échoir ; en recourir, en faire faire d'autres, le cas
échéant ; former telle opposition et appellation que ledit sieur
procureur pourra croire nécessaires ; les soutenir devant tels
Tribunaux qu'il appartiendra ; affirmer de ses voyages, séjours
et retours, et généralement faire agir à raison de ce, circonstances et dépendances, ainsi que pourrait le faire ledit
seigneur constituant, s'il était en personne ; promettant d'a-
voir ratifié et confirmé, si besoin est, tout ce qui sera fait
par sondit procureur, et de l'indemniser des charges de la
présente que ledit seigneur constituant entend de voir sortir
effet, nonobstant surannation, obligeant. Fait et passé en
l'hôtel de mondit seigneur marquis de Monteynard, le 10

janvier 1783, et a *signé* MONTEYNARD. DENIS LEFÈVRE.
scéllé ledit jour et an, r. liij sous.

Assemblée et Députation.

DU dimanche, cinquième jour du mois de septembre mil
sept cent quatre-vingt-quatre, au lieu de Dionay, dans la
basse-cour de la maison curiale dudit lieu, à l'issue des vêpres,
devant nous Joseph Niévolet, lieutenant de Châtellenie de
ladite communauté, écrivant M.° Charles-Joseph Glandut,
notaire de Saint-Antoine, comme substitut de M.° Glandut
son père, greffier de ladite communauté, et dûment par nous
assermenté,

Se sont assemblés, après l'affiche mise dimanche dernier
à la porte de l'église, sieur Antoine Massonnet, receveur-
général et procureur-fondé de l'ordre de Malte, seigneur
dudit lieu ; sieurs Antoine Arnaud, Etienne Ageron-Piaton,
Pierre Billet-Neymoz, Louis Rey-Charvé-Colet, Joseph Mar-
chand, Pierre Magnin dit Rafournier, Jean Mayet, Jean Dorey, Antoine Cabussat, Jean Chabrey, Pierre Terrot, Jacques Ageron-Délibéra, Jean Magnin-Lachaud, Joseph Mayet,
Jean Decombe, Jerôme Ageron-Piaton, Joseph Belle, Philippe Caru, Pierre Ageron-Piaton, Joseph Magnin-Lachaud,
Pierre Falconnet et Antoine Guillerme ; auxquels assemblés il a été représenté, par Sébastien Ageron, consul moderne de la communauté, qu'il a fait convoquer la présente
assemblée de l'autorité de nous dits lieutenant de châtelain,
pour être rendu compte aux habitans de ce qui a été fait
ensuite de la députation faite de la personne dudit sieur Niévolet,

volet, lieutenant de châtellenie , par la délibération de la
communauté, du 2 septembre 1781 , concernant le cantonnement de la forêt de Chambaran, au sujet duquel il a été
dressé, de l'avis du conseil pris par ledit sieur député, un
projet de traité entre les seigneurs de Roybon et la communauté, par rapport aux droits d'usage de celle-ci sur
ladite forêt, lequel est entre les mains dudit sieur député;
requiert, en conséquence, que lecture soit faite aux assemblées dudit projet de traité, pour qu'ils aient à délibérer
sur son approbation , modification ou rejection, et sur la
rédaction d'icelui, à quel effet ils députeront telles personnes qu'ils jugeront à propos pour rédiger le susdit traité,
si les habitans l'approuvent, et lui donneront tous les pouvoirs à ce requis et nécessaire ; requérant, ledit Consul,
acte de sa comparution, et, sous toutes protestations de droit,
n'a signé pour ne savoir de ce enquis et requis.

Lecture faite auxdites assemblées du projet de traité rapporté par leur député, dressé de l'avis de M.ᵉ Guilhermet
fils, avocat, conseil de la communauté, les habitans ont
unanimement délibéré qu'ils approuvent les articles d'icelui,
au nombre de sept, néanmoins sous les conditions que les
députés, par eux nommés ci-après, tâcheront d'obtenir,
lors de la rédaction d'icelui, sans cependant y être strictement contraints et obligés, 1.° il sera remis à la communauté une plus grande quantité d'arpens de la forêt de Chambaran que celle de cent vingt qui doit être assignée suivant
ledit projet, attendu que le droit d'usage de la communauté lui était acquis à titre onéreux, et qu'ayant la faculté
d'en jouir promiscuément avec la commune de Roybon, dans
une étendue considérable de la forêt, dont partie était assi-

7

gnée sur le meilleur sol d'icelle, sa condition ne peut devenir
que désavantageuse en souscrivant à la rédaction projetée
pour une propriété qui ne peut manquer d'être placée dans
un sol moindre que la majeure partie de celle-ci où était
assis son usage; 2.° que le canton qui sera assigné formera
un carré hors du tracé de la nouvelle route de Romans
à Roybon, et que, dans le contenu assigné, ne feront point
fonds les parties de landes qui se trouvent sur la bordure
du chemin de l'Estra; 3.° que, comme il résulte du parcellaire de la communauté de Dionay, de 1592, art. 158,
que Jean Sibert y fut compris pour trente-deux sétérées une
quartelée et quatre pugnerées de terrain, situées au levant
des possessions qu'ont à présent les nommés Astier-Mayet,
Bret-Chiffre, Etienne Ageron et Joseph Dumoulin, qu'on
pourrait regarder comme faisant partie de l'ancienne forêt de
Chambaran, d'autant que le sol est à peu-près dans le même
état et nature que les bords de cette forêt; on aura attention de distraire cette étendue du canton qui sera assigné
à la communauté, supposé qu'il le fût de ce côté; et en
conséquence de leur approbation ci-dessus, les assemblées
continuent à nous dit Niévolet, lieutenant de châtellenie,
les mêmes pouvoirs dont ils nous avaient revêtu dans leur
délibération du 12 septembre 1781, en députant encore avec
même pouvoir, pour agir avec nous de concert, sieur Antoine Massonnet, un des délibérans; lesquels députés paraî-
tront, au nom de la communauté, à la rédaction du traité
projeté, assisté dudit M.ᵉ Guilhermet fils, conseil; et, lors
du plantement de bornes, pour fixer le canton assigné, ils
continueront les mêmes députés dont en ladite délibération
ci-devant énoncée, de même que pour la division de parti-

culier à particulier, le cas échéant; les assemblées approu-
vant dès-à-présent tout ce qui sera fait par les députés ci-
dessus pour tout ce qui concerne l'objet de la présente délibération. Ainsi conclu et délibéré, et ont signé les sachant
écrire et ceux qui ont resté jusqu'à la clôture, non les autres
pour être illitérés ou s'être retirés avant icelle ; ainsi à l'original. A. ARNAUD fils, Pierre FALCONNET. De tout ce que
dessus nous, lieutenant châtelain, avons donné acte, et
nous sommes signé avec le substitut de notre greffier, NIÉ-
VOLET, lieutenant de châtellenie ; GLANDUT, substitut du
greffier. Contrôlé à Saint-Antoine, le 7 septembre 1384,
reçu 15 sols, signé TIFFET. Extrait collationné au requis des
députés, GLANDUT fils du greffier.

EXTRAIT collationné délivré anx seigneurs duc de Tonnerre
et marquis de Monteynard.

SILVESTRE-SAINT-ROMME , notaire.

Rapport et procès-verbal de mensuration et plantation de limites du cantonnement du bois de Chambaran, assigné à la communauté de Dionay.

(7)

PAR le traité intervenu le 10 septembre 1784 , devant
M.ᵉ Saint-Romme, notaire, entre les seigneurs duc de Tonnerre et marquis de Monteynard, co-propriétaires de la forêt
de Chambaran, enclavée dans leur terre de Roybon, d'une
part ; les consuls et communautés de Dionay, ayant droit
d'usage sur aucunes portions de cette forêt, d'autre part ; il

Rapport
concernant
Dionay.

est convenu, en l'art. 1.er, qu'il sera remis à cette communauté, pour sa part et cantonnement dans cette forêt, pour lui tenir lieu et à ses habitans, de tous leurs usages de bûcherage, paquerage et autres droits quelconques, la quantité de 120 arpens mesure ordinaire, à raison de 1,344 toises 4 neuvièmes de toise royale chaque arpent.

L'art. 3 dispose, que les 120 arpens seront pris dans le canton où ladite communauté ou habitans de Dionay avaient leurs usages ; joignant le chemin de l'Estra, du midi, inclinant à l'occident, et vis-à-vis le territoire de ladite communauté de Dionay, immédiatement après le cantonnement de la communauté de Chevrières et son mandement ; de manière cependant que les 120 arpens adjugés à la communauté de Dionay et à ses habitans seront pris et mesurés, sur une ligne directe, le long du chemin de l'Estra, de 450 toises de longueur et non au-delà ; le surplus de la contenance sera pris en profondeur proportionnelle dans la forêt, le tout à tire et aire, sans intervalle de proche en proche ; et que, quoiqu'il y eût dans lesdits 120 arpens quelque terrain qui ne fût pas en bois, il ferait fonds dans lesdits 120 arpens, ainsi que s'ils étaient en bois.

En exécution de ce traité, les seigneurs duc de Tonnerre et marquis de Monteynard se sont pourvus à nos seigneurs de la souveraine Cour de Parlement de cette province. L'arrêt sur requête, par eux obtenu le 14 février dernier, commet le notaire royal premier requis non suspect, ayant serment en la Cour, pour être, par-devant lui, procédé, par experts-géomètres convenus, ou à ce défaut nommés d'office par le Commissaire, aux limitations des portions de la forêt de Chambaran, assignées aux communautés par les traités dont en la requête, et particulièrement à la communauté de Dionay, ensuite de la mensuration qui en serait faite par l'arpenteur de la maîtrise de Saint-Marcellin ; et en cas de refus ou de demeure de la part de cet arpenteur, dans la quinzaine après l'intimation de l'arrêt, par lesdits experts-géomètres, pour ce fait être pourvu.

En conséquence, nous Jacques-Barthelemi Frachon, notaire et géomètre-arpenteur du Roi, au siége de la maîtrise de Saint-Marcellin, commis par ledit arrêt, pour la mensuration y énoncée ; Louis Vachon, notaire royal et géomètre de Châtenay-de-Bressieux, y habitant, et Charles-François Giroud, géomètre et commissaire ès-droits seigneuriaux, habitant en en la ville de Grenoble, experts nommés d'office par M.e Joseph Faure, notaire royal à Saint-Pierre-de-Bressieux, commissaire en cette partie, député par ledit arrêt, sur requête du 14 février dernier, dans la procédure commencée devant lui, le 5o mars présente année, entre lesdits seigneurs duc de Tonnerre, marquis de Monteynard et les communautés de Roybon, Dionay et autres, en exécution dudit arrêt, après avoir prêté serment devant ledit Commissaire au lieu de Roybon, savoir : nous Vachon, le 11 avril, et nous Frachon et Giroud, le 18 du présent mois ;

Vu le susdit traité du 10 septembre 1784, les requête et arrêt sur icelle, du 14 février dernier, et la procédure verbale ; ensemble les rapport, procès-verbal et plan pour la limitation du cantonnement des portions assignées aux communautés de Villard-Chevrières, Bessins et Saint-Appolinard, et autres pièces remises, avons dressé notre rapport de la manière suivante :

Nous disons qu'ayant d'abord examiné si, d'après les dimensions données au cantonnement de Villard-Chevrières, Saint-Appolinard et Bessins, dans la direction, du côté de Dionay, et la profondeur de la forêt de Chambaran, le long du territoire de Dionay et du chemin de l'Estra, jusques à la colline d'Aigue-Noire, et aux fonds de différens particuliers qui la bordent, il y avait possibilité à ne donner au cantonnement de Dionay que 450 toises d'étendue, du levant au couchant, dans la direction du chemin de l'Estra, en conformité du traité ; nous avons reconnu que la profondeur de la forêt, du midi au nord, jusques aux propriétés particulières, ne permet pas d'exécuter dans cette partie le traité à la lettre, et qu'il fallait nécessairement étendre le cantonnement au-delà de 450 toises en ligne directe, le long du chemin de l'Estra, attendu qu'entre la ligne de séparation du canton adjugé à Chevrières, d'avec celui destiné à Dionay, celle de 450 toises dont au traité, indiquée le long du chemin de l'Estra, à partir du canton de Chevrières, ne pourrait suffire pour composer les 120 arpens qu'il échoit de cantonner, attendu la rentrée que fait dans la forêt la combe d'Aigue-Noire, occupée par des propriétés particulières, qui ne laissent pas assez de profondeur à la forêt pour y emplacer les 120 arpens sur la base de 450 toises.

Par ce motif, ayant procédé à la mensuration des 120 arpens assignés à la communauté de Dionay, nous avons déterminé les situation, contenance et confins sur le local, pour les séparer du surplus de la forêt, de la manière suivante :

Les 120 arpens par nous expédiés à la communauté de Dionay, ont pour confins, 1.º du levant, le canton de la forêt, expédié aux communautés du marquisat de Chevrières, sur une longueur de 73 perches 16 pieds, à partir du chemin de l'Estra, dans l'endroit indiqué sur le plan qui sera, dans la suite, joint au présent, par le n.º 8, où nous avons fait ouvrir un fossé servant de limite, et de là tirant au nord, jusques à un autre point coté n.º 5, où est un autre fossé servant de limite commune aux cantons de Chevrières, Dionay, et au surplus de la forêt restant aux seigneurs de Roybon.

2.º Du nord, inclinant au levant, bois restant auxdits seigneurs de Roybon; sur une longueur de 165 perches 12 pieds, à partir du point servant de limite commune, coté n.º 5, jusques à un autre point côté n.º 6, où nous avons fait pareillement ouvrir un fossé servant de limite.

3.º Du couchant, inclinant au nord, bois restant auxdits seigneurs de Roybon, sur une longueur de 85 perches 15 pieds, depuis le point ou limite cotée n.º 6, où nous avons fait ouvrir un fossé jusques au point coté n.º 7, sur le bord du chemin de l'Estra, en-delà duquel est la terre du nommé Jean Dorey, où nous avons pareillement fait ouvrir un fossé pour servir de limite.

4.º Du midi, inclinant dans quelque partie, au couchant, le chemin appelé de l'Estra, servant, dans cette partie, à séparer la forêt de Chambaran d'avec le territoire de Dionay, ledit chemin tortueux, et formant différentes sinuosités.

Nous observons que le canton ci-dessus assigné à la communauté de Dionay est essence chêne, hêtre et charme, en taillis ras dans son état actuel, le chêne y dominant; que les bords, le long du chemin de l'Estra, se trouvent un peu dégradés sur environ 5 arpens de surface, l'essence y ayant été arrachée en différens endroits, les gazons paraissant avoir été enlevés dans quelque partie depuis environ deux ans; que, d'ailleurs, le surplus de ce canton est suffisamment garni de souches vigoureuses pour reproduire du taillis, et paraît, par la qualité des souches et du sol, de meilleure nature et production que ce qui reste du côté des gorges d'Aigue-Noire aux seigneurs de Roybon.

Ainsi procédé par nous Frachon, géomètre commis; Vachon et Giroud, experts en la mensuration et au présent rapport, sur deux feuilles petit papier timbré, contenant sept pages écrites, y compris la suivante, écrites, cotées et paraphées par Giroud, l'un de nous, et par tous les trois signés au bas de chacune, à quoi nous avons vaqué, tant à Roybon qu'en voyages et retours, savoir : nous Giroud, non compris un jour et demi, pour la prestation de serment concernant le cantonnement de la communauté dite Roybon, quatre jours et demi ; nous Vachon, trois jours et demi, sans y comprendre la moitié d'un jour réservé sur les frais de la procédure de cantonnement de Roybon ; et nous Frachon, deux jours et demi, attendu que celui de notre prestation de serment a été employé dans la taxe de nos vacations pour le cantonnement de Chevrières, dont nous requérons taxe. Fait et arrêté à Roybon, le 20 août, sur les sept heures de relevée, 1785. A l'original : *Signé* FRACHON, VACHON, GIROUD. Contrôlé à la Côte, le 1.er septembre 1785. Reçu 15 sous. *Signé* MEYER.

Recensement général et particulier.

M.e Jacques-Barthelemi Frachon, notaire et arpenteur du Roi, au siége de la maîtrise de Saint-Marcellin, résidant en cette ville, âgé d'environ quarante-deux ans; M.e Louis Vachon, notaire et géomètre, résidant à Châtenay-de-Bressieux, âgé d'environ quarante-trois ans, et M.e Charles-

François

François Giroud, géomètre et commissaire à terrier, résidant à Grenoble, âgé d'environ trente-sept ans, ayant, le chacun en particulier, et ensuite tous trois ensemble, entendu les lectures que nous leur avons faites du rapport qu'ils viennent de nous remettre, ont dit, au moyen du serment par eux ci-devant prêté, que ce rapport contient vérité; qu'ils y persistent, n'y voulant ajouter ni diminuer; dont acte, et ont signé, avec nous commissaire, à l'original : FRACHON, VACHON, GIROUD ; FAURE, commissaire.

A GRENOBLE,

De l'Imprimerie de F. ALLIER, Imprimeur du Roi, cour de Chaulnes.

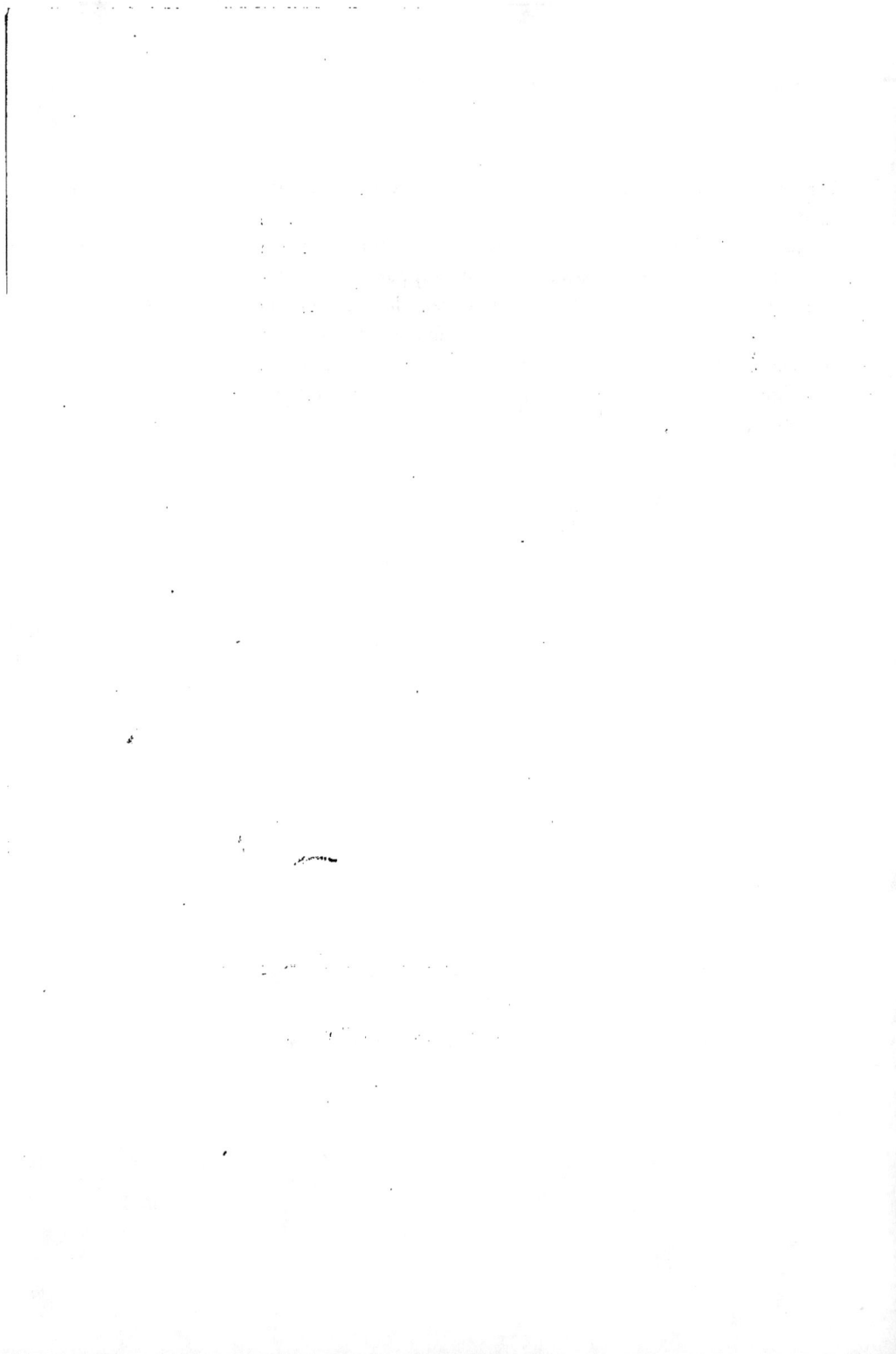

8

FORÊT DE CHAMBARAN DE ROYBON.

PRÉFECTURE DU DÉPARTEMENT DE L'ISÈRE.

ARRÊTÉ

D'HOMOLOGATION,

Des opérations du Cantonnement de la forêt de Chambaran sur Roybon.

LE PRÉFET DU DÉPARTEMENT DE L'ISÈRE,   5 Octobre 1826.
Vu les traités intervenus les 13, 18 et 20 septembre 1823,
entre MM. Jules-Gaspard Aynard, duc de Clermont-Tonnerre, et Antoine-Marie-Just-Louis de la Rivoire, marquis de
la Tourrette, d'une part; et les communes de Chevrières,
Bessins, Saint-Appolinard, Dionay et Roybon, d'autre part;
et M. Louis-Augustin comte de Menon-de-Ville, d'une part;
et les communes de Brion, Varacieux et Chasselay, d'autre
part. Lesdites transactions réglant la quotité de la forêt de
Chambaran de Roybon qui doit être délivrée, à titre de cantonnement auxdites communes, par MM. de Tonnerre, de la
Tourrette et de Menon, propriétaires de cette forêt, pour
leur tenir lieu de leurs droits d'usage, conformément aux
bases ci-après :
1.º Lesdites transactions ratifient les transactions antérieures

I

des 6 et 7 juillet et 10 septembre 1784, lesquelles déter-
minaient les portions afférentes aux communes, savoir : pour
Bessins, Chevrières et Saint-Appolinard, 530 arpens forestiers ; pour Dionay, 120 arpens forestiers ; pour Roybon,
1,200 arpens aussi forestiers, avec stipulation que lesdites
communes payeraient la moitié de tous les frais relatifs à
l'application de ces transactions ;

2.º Elles reconnaissent et ratifient les procédures de délimitation exécutées ensuite desdites transactions, les 30 mars,
23 juillet et 22 octobre 1785 ;

3.º Augmentation pour la commune de Roybon de 290 arpens forestiers, en sus des 1,200 portés par la transaction
de 1784 ;

4.º Sous la condition que lesdites quotités seront expédiées
en ayant égard à la valeur et qualité des différentes natures
de terrains.

5.º Pour les communes de Murinais, Brion, Chasselay et
Varacieux, il leur est accordé 686 arpens 1,035 toises,
savoir : à la première, 152 arpens, et aux trois autres 534
arpens 1,035 toises, également avec la condition que ces quotités seront expédiées en ayant égard à la valeur et qualité
des différentes natures de terrains ;

6.º Une clause commune à toutes les transactions de 1823,
est que les communes payeront leur part proportionnelle de
tous les frais, c'est-à-dire le tiers.

Vu l'ordonnance royale, du 18 février 1824, qui approuve
lesdites transactions pour être arrêtées suivant leur forme et
teneur ;

Vu, 1.º notre arrêté, du 14 août 1824, qui ordonne les
opérations de la délimitation, tendante à expédier aux commu-

nes les portions leur afférentes, en exécution des transactions
ci-dessus ;

2.º Notre instruction, du 24 avril 1825, relative aux mêmes
opérations, notamment aux mesures à prendre, en exécution
de la législation, à l'égard des nombreuses usurpations commises sur le sol de la forêt par les habitans des communes, le
tout conformément aux instructions de S. Exc. le Ministre des
finances, sur les délimitations ;

Vu le procès-verbal de délimitation du périmètre général
de la forêt de Chambaran, commencé le 11 octobre 1824, et
clos le 19 novembre suivant, duquel il résulte que, sur la
ligne de démarcation de la commune de Chasselay, il a été
laissé en litige une portion de bois, d'environ un hectare,
comme faisant partie de la forêt, mais qu'un sieur Giroud
la Vernerette prétendrait dépendre de sa propriété, quoiqu'il
n'ait produit aucun titre; qu'il résulte aussi du même procès-
verbal que la ligne de démarcation n'a pu être établie entre
les communes de Roybon et de Viriville, à partir du territoire
de celle de Montfalcon, par suite d'une prétention du Maire
de Viriville, fondée sur une convention provisoire, intervenue
le 21 septembre 1784, pour et au nom de M.me Senozan,
dame de Viriville, de MM. de Clermont-Tonnerre et de Monteynard, prétention qui a été repoussée par les Maires de
Roybon et de Montfalcon, et le Mandataire des propriétaires,
à raison du défaut de ratification de ladite convention ;

Vu une convention passée entre le Mandataire de MM. de
Clermont-Tonnerre et de la Tourrette, et celui de M. de
Menon, pour régler respectivement l'étendue de leur propriété dans la forêt de Chambaran, contenant la limitation de
la portion attribuée à M. de Menon, en vertu d'un traité du

31 janvier 1783, et d'une convention du 26 août 1784; ladite délimitation en date du 1.er avril 1825;

Vu le procès-verbal de délimitation, commencé le 9 mai 1825, et clos le 18 du même mois, qui a pour objet d'expédier les quotités de terrains afférentes aux communes de Chevrières, Bessins et Saint-Appolinard, et contenant l'estimation, par experts, des terrains, pour servir au remboursement des frais à effectuer par ces communes aux propriétaires de la forêt, chargés d'en faire les avances, le tout conformément aux transactions; ledit procès-verbal accompagné des nominations régulières et des prestations de serment des experts des communes;

Vu pareil procès-verbal pour la commune de Dionay, des 26 mai 1825 et 17 avril 1826, portant expédition à cette commune de 78 hectares 23 ares 49 centiares, dont 16 hectares 95 ares 49 centiares en sus de la quotité déterminée par la transaction à titre de dédommagement pour la moins-value de son ancien cantonnement, et en outre la remise à cette commune, par les propriétaires, des frais, tant anciens que nouveaux qui étaient à sa charge.

Ledit procès-verbal signé par le maire et non par l'expert de la commune, lequel s'y est refusé, quoiqu'ayant concouru aux opérations du partage, fondé sur ce que les commissaires délimitateurs et tiers-experts et le maire n'avaient pas cru devoir partager entièrement son opinion.

Ledit procès-verbal appuyé de la nomination et prestation de serment de l'expert.

Vu le procès-verbal de délimitation de Varacieux, Murinais, Brion et Chasselay, des 2 juin et 6 juillet 1825, qui expédie à ces communes 408 hectares 58 ares 18 centiares

divisés proportionnellement entr'elles, dont 51 hect. 83 ares 55
cent. en sus des quotités déterminées par les transactions, pour
avoir égard à la qualité et valeur du terrain, conformément
à ces mêmes transactions ; ladite quotité emplacée, partie
sur la portion de la forêt attribuée à M. de Menon, et partie
sur celle attribuée à MM. de Tonnerre et de la Tourrette,
ensuite du traité déjà cité, intervenu entre ces MM. Ce
procès-verbal contenait l'estimation des terrains pour servir
au remboursement des frais à effectuer aux propriétaires, par
les communes, avec le concours des Maires, mais sans la
présence d'un expert pour celle de Chasselay, par suite du
refus d'une partie du Conseil municipal de cette commune,
de s'assembler pour cette nomination. Ce procès-verbal est
appuyé des nominations et prestation de serment des experts,
excepté pour Chasselay.

Vu, 1.° le procès-verbal de délimitation pour la commune
de Roybon, commencé le 25 juillet 1825, et clos le 10
novembre même année, portant fixation et reconnaissance
de 1,200 arpens remis à cette commune par le traité de
1784 ;

2.° Un second procès-verbal des opérations relatives au
cantonnement, conformément au traité de 1823, par lequel
procès-verbal, commencé le 30 septembre 1825, et clos le
11 avril 1826, il est expédié à la commune de Roybon 776
hectares 48 ares 52 centiares, dont 61 hectares 22 ares 66
centiares en sus des quotités déterminées par les transactions, pour avoir égard à la qualité et valeur du terrain,
conformément aux mêmes transactions ; en outre, la remise
à cette commune, par les propriétaires, de la totalité
des frais , tant anciens que nouveaux, qui étaient à sa

charge, et encore les réserves faites par l'expert pour reven-
diquer la propriété d'un canton de la forêt appelé Caise.

Ledit procès-verbal appuyé, 1.º de la délibération de Conseil municipal de la commune de Roybon, en date du 10
août 1825, par laquelle, ce Conseil prenant en considération
« la position de la commune, relativement à ce cantonne-
» ment, et voulant contribuer, autant qu'il est en lui, à
» ce que ses droits ne soient pas lésés dans cette opération,
» d'après les propositions qui ont été faites par une dépu-
» tation de ses membres, à M. le marquis de Murinais,
» qui a bien voulu accepter cette commission, plein de con-
» fiance dans ses lumières et dans la bienveillance qu'il a
» constamment manifestée pour le bien de la commune de
» Roybon, nomme M. le marquis de Murinais pour surveiller
» les droits de la commune. Le Conseil l'engage à exami-
» ner les titres que la commune doit avoir pour le bois de
» Caise, ainsi que toute autre question de propriété sur les droits
» et usages, tant généraux que particuliers, qui peuvent être
» acquis à la commune; en même temps, à ce que la com-
» mune ne supporte pas les anciens frais; enfin, d'examiner les
» frais nouveaux pour qu'elle ne participe qu'à ceux qui seront
» reconnus à sa charge; »

2.º De la prestation de serment de l'expert; ce procès-
verbal est signé de cet expert, mais non pas du Maire de
Roybon qui, par sa lettre du 10 avril 1826, a déclaré, à
M. le Sous-Préfet de l'arrondissement de Saint-Marcellin, se
refuser à donner sa signature, sous le prétexte que la première délibération du Conseil municipal de la commune,
en date du 4 septembre 1823 (celle qui a arrêté les bases
du traité), avait compromis les intérêts de sa commune.

Vu le rapport de M. le Sous-Préfet de Saint-Marcellin, en date du 29 avril 1826, dans lequel, en expliquant les motifs du refus du Maire de Roybon, il présente le développement des difficultés ou oppositions qui ont souvent entravé la marche des opérations de délimitation et partage, et prouve qu'elles sont dénuées de tout fondement, et basées sur des intérêts particuliers ; en conséquence, il réclame l'homologation, dans le plus court délai, dans l'intérêt de toutes les parties ;

Vu les trois traités des 6, 7 juillet et 10 décembre 1784, et les procédures de délimitation des 30 mars, 23 juillet et 23 octobre 1785 déjà cités ;

Vu la carte générale, ou ancien plan de la forêt, sur laquelle sont tracées, par diverses limites, toutes les opérations de délimitations, partage ou cantonnemens dont l'analyse précède ;

Vu neuf plans généalogiques des divers cantonnemens attribués aux neuf communes usagères de la forêt, dressés par l'arpenteur forestier nommé suivant notre arrêté du 14 août 1824 ;

Vu la lettre, en date du 11 mai 1826, du Commissaire chargé par nous desdites opérations, portant envoi de tous ces actes et pièces précédemment visés ;

Vu un exemplaire du Recueil imprimé, contenant les transactions de 1823, et tous les actes de l'Administration et des communes qui les ont précédées et accompagnées, ledit exemplaire certifié par nous ;

Vu l'avis de M. le Conservateur des eaux et forêts de la 13.me conservation, en date du 29 mai dernier, dans lequel il conclut que, nonobstant le défaut de nomination de l'expert de la commune de Chasselay, celui de signature de l'expert de la commune de Dionay, et le défaut de concours du Maire de Roybon, auxquels on ne doit pas s'arrêter, par tous les motifs qu'il a développés, il y a lieu de passer outre, et par conséquent d'approuver le partage et cantonnement dont il s'agit, sous les conditions néanmoins :

1.º Que le canton de la forêt, nommé Caise, demeurera en réserve jusqu'à jugement définitif, et sera surveillé par un garde spécial, payé à frais communs par la commune de Roybon et les propriétaires, sans que les uns ni les autres puissent y faire aucune coupe, mener paître aucuns bestiaux, faire acte de propriété d'aucune espèce ;

2.º Que les propriétaires de la forêt de Chambaran payeront, à titre de remboursement, tous les frais de surveillance de cette forêt, avancés par le Gouvernement depuis sa prise de possession jusqu'au jour où il cessera de payer les gardes préposés à cette surveillance, à la charge par le Gouvernement de faire entrer en déduction les ventes de coupes de bois dont il se sera prévalu pendant ce temps ;

3.º Qu'aux frais communs desdits propriétaires et des communes cantonnées, il sera établi des fossés de séparation dans les dimensions voulues par l'ordonnance de 1669, entre leur propriété et celles qui appartiendront auxdites communes d'après le cantonnement ; que celles-ci établiront à leurs frais des fossés semblables dans tout le surplus du périmètre de la portion qui leur sera dévolue ;

4.º Qu'enfin, aux frais des mêmes propriétaires, il sera remis à la conservation une expédition de chaque procès-verbal de cantonnement, avec le plan à l'appui ;

Vu

Vu les instructions de S. Exc. le Ministre des finances, qui règlent les formes à suivre pour la délimitation des forêts royales et communales, et autres établissemens publics, sous les dates des 13 juillet 1804, 3 août 1805, 27 septembre 1810, 19 et 28 septembre 1811, 26 décembre 1811, 16 septembre 1812 et 4 février 1823 ;

Vu une réclamation présentée par M. Gilbert, procureur-fondé des propriétaires, dans laquelle il expose qu'il est informé que M. le Conservateur est d'avis que ses commettans soient tenus du remboursement des frais de garde ci-dessus ; que le Gouvernement a joui de la propriété comme en jouiront aujourd'hui les propriétaires ; qu'il était juste qu'il en supportât les charges et qu'il fît garder, puisqu'il possédait ; qu'en 1814, sous son administration, il a été commis des dévastations pour 50,000 fr. ; que les communes ont usurpé de toutes parts ; que celle de Roybon a perçu annuellement des revenus sur les usurpations de toute la forêt ; qu'ils ont à faire des frais immenses, et à attendre très-long-temps avant d'obtenir aucun produit ; qu'ils font des avances considérables, celles de tous les frais, dans l'intérêt des communes ;

Que, d'après le désir de l'Administration, ils fournissent encore aux dépenses relatives au logement d'une brigade de gendarmerie à Roybon. Enfin, que dans cette position, si la réclamation de ce remboursement était fondée en droit, ce qu'il ne pense pas, il nous prierait d'en réclamer la remise de la part du Gouvernement ; à l'appui de cette réclamation est extrait d'une décision de la commission des émigrés du 21 février 1824 ;

Vu notre arrêté du 29 août dernier, par lequel nous avons

ordouné à M. le Maire de Roybon de donner, dans un délai de dix jours, à partir de la notification, le détail des motifs pour lesquels il a refusé de signer les procès-verbaux de délimitation de sa commune, ou de les signer s'il n'avait pas de causes légitimes à faire valoir ;

Vu la réponse du Maire de Roybon, sous la date du 11 de ce mois, audit arrêté, dans laquelle il donne les motifs suivans de son refus :

1.º La transaction du 18 septembre 1823 ne peut pas être exécutée, elle n'est pas l'œuvre du consentement libre : le 4 septembre 1823, M. le Sous-Préfet aurait présenté à signer au Conseil municipal une délibération, ou plutôt une transaction faite d'avance ; et, pour le contraindre à la signer, il a annoncé que l'autorisation de plaider serait refusée à la commune. *Il a menacé de lier la bouche à ses administrateurs devant les Tribunaux.* On n'a pas permis au Conseil de prendre connaissance de ses droits et de la Consultation, quoiqu'il soit dit, dans la délibération, qu'elle a été lue, et qu'on a longuement discuté et délibéré. Cela est si vrai, que la Consultation seule a 372 pages in-4.º ; que le Conseil n'a connu cette Consultation qu'en 1825, et qu'alors, il a vu qu'elle le trompait sur tous les points ; que la même question y était résolue de trois façons différentes, selon la variété des intérêts ; que l'agent des propriétaires avait fait une réserve de dommages-intérêts à raison des dévastations, tandis qu'on avait pris en considération ces dévastations pour réduire la commune au lot qui lui est accordé ;

2.º Le Maire refuse de signer les procès-verbaux, parce que les clauses mêmes de la transaction y ont été méprisées, quand les adversaires de la commune se sont vus assez forts pour oser prétendre davantage. L'art. 3 porte que les usurpations seraient placées dans le lot de la commune, tandis qu'au contraire la délimitation les a placées dans celui des propriétaires. Par cette délimitation on usurpe sans pudeur sur les domaines limitrophes de la forêt, et ces propriétaires ont un droit à part, que ni le Maire, ni le Conseil municipal ne peuvent compromettre, attendu qu'aucun expert ne les a représentés dans cette opération, puisqu'on ne peut regarder comme tels, ni celui de M. de Tonnerre, ni celui de M. de Menon, ni même le commissaire de l'Administration, nommé sur la présentation de ces Messieurs.

Le Maire termine en annonçant que ses habitans nous adresseront incessamment des représentations plus développées, et qu'ils n'auraient pas même attendu jusqu'à ce jour, si M. le Secrétaire-général ne lui eût, en notre absence, refusé la remise des titres de sa commune, dont il lui a fallu du temps pour s'en procurer des doubles.

Enfin, qu'il espère de notre impartialité que nous ne nous mettrons pas plus long-temps entre sa commune et les Tribunaux ;

Vu une lettre de M. le Sous-Préfet de Saint-Marcellin, du 13 septembre, qui nous en adresse une du Maire de Roybon, en date du 8, par laquelle ce dernier fonctionnaire énonce sommairement les motifs de son refus de signer les procès-verbaux, qu'il a détaillés dans sa lettre du 11. M. le Sous-Préfet annonce que ce maire ne cherche qu'à traîner en longueur ; qu'il ne cesse de répandre des inquiétudes dans les esprits, de publier que les transactions sont nulles, ainsi que les opérations faites en exécution de cet acte solennel. Il conclut, dans l'intérêt de l'ordre, dans celui des huit autres communes, à ce qu'il soit pris des mesures qui les mettent définitivement en possession de la portion de bois que le cantonnement leur attribue ;

Considérant, en ce qui concerne la délimitation générale ou reconnaissance du périmètre de la forêt, 1.º que le sieur Giroud la Vernerette n'a produit aucun titre à l'appui de sa réclamation ; que, d'après les plans anciens, la partie qu'il réclame appartient au territoire de la forêt de Chambaran de Roybon, ainsi que le soutient le Maire de la commune de Chasselay ; qu'il n'y a pas lieu de s'y arrêter, sauf la réserve qui est de droit, du recours de la commune de Chasselay, dans le lot de laquelle se trouve cette portion, contre les propriétaires de la forêt, pour le cas où elle serait troublée dans sa possession ; que d'ailleurs cette commune reste elle-même débitrice d'une portion de frais envers les propriétaires ; 2.º que l'opposition élevée par la commune de Viriville ne paraît pas fondée, comme ne reposant que sur un titre irrégulier ; que, dans tous les cas, la partie qui ferait la matière de la contestation ne se trouvant point comprise dans les lots des communes, ces dernières n'y ont aucun intérêt, et l'Administration n'a pas à s'y arrêter ;

Considérant, en ce qui concerne les délimitations par lesquelles on a expédié aux communes les quotités auxquelles elles avaient droit, en exécution des transactions, que celles de Chevrières, Bessins et Saint-Appolinard sont parfaitement régulières sous tous les rapports ;

Que celle de Dionay est également régulière ; que néanmoins l'expert de cette commune n'a point signé le procès-verbal ; qu'aux termes de la transaction de 1823, les opérations des

experts devaient avoir lieu avec l'intervention d'un tiers nommé
par nous ; qu'il résulte du procès-verbal que les intérêts de
toutes les parties ont été parfaitement débattus ; que l'opinion
adoptée par le Maire et les Agens délimitateurs l'a été conformément à l'avis du tiers expert chargé de décider, en cas
de partage ; que le Maire est le représentant légal de la commune ; qu'en conséquence, l'expert ne devait ni ne pouvait
refuser sa signature, quoique son avis ne fût pas entièrement
adopté ; que cette commune obtient, non-seulement une augmentation de terrain, mais encore la remise des frais à sa
charge ;

Considérant, en ce qui concerne la délimitation de Murinais, Brion, Chasselay et Varacieux, que toutes les opérations sont régulières, à l'exception du concours d'un expert
pour celle de Chasselay ; que quant à cette dernière circonstance, elle ne saurait vicier l'opération, parce que la délimitation ou expédition des lots a été opérée conformément aux
instructions du Gouvernement sur cette matière ; que quant à
ce qui concerne l'estimation des terrains pour servir à cette
expédition, elle était nécessairement commune à Chasselay,
comme à Brion, Varacieux et Murinais, puisque leur cantonnement s'opérait sur une même masse dont on avait à leur
expédier le tiers ; que cette estimation a été faite, dans l'intérêt de Brion, Varacieux et Murinais, par les trois experts
de ces communes, contre celui du propriétaire, seul, et qu'en
outre elle a reçu l'adhésion, non-seulement du Maire, du tiers
expert, de l'agent forestier délimitateur, mais, en outre, du
Maire, lui-même, de Chasselay ; qu'en raison de la valeur,
la quotité expédiée à cette commune a été augmentée
d'une étendue proportionnelle ; qu'il ne devait pas dépendre

du refus de quelques membres du Conseil municipal de se réunir pour nommer un expert, d'entraver l'opération de la délimitation ; que le concours du Maire à toutes les opérations, son acceptation et les garanties que présentent les agens chargés de la délimitation, donnent l'assurance qu'il a été fait pleine justice à cette commune ; qu'enfin, le Maire, représentant légal de la commune, a approuvé et exécuté l'opération en ce qui le concerne ;

Considérant enfin que les procès-verbaux des communes ci-dessus sont réguliers et signés par les Maires, d'une part, et les représentans des propriétaires, de l'autre ; qu'en conséquence, les clauses des transactions sont pleinement exécutées à leur égard ; que les délimitations et partage qui les concernent sont définitifs, et qu'il est urgent, dans l'intérêt de toutes les parties, qu'elles jouissent des portions qui leur sont attribuées conformément à ces actes ;

Considérant, à l'égard des frais de garde, payés par le Gouvernement, et dont M. le Conservateur propose d'exiger le remboursement des propriétaires de la forêt, sous la déduction du prix des ventes de bois dont le Gouvernement a profité, que le Gouvernement n'avait jamais pris possession de la forêt, ainsi qu'il a été établi par la commission des finances, chargée de prononcer sur la remise des biens séquestrés et non vendus, en date du 21 février 1824 ; que cette forêt n'ayant jamais été séquestrée, ne s'agissant nullement d'en faire la remise aux propriétaires, n'étant question au présent que de délimitation entre eux et les communes, auxquelles le domaine de l'Etat est parfaitement étranger, la question de répétition élevée par M. le Conservateur n'a aucune liaison avec cette opération ; il est, dès-lors, et dans tous les cas, et en la supposant fondée, de nature à être exercée et instruite séparément;

Considérant que les conditions proposées par M. le Conservateur, en ce qui concerne les fossés et le dépôt à la conservation d'une expédition de chaque procès-verbal de cantonnement avec les plans à l'appui, sont très-utiles; qu'il convient également que ce dépôt soit fait, et pour la délimitation générale, et pour les procès-verbaux de cantonnement, dans chaque mairie et à la sous-préfecture de Saint-Marcellin, ainsi qu'à la préfecture de Grenoble;

Considérant, en ce qui concerne la commune de Roybon, que l'opération de la délimitation a été faite conformément aux règles tracées par les instructions du Gouvernement; que néanmoins le Maire de cette commune a refusé d'y adhérer, qu'il fonde son refus sur deux motifs :

1.° En attaquant la transaction de 1823 dans son essence, ainsi qu'il a été expliqué précédemment, fondé sur ce que le Conseil municipal n'aurait pas été suffisamment éclairé sur les droits de la commune, et qu'il aurait été trompé et surpris à l'époque où il a voté. Enfin, que cet acte laisse la commune sous le poids d'une action en dommages-intérêts de la part des propriétaires, par la réserve qu'en a faite leur agent; 2.° en arguant contre les opérations de la délimitation, de ce que les usurpations n'ont pas été placées dans le lot de la commune, mais laissées dans celui des propriétaires, contre la disposition de l'art. 3 de cette transaction; enfin, de ce que, ni le Maire, ni le Conseil municipal, n'ont le droit de compromettre les intérêts des particuliers sur lesquels, dit-il, on a usurpé sans pudeur par la délimitation;

Considérant, quant aux allégations qui tendent à attaquer

la transaction, qu'elles sont dénuées de toute vérité ; en effet,
1.° on voit, en ouvrant le recueil des transactions de 1823,
que l'Administration a apporté le soin le plus scrupuleux
dans l'examen et la défense des intérêts des communes.
L'arrêté du Préfet, du 15 octobre 1812, appelle toutes ces
communes à délibérer à ce sujet et à fournir tous leurs titres,
observations et demandes, pour être le tout renvoyé à trois
jurisconsultes chargés de cet examen. Elles les produisent en
effet, et même avec des consultations d'avocats et des renseignemens de toute nature. La commune de Roybon, notamment, envoya, indépendamment de deux délibérations expli-
catives de ses titres, appuyées d'une consultation d'avocats,
de nouveaux détails et renseignemens, par lettres de son maire,
adressées aux jurisconsultes les 31 décembre 1816, 14 février
1817, 3 mars et 2 mai 1818 ; l'une de ces lettres fut apportée
par un membre du Conseil municipal en personne, le sieur
Ageron, chargé par le Maire d'avoir des conférences avec les
jurisconsultes, dans l'intérêt de sa commune, ainsi qu'il est
énoncé, page 209 de la Consultation. Enfin, ce ne fut qu'en
1823 que les jurisconsultes rendirent leur consultation, après
avoir médité profondément sur tous les droits des communes.
Leur travail atteste et leur soin et le talent avec lequel ils se
sont livrés à cet examen ; ce sont trois des principaux avocats
du barreau de Grenoble. Le rapport de M. le Sous-Préfet de
l'arrondissement de Saint-Marcellin prouve que la Consultation
fut mise sous les yeux des Conseils municipaux au mois de
septembre 1823 ; que tout fut longuement discuté ; et ce ne
fut qu'en parfaite connaissance de cause que les membres du
Conseil municipal, qui connaissaient déjà tous ses titres,
droits et prétentions, dont une partie même les suivait depuis

longues

longues années, votèrent la transaction et arrêtèrent qu'elle serait rédigée en acte public par le Maire, après l'autorisation nécessaire;

2.° Les intérêts de la commune n'ont pas été compromis, puisque la transaction de 1823 lui accorde 200 arpens de plus que celle de 1784, et cependant cette dernière avait été bien librement consentie, puisque les délégués de la commune avaient, après cet acte de 1784, réparti l'étendue de terrains concédés entre les divers hameaux qui la composent;

Considérant que le Maire, qui produit aujourd'hui ces allégations, *a lui-même* dirigé toutes les opérations relatives au vote de la transaction; qu'il a lui-même présidé la délibération; qu'en conséquence sa conduite actuelle ne peut être et n'est réellement que le résultat *des suggestions particulières et d'intérèts particuliers*, et la suite du système d'oppositions qu'ont manifesté depuis l'origine une partie des habitans de Roybon, pour perpétuer l'envahissement de toute la forêt au préjudice des autres communes et des propriétaires, ainsi que l'établit la marche des faits antérieurs, ceux qui ont eu lieu pendant la délimitation, et que le constatent les procès-verbaux et les rapports de M. le Sous-Préfet;

Considérant, quant à la réserve de dommages-intérêts dont parle le Maire de Roybon, qu'elle n'est nullement exprimée dans le traité du 18 septembre; qu'il y est dit, au contraire, art. 11, qu'au moyen de cet acte toutes contestations demeurent terminées, les parties déclarant s'en tenir aux dispositions qui y sont exprimées. Que, dans le procès-verbal de délimitation, toute action, à cet égard, se trouve de nouveau abandonnée et éteinte; qu'en conséquence, toutes ces allégations sont aussi dénuées de fondement qu'inconvenantes dans les

3

termes par lesquels le Maire voudrait aujourd'hui faire croire
à des moyens de surprise et d'influence de la part d'un fonctionnaire digne de toute la confiance de l'autorité, et aux soins
duquel, dans cette affaire, la commune de Roybon, plus
encore que les autres, doit une juste reconnaissance;

Considérant que si au fond la transaction de 1823 n'a été
préparée, amenée et consentie qu'avec toutes les précautions
qui garantissent le soin avec lequel l'Administration a veillé
aux intérêts de la commune; d'un autre côté, cet acte précédé
et accompagné de toutes les formes légales qui en assurent la
validité, est aujourd'hui un acte définitif, et qui forme la
règle invariable et le titre des parties;

Considérant, en ce qui concerne les opérations de la délimi.
tation, c'est-à-dire l'exécution de la transaction, qu'en effet
les portions de terrains usurpés ont été laissées dans le lot
des propriétaires par les Agens délimitateurs, quoique l'art. 3
dise que, « par suite de la possession des communes et les
» partages qu'elles avaient cru pouvoir opérer, il s'était établi
» dans la forêt une quantité considérable de logeurs et d'usur-
» pateurs; que dans ces excès ces usurpateurs ont suivi la foi
» des communes; qu'en conséquence les portions par eux dé-
» frichées doivent être mises dans le lot des communes, et
» qu'à raison de ce, la totalité de ces usurpations serait pré-
» levée sur les 1,400 arpens revenant à la commune de Roy-
» bon. » Mais que cette mesure a été prise afin d'éviter à
la commune une réduction trop considérable dans le lot qui
lui serait adjugé par l'imputation des parties usurpées, et
pour conserver le plus possible à la commune l'intégrité de
son lot. Ces motifs étaient fondés, ainsi qu'il résulte de notre
instruction du 24 avril 1825, sur ce qu'il était facultatif à

la commune, ou de tolérer la jouissance des usurpations, en
leur faisant payer le prix réel des terrains usurpés, ou de
les évincer tout-à-fait, conformément à l'ordonnance royale
du 27 juin 1819, puisqu'aucune soumission ni déclaration de
ce genre n'a été adressée à l'autorité supérieure ; que néanmoins cette disposition devait naturellement, ainsi que le
faisait remarquer notre instruction, être prise de concert
avec l'Administration municipale; et si, aujourd'hui la commune ne reconnaît point le véritable intérêt qu'elle y aurait,
la question reste entière à cet égard, ainsi que les droits
des parties.

Considérant, à l'égard des usurpations, que le Maire dit
avoir été faites sur les propriétés particulières de la forêt et
sur ce que ni lui, ni le Conseil municipal ne peuvent compromettre les droits de ces propriétaires, que, dans aucun
cas, la délimitation dont il s'agit ni l'adhésion de la commune
ne pourraient leur préjudicier tous droits de propriété à leur
égard, restant indépendans des opérations de partage et de
délimitation entre la commune et MM. de Clermont-Tonnerre,
de la Tourrette et de Menon, propriétaires de la forêt; qu'en
conséquence, ce fonctionnaire n'avait point à s'en occuper et
encore moins à en tirer un motif d'opposition ; que c'est à
tort et contre la vérité que ce fonctionnaire prétend que le
commissaire nommé par l'Administration l'a été sur la présentation de MM. de Clermont-Tonnerre, de la Tourrette et
de Menon ;

Considérant, en ce qui concerne l'annonce qu'il fait d'une
réclamation plus développée des habitans de sa commune,
que le Conseil municipal est le seul organe légal de leurs
intérêts ;

Considérant qu'il est faux que M. le Secrétaire-général ait refusé au Maire des communications dans l'intérêt de sa com- commune ; ce qui le prouve, c'est que jamais ce dernier ne lui en a adressé la demande ;

Considérant que, quelles que soient la régularité et l'équité qui ont présidé aux opérations qui ont eu pour but l'exécution de la transaction, quelques garanties que présente le concours à ces opérations, d'une partie des membres du Conseil mu- nicipal, le caractère et les connaissances de l'expert de la commune, auquel le Conseil municipal s'en était référé par sa délibération du 18 août 1825, *comme possédant toute sa confiance, et par l'intérêt qu'il a constamment manifesté pour le bien de la commune de Roybon;* quel que soit le désir et le devoir de l'Administration, d'empêcher les com- munes, dont elle est tutrice, de s'engager dans des contes- tations ruineuses ; et enfin, l'inconvenance des formes que le Maire donne à sa réclamation ; néanmoins, dès l'instant que le Maire refuse d'adhérer à ces opérations, et élève la pré- tention d'entraîner sa commune dans des débats judiciaires, l'Administration doit revenir aux formes strictement légales, et qui appellent le Conseil municipal à délibérer, sauf la dé- cision du Conseil de préfecture.

ARRÊTE :

ART. 1.er

Les opérations de partage, de délimitation, opérées en exé- cution des traités de 1823, entre les communes ayant des droits d'usage dans la forêt de Chambaran de Roybon, et les propriétaires de cette forêt, sont déclarées closes et terminées, conformément aux procès-verbaux ci-après, excepté en ce qui concerne le lot auquel la commune de Roybon a droit, savoir :

1.º Celui de la délimitation générale, commencée le 11 octobre 1824, close le 19 novembre suivant ;

2.º Celui de cantonnement des communes de Chevrières, Bessins et Saint-Appolinard, des 9 et 18 mai 1825 ;

3.º Celui de Dionay, des 26 mai 1825 et 17 avril 1826 ;

4.º Celui de Murinais, Brion, Chasselay et Varacieux, des 2 juin et 6 juillet 1825. En conséquence, ces communes entreront de suite en jouissance des lots qui leur sont expédiés.

Art. 2.

Conformément à l'ordonnance de 1669, les propriétaires et communes feront établir, à frais communs, des fossés dans les dimensions prescrites pour séparer leurs propriétés respectives, et les communes en établiront de semblables dans tout le surplus du périmètre de la partie de la forêt qui leur sera échue.

Art. 3.

Tout recours reste réservé à la commune de Chasselay, dans le cas où elle serait troublée dans sa propriété, par suite de la réclamation du sieur Giroud la Vernerette, les propriétaires restant garans pour le remplacement de la quotité qui pourrait lui être enlevée.

Art. 4.

Une expédition du procès-verbal de délimitation générale

et de ceux des cantonnemens particuliers, avec les plans
à l'appui, sera déposée à la conservation des forêts. Pareilles
expéditions des procès-verbaux seront déposées aux mairies
de chaque commune, à la sous-préfecture de Saint-Marcellin,
à la sous-inspection de cet arrondissement et à la préfecture
de l'Isère.

Art. 5.

M. le Sous-Préfet de Saint-Marcellin nous proposera après
avoir fait délibérer, à ce sujet, les Conseils municipaux des
communes ci-dessus, les moyens de tirer le parti le plus
avantageux possible, dans l'intérêt de ces communes, des terrains qui leur sont échus, le tout conformément aux lois et
réglemens.

Art. 6.

Tous droits des tiers, s'il en existait, et généralement tous
ceux qui excéderaient la compétence de l'Administration,
restent réservés, sauf aux parties intéressées à se pourvoir
par-devant l'autorité compétente.

Art. 7.

Le Conseil municipal de la commune de Roybon est au-
torisé à s'assembler extraordinairement, afin de délibérer sur
les procès-verbaux de délimitation des 25 juillet, 10 novembre 1825, 30 septembre 1825 et 11 avril 1826, dont copie
certifiée sera communiquée à ce Conseil par M. le Sous-
Préfet et s'expliquer sur le point de savoir, s'il entend y

adhérer, ou régler à cet égard par voie de conciliation, s'il jugeait avoir quelque réclamation à former contre les dispositions de ces procès-verbaux; ou enfin s'il partage le refus de son Maire, et s'il croit devoir contester à ce sujet.

Dans le cas où ce conseil serait d'avis de réclamer quelque rectification aux opérations de la délimitation et de s'entendre amiablement, les représentans ou agens des propriétaires, pourront, au besoin et s'ils y consentent, être appelés au Conseil municipal pour se concilier. La délibération exprimerait les prétentions et les consentemens respectifs.

Dans le cas contraire, c'est-à-dire, celui où le Conseil municipal serait d'avis de contester sur l'exécution de la transaction, ce conseil devra consigner son avis et ses conclusions motivées dans sa délibération. Cette délibération nous sera transmise par M. le Sous-Préfet, avec son avis pour être soumise à trois jurisconsultes désignés par nous et successivement statué par le Conseil de Préfecture, si le Conseil demande l'autorisation de plaider, sauf aux propriétaires de la forêt à se pourvoir par-devant qui de droit, ainsi et comme ils le jugeront convenable.

ART. 8.

Expédition du présent sera adréssée, 1.° avec les procès-verbaux de délimitation de Roybon, à M. le Sous-Préfet de Saint-Marcellin qui est chargé d'en assurer l'exécution et qui en signifiera extrait *parte in quâ* à chaque commune intéressée; 2.° à M. le Conservateur des forêts à Grenoble;

3.º aux propriétaires de la forêt de Chambarand de Roybon.
Fait et arrêté à Grenoble, le 5 octobre 1826.

Le Préfet du département de l'Isère,

Signé J U L E S D E C A L V I È R E.

Pour extrait conforme,

Le Sous-Préfet,

C A R A - D E - L A - B A T I E.

A GRENOBLE,
De l'imprimerie de F. ALLIER, Imprimeur du Roi, cour de Chaulnes. 1827

9

DÉPARTEMENT DE L'ISÈRE.

PROCÈS-VERBAL

DE DÉLIMITATION

DE LA FORÊT

DE CHAMBARAN DE ROYBON.

L'AN mil huit cent vingt-quatre, et le lundi onze du mois d'octobre, 11 octobre 1824, clos 19 novembre.

Nous, Louis Ostertag, sous-inspecteur des forêts de l'arrondissement de Saint-Marcellin, et Antoine-Mathurin Frachon père, notaire royal, résidant en la ville de Saint-Marcellin, commissaires délégués par arrêté de M. le Préfet du département de l'Isère, à la date du 14 août dernier, pour procéder, contradictoirement et conformément aux instructions relatées audit arrêté et autres sur la matière, à la reconnaissance et fixation des limites de la forêt de Chambaran de Roybon, les propriétaires riverains convoqués, ainsi que MM. les Maires des communes de Roybon, Murinais, Chevrières, Bessins, Saint-Appolinard, Dionay, Varacieux, Brion, Chasselay, Viriville, Saint-Pierre-de-Bressieux, Marnans, Montfalcon et Montrigaud, par la circulaire de M. le Sous-Préfet de l'arrondissement de Saint-Marcellin, du 16 septembre dernier, et d'après aussi les procès-verbaux d'apposition des placards

1

dudit arrêté dans les lieux désignés par la loi, par Pachot, huissier à Saint-Marcellin ; Pinet, huissier à Roybon, et Amblard, huissier à Romans, des 18, 19 et 20 dudit mois, dûment enregistrés ;

Nous nous sommes transportés dans ladite forêt, accompagnés de M. Claude-Jean-Benoît Gilbert, rentier, domicilié à Paris, et depuis peu en la ville de Saint-Marcellin, agissant en qualité de procureur-fondé de MM. Jules-Gaspard Aynard, duc de Clermont-Tonnerre, pair de France, et Antoine-Marie-Just-Louis de la Rivoire, marquis de la Tourrette, colonel de cavalerie, suivant deux actes aux minutes de M.ᵉ Garnot, notaire à Paris, des 19 mai et 17 juin 1823, desquels actes M. Gilbert a justifié, et dont le dépôt a été, en outre, fait aux minutes dudit M.ᵉ Frachon, notaire, dans lesquels actes les qualités desdits duc de Clermont-Tonnerre et marquis de la Tourrette sont justifiées comme propriétaires de ladite forêt de Chambaran de Roybon, conjointement avec M. le comte Louis-Augustin de Menon-de-Ville, propriétaire et maire de la commune de Saint-Savin, étant aux droits en qualité d'héritier médiat de feu Augustin de Fassion-de-Sainte-Jay, son grand oncle maternel, conjointement avec demoiselle Sophie de Menon, épouse de M. de Reydet, sa sœur, dont il est cessionnaire par acte public aux minutes de M.ᵉ Rousseau, notaire à Paris, le 12 avril 1815. Ledit sieur de Menon-de-Ville absent, mais représenté ici par sieur Charles-Henri Rambert, propriétaire, domicilié à Roybon, son mandataire général et spécial, suivant l'acte de procuration passé devant M.ᵉ Martin, notaire à Bourgoin, le 30 juillet 1823, dont ledit sieur Rambert a justifié, et qui, d'ailleurs, se trouve déposé aux minutes du même notaire ;

Accompagnés du sieur Henri Frachon fils, arpenteur de l'Administration forestière, habitant à Saint-Marcellin;

Arrivés sur le terrain de ladite forêt de Chambaran, au lieu appelé la Pierre-du-Pilon, endroit choisi et indiqué par M. le Sous-Préfet pour point de départ, qui est, d'ailleurs, celui du périmètre de la forêt, qui, se trouvant le plus au nord, sert de séparation aux territoires des communes de Roybon et de Saint-Pierre-de-Bressieux.

M. Gilbert nous a remis,

1.º Les actes de transactions intervenues les 13, 18 et 20 septembre 1823, entre MM. de Clermont-Tonnerre, de la Tourrette et de Menon-de-Ville, propriétaires de ladite forêt de Chambaran de Roybon, d'une part, et les communes de Roybon, Chevrières, Bessins, Saint-Appolinard, Dionay, Murinais, Varacieux, Chasselay et Brion, ayant droit d'usage dans cette forêt, d'autre part; lesdites transactions fixant définitivement les quantités de terrain à expédier aux communes intéressées à titre de cantonnement;

2.º L'ordonnance royale du 18 février dernier, approbative desdites transactions;

3.º L'arrêté de M. le Préfet du département de l'Isère, dudit jour 14 août dernier;

4.º Le plan et procès-verbal dressé le 24 avril 1783 et jours suivans, par M.ᵉ Cochet, notaire à Saint-Etienne-de-Saint-Geoirs, d'après les opérations de MM. Juvenet et Giroud, experts nommés par arrêt du ci-devant Parlement de Grenoble, du 11 février précédent, indicatifs de la bande périmétrale, ainsi que des points de reconnaissance, d'après les bornes qui furent pour lors plantées;

5.º Un autre ancien plan intitulé Carte de la seigneurie de Roybon et forêt de Chambaran ;

6.º La consultation donnée par MM. Dupérou, Motte et Gautier, jurisconsultes à Grenoble, à la date du 22 juillet 1823, indicative des droits, tant des anciens propriétaires que des communes usagères ;

7.º Les procès-verbaux et certificats constatant l'apposition des placards d'affiche par les signatures de MM. les Maires des communes riveraines.

Ledit sieur Rambert nous a également remis expédition en forme des traités intervenus entre les auteurs de M. de Menon-de-Ville et MM. de Clermont-Tonnerre et Monteynard, des 31 janvier 1783 et 26 août 1784.

Assistés aussi de M. Louis-Augustin Gueffier, maire de la commune de Saint - Pierre - de - Bressieux, et de M. Céleste Allibe, adjoint de celle de Roybon, le maire étant malade.

Territoire de Saint-Pierre-de-Bressieux.

Borne n.º 1.ᵉʳ, appelée le Pilon.

AUQUEL susdit lieu, appelé le Pilon, il existe une borne en pierre de choin, saillante sur terre de 1 mètre 12 centimètres, dont chacune des quatre faces, à hauteur d'appui, est de 33 centimètres de largeur, et sur celle qui est en regard nord-ouest, porte encore les armes écartelées des anciens seigneurs de Bressieux ; laquelle borne est reconnue avoir été plantée en remplacement de celle appelée, de toute ancienneté, le Pilon de Bressieux, par procédure du 13 novembre 1688 ; il a encore été vérifié que cette borne est à 92 mètres et demi de l'angle sud-est d'une petite maison construite en pizai, occupée par Claude Gontier, dit Taravellon, qui fut construite par autre Claude Gontier, son père ; ladite maison est au nord-ouest de ladite borne, étant aussi reconnu qu'entre

cette maison et cette borne il passe l'ancienne route départementale, tendante de Roybon à la Côte-Saint-André, sur la
face de laquelle borne il a été gravé, du côté de l'est, le
n.° 1.er, étant observé qu'elle était décrite sous le n.° 4 du
plan de la procédure Cochet.

DUQUEL point, appelé Pilon, l'on se dirige en ligne droite
à la rivière de Galaure, près et un peu au-dessus de celle
appelée des Planchettes, où nous avons trouvé la borne marquée n.° 5. Sur le plan de la procédure Cochet, qui était
composée d'un gros cailloux, qui était, pour ainsi dire, couverte
par le gazon du pré appartenant autrefois à la veuve Moine,
et dont elle a fait donation aux pauvres de Roybon, mais que
nous avons cru devoir remplacer par une autre borne en pierre
de choin, taillée et formant quatre faces, l'une regardant la
rivière, et sur celle au levant il sera gravé le n.° 2.

Borne n.° 2,
placée dans le
pré des pauvres
de Roybon.

Laquelle dernière borne est élevée sur terre de 40 centimètres, et dont les faces, rez terre, ont 27 centimètres de
largeur ; de celle du Pilon à celle-ci n.° 2, il y a eu une
distance linéaire de 666 mètres, dont une distance de 115
mètres, seulement, traverse la forêt de Chambaran, sur laquelle
dernière étendue il sera ouvert un fossé pour séparer Chambaran de Roybon de Chambaran du mandement de Bressieux,
observant que la direction prolongée de la ligne entre ces
deux passe par l'angle ouest de la grange de la maison d'Antoine Ginier-Grillot, placée sur la sommité du coteau, au sud,
appelé Plan-Micha.

Cette borne, n.° 2, a été assujettie par deux garans ou témoins, formés d'un seul gros caillou cassé en deux morceaux ;
l'un de ces garans a été placé contre la face de cette borne,

visant la pierre du Pilon, et l'autre contre celle qui vise le long de Galaure à la limite qui est en face du domaine de la Bâtie, dont il sera parlé ci-après, et qui formera la borne n.° 3 du présent verbal ; au fond de cette borne, n.° 2, il a été placé plusieurs morceaux de tuiles brisés et des charbons.

Attendu qu'il est cinq heures du soir, et qu'il ne nous reste que le temps nécessaire pour nous rendre en la commune de Roybon, nous avons arrêté, pour cette journée, le présent procès-verbal, en prévenant les parties intéressées et présentes que nous nous ajournions à demain mardi, 12 du courant, au lieu appelé la Bâtie, sur l'endroit de la limite au-dessus du pré des Bauches, à huit heures du matin, où ils ont promis de se représenter ; et, après lecture faite du présent procès-verbal, nous avons signé avec M. Gilbert, MM. Allibe, adjoint de Roybon, et Gueffier, maire de Saint-Pierre-de-Bressieux, et ledit sieur Rambert, ainsi que ledit sieur Frachon fils, arpenteur forestier. *Signé* GILBERT, RAMBERT, OSTERTAG, Henri FRACHON, arpenteur forestier ; GUEFFIER, maire de St.-Pierre-de-Bressieux ; ALLIBE, adjoint de Roybon, et FRACHON, commissaire.

DU mardi, douze octobre mil huit cent vingt-quatre, nous dits Ostertag et Frachon, commissaires délégués au procès-verbal qui précède, et au lieu appelé la Bâtie, à l'endroit au-dessus du pré des Bauches, près de la Fontaine-d'Argent, à huit heures du matin, où se sont trouvés M. Gilbert, agent de MM. de Clermont-Tonnerre et de la Tourrette ; M. Rambert, agent de M. de Menon-de-Ville, et MM. Allibe, adjoint de Roybon, et Gueffier, maire de Saint-Pierre-de-Bressieux, de même que l'arpenteur forestier.

Auquel lieu nous avons trouvé une borne formée d'une pierre de choin qui est cassée rez terre, et que nous avons reconnue être celle marquée du n.º 6 dans le procès-verbal de M.ᶜ Cochet, et du n.º 7 dans le procès-verbal de plantation de bornes, du 11 octobre 1684, qui nous a été représenté par M. Gilbert : cette borne est près d'un chemin qui descend de Chambaran au pré des Bauches, dans la combe appelée le Mouillasson. Comme cette borne est brisée jusqu'au niveau de terre, et qu'en outre elle est un peu inclinée, nous avons, du consentement de toutes les parties intéressées, fait découvrir et arracher cette borne, qui était bien, ainsi que le dernier verbal du 11 octobre 1684 l'indique, armée de quatre garans ou témoins ; nous y avons fait placer, au même point, sans aucune variation, une pierre de choin, taillée sur quatre faces, dont l'une regarde et est en direction de celle n.º 2 du présent procès-verbal, plantée au pré des pauvres de Roybon, au fond de laquelle borne il a été mis des morceaux de tuiles cassées et du charbon, et placé deux garans formés d'un seul caillou, l'un desquels est contre la face en regard de la deuxième borne, et l'autre en face de la borne qui va suivre contre la rivière de Galaure, en face du bois appelé Tournillon de M. de Menon-de-Ville.

Nous disons que cette présente troisième borne est éloignée de celle du n.º 2 du pré des pauvres de Roybon de 2,789 mètres, et que l'angle que forme ladite borne n.º 2, sur celles n.º 1 et n.º 3, est saillant, dans le territoire de Roybon, de 113 degrés ; que cette même 3.º borne est aussi éloignée de 35 mètres du milieu de la rivière appelée Merderon, près l'embranchement de deux petits chemins de vidange ; et encore au-dessus de cette dernière, avec celle

Borne n.º 3, placée en face de la Bâtie, au-dessus de la jonction des deux rivières.

venant de la combe Mouillasson, appelée la Grande-Rivière ;
cette susdite borne, n.º 3, sera gravée sur la face, au midi,
de ce même n.º 3 ; elle est élevée au-dessus de terre de 40
centimètres.

De cette dernière borne, nous nous sommes dirigés contre
la grande rivière en combe Mouillasson, vis-à-vis le bois
de Tournillon, appartenant à M. de Menon-de-Ville, où il
devait exister une borne qui fût désignée sous le n.º 7 du
procès - verbal de la procédure Cochet ; mais, malgré nos
recherches et les renseignemens que nous avons cherché à
nous procurer, nous n'avons pu nous en procurer ; il a donc
fallu vérifier la place à laquelle cette borne devait être
placée ; et, à cet égard, le plan correspondant à la procédure Cochet, indique que cette borne était distante de celle
qui vient d'être plantée, n.º 3, de 64 toises royales, qui
correspondent à 124 mètres 73 centimètres ; et à cette même
distance, nous avons placé provisoirement un jalon ; et delà,
nous avons dirigé notre marche sur le lieu appelé le Plot,
afin de tirer une ligne droite d'épreuve pour connaître si de
ce point, appelé le Plot, où il existait une grosse borne,
et en prolongeant la ligne sur une borne intermédiaire qui
existe près le puits appelé la Valerasse, on arriverait droit
à ce même point où est placé le jalon contre la grande
rivière ; mais cette opération nous ayant occupé un laps de
temps considérable, et attendu l'heure de six après-midi,
nous avons clos, dans cette partie, notre séance, dont nous
avons donné lecture à toutes les parties présentes ; avons
annoncé la continuation de nos opérations à demain mercredi,
13 du courant, à sept heures du matin, et nous nous sommes
rendus au bâtiment du domaine de la Bâtie, où nous avons

pris

pris logement, afin de faciliter la suite de notre travail; avons signé avec toutes les personnes ci-devant dénommées. *Signé* OSTERTAG, RAMBERT, GILBERT, Henri FRACHON, GUEFFIER, maire de St.-Pierre-de-Bressieux; ALLIBE, adjoint de Roybon, et FRACHON, commissaire.

DU mercredi treize octobre mil huit cent vingt-quatre, nous dits Commissaires, par suite du renvoi dont en la séance d'hier, nous sommes rendus dans la forêt de Chambaran, à sept heures du matin, sur la ligne entre la borne du Plot et le point que nous avons quitté hier où nous fîmes placer un jalon, assistés de MM. les Maire de St.-Pierre-de-Bressieux et Adjoint de Roybon, ainsi que de M. Gilbert, M. Rambert et le sieur Frachon fils, arpenteur.

NOUS avons tiré une ligne droite en prolongement de la pierre du Plot à la borne qui existe en face et à quinze pas du puits appelé la Valerasse; mais cette ligne ne venant pas correspondre au point auquel nous avons placé hier le jalon dans le bas de la combe Mouillasson, près de la grande rivière, nous avons été à portée de nous convaincre que cette borne, qui est en face du puits de la Valerasse, n'était pas l'une des deux intermédiaires qui furent placées sur cette ligne, marquée de n.os 8 et 9 dans le procès-verbal Cochet et plan Giroud; mais, au contraire, une ancienne borne intermédiaire qui est désignée au verbal du 11 octobre 1684, en sorte qu'il n'était pas possible de nous servir de l'alignement qu'offrait cette borne qui, d'ailleurs, était en contradiction avec le procès-verbal de Cochet. En conséquence, de l'avis des personnes qui sont intéressées à l'opération dont s'agit,

Borne n.° 4, en face du bois Tournillon, de M. de Menon.

ainsi que du consentement de M. Calixte de Goutefrey, juge
de paix du canton de St.-Etienne-de-St.-Geoirs, habitant à
Bressieux, qui s'est rendu, d'après l'invitation que nous lui
en avons faite, sur le lieu auquel nous procédons, avons
fait établir et placer une borne en pierre de choin, taillée
sur quatre faces, à l'endroit où nous plaçâmes hier un jalon,
lequel point est à 124 mètres et 73 centimètres, ou 64 toises
ancienne mesure royale de la borne n.° 3, et est aussi à 2
mètres de distance de la grande rivière, en face du bois
appelé Tournillon, de M. de Menon-de-Ville, au bas de
laquelle borne il a été placé des morceaux de tuiles cassées
et de la terre noire prise à une place de charbonnière qui
est à côté de cette borne, armée de deux garans formés
d'un seul caillou indicatif des lignes qui viennent aboutir
à cette borne, sur la face au nord de laquelle il sera gravé le
n.° 4, laquelle borne est marquée du n.° 7 sur le plan et la
procédure Cochet : elle se trouve aussi élevée hors de terre de
40 centimètres.

Borne n.° 5, intermédiaire, en face du puits de la Valerasse, correspondant du n.° 4 au n.° 6.

DE cette borne n.° 4, on continuera d'aller toujours, en
droite ligne, à la pierre appelée le Plot ; mais, pour fixer
cette grande ligne, nous avons jugé à propos d'en établir
une intermédiaire que nous avons placée en face et au nord-
est du puits de la Valerasse, dont elle est distante de 32
mètres et demi, étant observé que cette borne intermédiaire
est garnie au bas de morceaux de tuiles cassés et de charbon,
armée aussi de deux garans placés en direction de la ligne :
cette dite borne sera marquée du n.° 5, et est distante du
n.° 4 de 703 mètres et demi : elle est élevée hors de terre de
45 centimètres.

Par le moyen de cette opération, l'ancienne borne intermédiaire, qui était à quinze pas du puits de la Valerasse, devenant inutile, a été arrachée.

DE ce dernier endroit, nous nous sommes rendus à l'ancienne borne appelée le Plot, placée à l'embranchement du chemin appelé la Féta ou de l'Estra, et le chemin tendant de Serre de Nerpol à Roybon, laquelle est formée d'une pierre de choin, élevée en forme carrée, de 40 centimètres de hauteur sur 36 centimètres de largeur, sur laquelle borne il sera gravé le n.° 6, et étant le n.° 10 sur le plan et la procédure Cochet ; c'est à ce dernier point que vient aboutir le mandement de Bressieux sur le plateau au nord et le territoire de Roybon au midi, le territoire de Chasselay étant au levant contre le coteau inférieur.

Borne n.° 6, appelée le Plot.

Attendu que la présence de M. le Maire de Saint-Pierre-de-Bressieux ne nous paraît pas utile, nous avons clôturé, en cet endroit, le présent procès-verbal, à quatre heures après-midi, et avons continué ensuite le cours de notre opération, en suivant le chemin de l'Estra, entre Chasselay et Chambaran de Roybon. Lecture dudit procès-verbal, toutes les parties ont signé avec M. de Goutefrey qui nous a assisté également depuis son arrivée jusqu'à cet endroit. Signé Calixte DE GOUTEFREY, RAMBERT, GILBERT, OSTERTAG, GUEFFIER, maire de Saint-Pierre-de-Bressieux ; ALLIBE, adjoint de Roybon ; Henri FRACHON, et FRACHON, commissaire.

ET de suite, continuant le cours de nos opérations, disons que ladite borne intermédiaire, n.° 5, à celle du Plot, n.° 6, il y a une distance linéaire de 1,969 mètres. Nous disons aussi que l'angle aigu que forme la borne n.º 3, est de 58 degrés 2 tiers ; que l'angle que forme la borne n.º 4, saillant sur Roybon, est de 91 degrés 4 minutes.

Borne n.º 7, en face d'une terre ayant appartenu à Etienne Chaperon.

Qu'en suivant le chemin de l'Estra, en face de la commune de Chasselay, nous avons été assistés de M. Michel Triboullier, maire de cette commune ; nous avons cru devoir planter une nouvelle borne sur le bord, et au couchant, de ce chemin, à un mètre et demi de distance d'icelui ; que cette borne est encore éloignée, en ligne droite, de 312 mètres 20 centimètres de celle du Plot. Mais la ligne de démarcation suit le tracé de l'ancien chemin de l'Estra, le plus apparent, qui forme plusieurs sinuosités saillantes, ainsi déterminées sur la ligne droite partant de la borne du Plot, sur la nouvelle plantée contre le chemin de l'Estra, à la distance de 42 mètres ; la sinuosité s'éloigne de cette base, et perpendiculairement de 19 mètres 50 centimètres. La seconde sinuosité est fixée par une seconde perpendiculaire de 34 mètres et demi, à la distance de 139 mètres depuis la borne du Plot ; et enfin à 254 mètres et demi du même point de la pierre du Plot, il a été élevé une perpendiculaire de 25 mètres ; par ce moyen, le chemin de l'Estra sera rétabli sur les sinuosités ci-dessus décrites.

Cette borne, plantée contre ledit chemin de l'Estra, est en face d'une terre en coteau Viéroz dépendant du domaine qui a appartenu à Etienne Chaperon, est en pierre de choin taillée sur quatre faces, élevée au-dessus de terre de quarante-cinq centimètres, sur la face qui regarde ledit chemin ; et au niveau de terre elle présente une largeur de trente centimètres. Il y sera gravé le n.º 7 au fond de laquelle borne il a été placé des morceaux de tuiles et charbon avec deux garans placés sur la direction de la ligne du Plot et la ligne que nous allons suivre au midi; étant observé que l'angle dont le sommet est formé par la pierre du Plot est de 67 degrés 43 minutes.

Attendu qu'il est cinq heures et demie du soir, et que la nuit a interrompu le cours de notre opération, nous avons arrêté en cet endroit notre procès-verbal et avons renvoyé l'ouverture de la séance à demain, à sept heures du matin; avons prévenu ceux qui nous assistent que nous nous retirions pour cette nuit en la maison du sieur François Audouard, dit Dauphiné, sur Chasselay, et après avoir donné lecture du présent procès-verbal, nous avons signé avec toutes les personnes présentes et ci-devant dénommées ainsi que ledit sieur Triboullier, maire de Chasselay. Signé Michel TRIBOULLIER, maire de Chasselay; RAMBERT, GILBERT, OSTERTAG, Henri FRACHON, ALLIBE, adjoint, et FRACHON, commissaire.

Du jeudi quatorze octobre mil huit cent vingt-quatre, à sept heures du matin, au lieu où nous avons clos la séance d'hier sur le chemin appelé de l'Estra, en face de la commune de Chasselay, où nous dits Commissaires nous sommes rendus assistés des personnes qui ont signé le procès-verbal d'hier. *Borne n.º 8, en face de Joseph Champon de St.-Alban.*

Nous avons planté une nouvelle borne à l'emplacement où il en existait une sur la procédure et le plan Cochet, contre et au couchant de l'emplacement de l'ancien chemin de l'Estra, qui était marquée de n.º 11. Laquelle nouvelle borne sera marquée de n.º 8. Sur la face, au levant, elle est en pierre de choin, en forme carrée saillante, hors de

terre de 40 centimètres, la largeur de sa face, au levant,
étant de 28 centimètres; elle est sur un petit tertre entre
le vieux et le nouveau chemin de l'Estra, en face du
bois de sieur Joseph Champon de Saint-Alban sur Chasselay. Cette nouvelle borne est éloignée de la précédente
n.º 7 de 424 mètres; le chemin qui forme diverses sinuosités sera dressé et aligné de l'une à l'autre borne; par ce
moyen on fera des compensations qui ont été convenues avec
le sieur François Audouard et le sieur Joseph Champon,
propriétaires de Chasselay, qui se sont trouvés présens à
la plantation de ces bornes.

L'ouverture que forme l'angle de la borne marquée n.º 7,
qui est obtus, rentrant dans Chambaran, est de 173 degrés
11 minutes.

Borne n.º 9,
en face du che-
min qui descend
à la maison d'Au_
douard, dit Dau_
phiné.

DE cette dernière borne n.º 8, on se dirige en ligne droite,
le long des propriétés desdits Champon et Dauphiné, sur-
nommé François Audouard, sur Chasselay, jusqu'à un point
qui est à l'angle du bois de Pierre Perraud de l'Estra, en
face du chemin qui descend à la maison dudit François
Audouard, dit Dauphiné. C'est à ce point, joignant aussi le
chemin de l'Estra et à l'embranchement du chemin allant à
Roybon par le hameau du plan Micha, et où il avait été
placé un poteau qui était marqué de n.º 12 dans la procédure et le plan Cochet, nous y avons provisoirement placé
un piquet autour duquel nous avons fait un petit fossé pour
indiquer sa position, et lequel piquet sera remplacé par une
borne qui sera marquée de n.º 9. Lesdits Champon et Audouard Dauphiné, s'aligneront et placeront le chemin de
l'Estra de ladite dernière borne n.º 8 au piquet n.º 9, ainsi

qu'ils s'y obligent et ont signé leur soumission à cet égard. Signé CHAMPON et AUDOUARD.

Il a été reconnu que de la borne n.º 8 audit piquet n.º 9, il y a une distance de 448 mètres.

De ce piquet qui détermine l'angle rentrant, dont le sommet se trouve au n.º 8 et présente la quantité de 159 degrés 42 minutes.

PARTANT dudit piquet n.º 9, nous avons continuellement suivi l'ancien chemin de l'Estra, dont l'emplacement est invariable; il sépare le mandement de Chasselay; il s'appuie d'abord contre la maison de la veuve d'Antoine Mounier Jeannet, passe à 8 mètres de la tuilerie du sieur Combe et passant encore contre la maison du sieur Chevalier, sépare ces diverses propriétés du bois qui fut de M. de St.-Priest, qui est sur Roybon, à l'extrémité duquel bois devait se trouver, suivant la procédure et plan Cochet, un poteau et limite marquée n.º 13; auquel point nous avons fait planter une borne en pierre de choin, taillée sur quatre faces et garnie comme les autres de garans, tuiles et charbons; elle s'élève hors de terre de 35 centimètres sur la face, au levant de laquelle il sera gravé le n.º 10; cette borne est éloignée de la précédente de 736 mètres, longueur développée suivant les légères sinuosités que forme le chemin de l'Estra : elle forme, par son raccord avec le piquet n.º 9, un angle saillant de 168 degrés 14 minutes, dont le sommet se trouve audit n.º 9.

Borne n.º 10, à l'angle du bois qui fut de M. de Saint-Priest et le chemin de l'Estra.

LA ligne de démarcation entre les deux mandemens est toujours fixée par le chemin de l'Estra, dont l'emplacement

Borne n.º 11, au plâtre de Maupasset.

n'a pas varié et forme toujours quelques petites sinuosités
sur une longueur développée de 581 mètres, à laquelle distance devait se trouver le poteau et limite n.º 14, dont au
plan et procédure Cochet, sur l'endroit appelé de Maupasset,
formant un plâtre à la naissance de la Combe de ce nom ;
auquel lieu nous avons également fait planter une nouvelle borne de pareille pierre et taillée, garnie et armée
comme les précédentes, laquelle portera l'empreinte du n.º 11
qui sera gravé sur la face qui est du côté du chemin. Cette
borne saillante seulement de 20 centimètres se trouve encore
à l'extrémité de la seconde forêt qui fut également de M. de
Saint-Priest, et forme avec la précédente, prise pour sommet,
un angle de 177 degrés 35 minutes.

Borne n.º 12,
au chemin de
la Vipierre.

DE ce dernier lieu, appelé Maupasset, le chemin de l'Estra,
jusqu'au lieu appelé la Vipierre où il existe un chemin qui
traverse celui de l'Estra et qui tend de Chasselay au plan
Micha et à Roybon, qui forme l'endroit de séparation du
territoire de Chasselay d'avec celui de Varacieux, nous avons
mesuré une longueur développée de 451 mètres, à laquelle
distance il a été planté un piquet provisoire à l'angle du
bois des héritiers Blain de Brion, en remplacement de la
borne et poteau de la procédure et plan Giroud qui portait
le n.º 15 ; lequel piquet sera remplacé par une borne sur laquelle il sera gravé le n.º 12.

Nous avons reconnu qu'il existe, au levant de ce chemin,
une portion de bois que M. le Maire de Chasselay, toujours
ici présent, a déclaré faire partie de la forêt de Chambaran,
laquelle contient environ 1 hectare, qui est bornée par deux
chemins, l'un appelé la Vipierre et l'autre longe le bois du
sieur

sieur François Giroud de la Vernerette, lequel dit sieur
Giroud qui nous accompagnait dans notre opération, a observé que cette même portion de bois dépendait de sa propriété comme ayant appartenu à M. de Saint-Priest, et cependant nous croyons devoir observer que cette partie de
bois n'était pas portée sur le plan de la procédure Cochet ;
que cette omission ne devait cependant pas être un motif pour
la détacher de la forêt de Chambaran, dans la circonstance,
sur-tout, que ledit Giroud ne produisait aucun titre pour
détruire le dire de M. le Maire de Chasselay et des personnes du voisinage ; M. Gilbert faisant, à cet égard,
toutes protestations de droit. Ce piquet avec la précédente
borne forme un angle rentrant, dont elle est le sommet de
172 degrés 33 minutes.

Attendu qu'il est six heures du soir, nous avons terminé
dans cet endroit la séance et procès-verbal de ce jour, duquel nous avons donné lecture aux parties intéressées ; avons
renvoyé la continuation de notre opération à demain vendredi, 15 du courant, à sept heures du matin, au lieu de
la Croisée appelée la Vipierre sur ledit chemin de l'Estra,
et nous sommes signés comme aux précédentes séances.
Signé Michel TRIBOULLIER, maire de Chasselay ; OSTERTAG,
GILBERT, RAMBERT, Joseph GIROUD fils, pour son père ; Henri
FRACHON, ALLIBE, adjoint, et FRACHON, commissaire.

Du vendredi, quinze dudit mois d'octobre mil huit cent
vingt-quatre, à sept heures du matin, au lieu appelé la
Vipierre où nous avons clos la séance d'hier et où commence le territoire de Varacieux en laissant celui de Chasselay,
et où nous dits Commissaires nous sommes rendus assistés

des procureurs-fondés de MM. de Clermont - Tonnerre , de la Tourrette et de Menou-de-Ville , M. François - hyppolite Détroyat, maire de Varacieux et ledit sieur Henry Frachon fils, arpenteur.

Piquet où sera placée la borne n.° 13, à l'embranchement du chemin qui descend à la maison de Pierre Regache.

PARTANT donc dudit point marqué n.° 12, appelé la Vipierre , nous avons tiré une ligne droite le long du bois d'Antoine Ginier-Grillot jusqu'à l'embranchement du chemin qui descend à la maison du sieur Pierre Regache, auquel point nous avons planté un piquet provisoire qui sera remplacé par la borne qui sera uniforme aux autres en pierre de choin, sur laquelle sera gravé le n.° 13 et où il existait la borne et poteau du plan et procédure Cochet sous le n.° 16, la ligne est, dudit n.° 12 au n.° 13, de 412 mètres et demi, et l'angle saillant, dont le sommet est à la Vipierre n.° 12 , se trouve de 172 degrés 40 minutes.

Partant ensuite dudit embranchement de chemin, montant de la maison de pierre Regache, point n.° 13, nous avons fait en sorte de reconnaître, parmi diverses traces, l'ancien chemin de l'Estra ; la procédure Cochet ainsi que le plan cijoint ne nous donnant aucun renseignement positif, nous avons été obligés de recourir à l'ancien plan, intitulé : Carte de la seigneurie de Roybon et forêt de Chambaran qui renferme , dans cette partie, des détails conformes, d'ailleurs, aux renseignemens que nous ont fournis les personnes de la contrée les plus anciennes et les plus dignes de foi; il en est résulté, ainsi que du consentement de toutes les parties intéressées et notamment de celui des sieurs Joseph-Mathieu Bayoud et Jean-Baptiste Izerable, propriétaires-riverains et domiciliés à Varacieux également ici présens , la nouvelle

ligne de démarcation de la forêt de Chambaran est et demeure définitivement réglée et déterminée comme il suit :

A partir dudit point n.° 13, nous avons suivi, dans la direction d'ouest, un ancien chemin séparant la propriété en
bois taillis dudit Mathieu Bayoud, sur une étendue en ligne
droite de 53 mètres 60 centimètres, à laquelle distance il a
été placé un piquet provisoire qui sera remplacé par une
borne en pierre de la dimension des précédentes et qui dorénavant portera le n.° 14.

Piquet où sera placée la borne n.° 14, à l'angle du bois de Mathieu Bayoud.

EN partant de ce point qui forme, avec le précédent pris
pour sommet, un angle saillant de 125 degrés 48 minutes, la
ligne de démarcation incline au midi, sur une longueur de
162 mètres et demi, à laquelle distance il a été aussi planté
un piquet provisoire qui sera comme sus est dit remplacé par
la borne n.° 15, formant, avec la précédente prise pour
sommet, un angle rentrant de 123 degrés 46 minutes.

Piquet où sera placée la borne n.° 15, en face du bois de Bayoud.

DE cette borne, la ligne se prolonge toujours directement
en longeant la terre et bois dudit Bayoud et le bois dudit
sieur Izerable, jusqu'au premier embranchement au-delà de
la Combe, anciennement appelée la Croix-Pellat, assez rapprochée de la maison de Pierre Suiffon-Ballet, bâtie dans
Chambaran. Cet embranchement où il a été placé un piquet
provisoire est distant de 270 mètres et forme, avec le précédent pris pour sommet, un angle rentrant de 159 degrés
44 minutes; il sera postérieurement remplacé par une borne en
pierre, sur laquelle sera gravé le n.° 16. Cette borne ou point

Piquet où sera placée la borne n.° 16, à l'angle de deux che-mins, près la maison de Suif-fon-Ballet.

est à un angle que forment deux chemins, l'un qui suit la forêt et l'autre qui descend chez la veuve Rambaud.

Nous observons que les n.ᵒˢ 14, 15 et 16 sont de nouveaux points limitatifs de la forêt, établis dans l'intérêt respectif de toutes les parties et par suite de compensation de terrain, pour fixer dorénavant l'incertitude qui résultait des anciens plans et procès-verbaux Cochet, et dont toutes les parties présentes ont convenu et ont signé en cet endroit, à l'exception du sieur Bayoud et du sieur Izerable qui ont déclaré ne le savoir faire. Signé GILBERT, OSTERTAG, RAMBERT, DÉTROYAT, maire; Henri FRACHON, ALLIBE, adjoint, et FRACHON, commissaire.

Croix - Rambaud formant la borne n.º 17.

DUDIT point d'angle n.º 16, la ligne de démarcation longe l'ancien chemin descendant du côté de la maison Rambaud et se dirigeant au moyen de quelques légères sinuosités sur le hameau de Levaux, nous nous sommes arrêtés au premier embranchement qui forme avec celui venant du côté de la maison Soulier et où il existe encore un poteau de la Croix appelée Rambaud dont parle la procédure Cochet, qui se trouve au sud de la dernière borne, laquelle croix est distante de 366 mètres 4 décimètres, longueur développée suivant les contours du chemin et forme avec la précédente borne, prise pour sommet, un angle rentrant de 156 degrés 34 minutes.

Ce poteau sera remplacé par une nouvelle Croix, au pied de laquelle il sera placé un massif de maçonnerie avec deux garans; elle continuera de porter le nom de Croix-Rambaud, et il y sera gravé le n.º 17.

Attendu qu'il est cinq heures après-midi, nous avons terminé, en cet endroit de la Croix-Rambaud, la séance de ce
jour ; et comme d'ailleurs le mauvais temps paraît nous empêcher d'opérer dans la journée de demain, avons renvoyé
la suite de notre opération à lundi prochain, 18 du courant,
à huit heures du matin, au lieu susdit, où toutes les parties
intéressées, et M. le Maire de Varacieux, ont promis
se représenter ; et, après lecture faite, elles ont signé.
DÉTROYAT, maire ; RAMBERT, GILBERT, Henri FRACHON,
ALLIBE, adjoint ; OSTERTAG, et FRACHON, commissaire.

Du lundi, dix-huit octobre mil huit cent vingt-quatre, à
huit heures du matin, en ladite commune de Varacieux,
et au lieu appelé la Croix-Rambaud, lieu auquel nous dits
Commissaires, avons renvoyé la séance de ce jour, d'après
le procès-verbal qui précède, où nous nous sommes rendus,
assistés desdits sieurs Gilbert et Rambert, en leur dite
qualité, ainsi que de MM. Rambert, maire de Roybon, et
Jacques Ferrolliat, adjoint de Varacieux, en remplacement du
maire absent, avons continué nos opérations comme il suit :

Partant de la Croix-Rambaud, que nous avons fait planter
en bois chêne, de la hauteur de 4 mètres, au même point
où était l'ancienne, qui ne consistait qu'en un poteau tom-
bant de vétusté,

Nous avons parcouru la ligne périmétrale, en longeant la
Feyta de Varacieux ; nous avons vérifié qu'il existe un chemin qui passe contre et près des maisons de Jean Soulier,
Jean-Baptiste Izerable et Joseph Soulier, que ledit sieur Rambert, procureur-fondé de M. de Menon, soutenait être le
chemin de la Feyta rappelé dans les anciens titres ; que, d'ail-

leurs, c'était ce chemin que les experts de la procédure Cochet avaient suivi et indiqué dans leur plan; d'un autre côté, les sieurs Soulier, Izerable et M. Ferrolliat ont observé qu'il existait un autre chemin qui passait au-dessus desdites maisons, et qui venait les raccorder sur la crête du coteau avec le chemin d'en bas; que même, d'après l'ancienne grande carte levée, en 1772, par les sieurs Fourrier et Baudry, qui a été produite par M. Gilbert qui se l'est procurée depuis hier, il résultait que le bois de Chambaran s'arrêtait à l'ancien chemin d'en haut; que, d'ailleurs, les sieurs Soulier prouvaient que le terrain, placé entre ces deux chemins, acquittait la contribution foncière, et était imposé sur Varacieux, ce qui était une preuve que le chemin d'en haut devait être suivi plutôt que celui qui longe les maisons desdits Soulier et Izerable.

Borne n.º 18, en face de la terre de Jean Soulier.

MAIS, dans cette position, nous dits Ccommissaires, après un examen approfondi de cette difficulté, avons, de concert avec les parties intéressées, suivi le chemin qui passe sur le coteau; et, pour éviter les sinuosités que son ancien tracé présentait, avons tiré une ligne droite, partant de la Croix-Rambaud jusqu'à un point sur le plateau de Chambaran, près du chemin tendant de Murinais à Saint-Etienne-de-Saint-Geoirs, servant actuellement de chemin de la Feyta, en face de la terre du sieur Jean Soulier, où nous avons fait placer une borne qui est, comme les précédentes, en pierre de choin, élevée, au-dessus de terre, de 40 centimètres, sur la face au levant de laquelle il sera gravé le n.º 18; elle est garnie en morceaux de tuiles, charbon, et armée de deux garans; elle se trouve distante de la Croix-Ram-

baud de 339 mètres 6 décimètres ; ladite Croix - Rambaud.
formant un angle saillant de 112 degrés 22 minutes.

DE laquelle dernière borne, n.º 18, nous avons tiré une
ligne droite à un point sur une étendue de 242 mètres, à
laquelle distance ou point nous avons fait placer une borne,
même pierre et d'après les procédés ci-devant employés, sur
la face de laquelle, au levant, il sera gravé le n.º 19 ; elle
est élevée, au-dessus de terre, de 60 centimètres sur 30 de
largeur près terre ; elle est en face du bois de Joseph Soulier,
et forme, avec la dernière prise pour sommet, un angle rentrant de 143 degrés.

*Borne n.º 19,
en face du bois
de Joseph Sou-
lier.*

DE cette borne n.º 19, avons fait planter une borne sur
laquelle sera gravé, à la face au levant, n.º 20, éloignée
d'icelle de 82 mètres, en face de la terre inculte de Joseph
Soulier et à l'embranchement du chemin qui descend à la
maison de ce dernier, en venant du côté de Roybon et traversant le chemin de l'Estra , sera redressé sur ces deux
bornes, comme ailleurs et en dehors de la forêt ; elle est élevée, au-dessus de terre, de 35 centimètres sur 30 de largeur,
et forme, avec la dernière prise pour sommet, un angle saillant de 152 degrés 27 minutes.

*Borne n.º 20,
en face de la
terre inculte de
Joseph Soulier.*

DE cette dernière borne, il a été tiré une ligne droite
jusqu'au-dessus du chemin de l'Estra où passe actuellement
la route départementale , en face de la propriété du sieur
Jean Carobourg, auquel lieu nous avons de suite fait planter
une borne, même pierre, garnie comme aux précédentes, à

*Borne n.º 21,
en face de la
maison de Jean
Carobourg.*

la distance de 565 mètres de celle n.º 20, qui forme un angle saillant de 149 degrés 31 minutes.

Laquelle borne est élevée au-dessus de terre de 30 centi-mètres, et distante de 7 mètres du bord de l'ancien chemin, sur la face de laquelle, du côté du levant, il sera gravé le n.º 21.

Borne n.º 22, au bas de la forêt de Chambaran, près le chemin de l'Estra, en face de la terre d'Antoine Tour-nier.

EN partant de cette borne, la ligne de démarcation suivra l'ancien chemin de l'Estra, formant une sinuosité rentrante, longe la propriété du sieur Carobourg, qui est séparée dudit chemin par une forte haie, et sera fixée par une 22.º borne, placée à la distance de 178 mètres de la 21.º, en suivant ladite sinuosité; laquelle borne est de semblable pierre de choin que les précédentes, et est élevée au-dessus de terre de 33 centimètres; sur la face au levant, il sera gravé le n.º 22.

Attendu qu'il est cinq heures du soir, nous avons clos en cet endroit notre opération; avons renvoyé la continuation d'icelle à demain mardi, au susdit lieu où existe la 22.º borne, à huit heures du matin; avons donné lecture du pré-sent, et nous sommes signés avec lesdits sieurs Rambert et Gilbert, M. le Maire de Roybon, M. l'Adjoint de Varacieux et ledit sieur Frachon fils, arpenteur. *Signé* OSTERTAG, RAMBERT, GILBERT, FERROLLIAT, adjoint de Varacieux; Pierre RAMBERT, maire de Roybon; Henri FRACHON, et FRACHON, commissaire.

Du mardi dix-neuf octobre mil huit cent vingt-quatre, à huit heures du matin, au susdit lieu où nous nous sommes séparés dans la précédente séance, lieu de Chambaran,

toujours

toujours en face de la commune de Varacieux, et où toutes
les précédentes parties se sont trouvées, nous dits Commissaires
avons continué l'opération de délimitation dont s'agit comme
il suit :

Du point de laquelle dernière borne, n.º 22, nous avons
tiré une ligne droite le long de l'ancien chemin de l'Estra
jusqu'à l'angle où ledit chemin vient croiser également ledit
chemin de l'Estra, venant du côté du territoire de Chevrières,
auquel point vient aboutir, par angle, le territoire de la
commune de Murinais, et celui de Chevrières se réunissant
aussi par le susdit angle au territoire de Varacieux; il a été
planté en cet endroit, dans le creux que forme l'ancien chemin de l'Estra, une 23.º borne en pareille pierre de choin,
élevée de 35 centimètres au-dessus de terre, garnie, comme
les précédentes, de morceaux de tuiles, charbon, et armée
de deux garans; sur la face au midi, inclinant au couchant,
il sera gravé le susdit n.º 23; laquelle face a 25 centimètres
de largeur; elle est éloignée de la précédente de 15 mètres,
et forme un angle dont le sommet, pris au n.º 22, est de
161 degrés 40 minutes. Ladite borne n.º 23 est contre le
bois des héritiers de Charles Hugonin, laissant partie dudit
bois sur Varacieux et partie sur Roybon, étant observé que
la fixation de cette dernière borne, ainsi que la précédente,
n.º 22, nous a occupés l'espace de deux à trois heures, afin
de nous convaincre des véritables points limitatifs de l'ancien chemin de l'Estra dans cette partie de Chambaran, et
ce n'a été que d'après les anciens plans et documens que
nous nous sommes déterminés à les placer ainsi. A la plantation de laquelle dernière borne nous avons été assistés de

Borne n.º 23,
placée au coin
de Murinais.

4

M. Jean-Baptiste Brenier, maire et expert assermenté de la commune de Chevrières; M. le Maire de Murinais, ayant été obligé de s'absenter, n'a pas été représenté par son adjoint, quoiqu'averti de se rendre à cette opération.

Attendu que le territoire de Varacieux se termine en cet endroit, et que la présence dudit sieur Ferrolliat est inutile, il a déclaré se retirer, et a signé FERROLLIAT, adjoint de Varacieux.

Borne n.° 24, placée près la croix au-dessus de la Combe-Darde, en face du bois de Nicolas Giron.

SANS discontinuer l'opération, nous avons suivi le chemin de l'Estra, qui sépare toujours le territoire de Chevrières d'avec celui de Chambaran, et qui passe contre la maison du sieur Antoine Tournier jusqu'à une distance de 538 mètres, auquel point nous avons planté une borne en pierre de choin, qui est en face du bois appartenant à Nicolas Giron, sur Chevrières, au-dessus de la Combe-Darde, au lieu où venait aboutir le chemin appelé des Mulets, près d'une petite croix contre le bois dudit Giron, en face d'un embranchement de chemin qui va à Roybon, et du chemin de l'Estra qui longe et tourne, au couchant, contre le bois dudit Giron, laquelle borne est saillante, hors de terre, de 35 centimètres; et sur la face, au couchant, de laquelle borne il sera gravé le n.° 24, laquelle face a 25 centimètres près de terre.

Étant observé que ladite borne n.° 24 donne pour l'ouverture de l'angle, dont le n.° 23 est le sommet, la quantité de 86 degrés 50 minutes.

Attendu qu'il est cinq heures du soir, nous avons renvoyé la continuation de l'opération à demain mercredi, 20 du courant, au même lieu et endroit où est la borne n.° 24, où toutes les parties ont promis se représenter à huit heures du matin; et après lecture faite, nous avons signé avec toutes les parties et M. Brenier, maire de Chevrières. *Signé* Pierre RAMBERT, maire de Roybon ; GILBERT, Henri FRACHON, RAMBERT, OSTERTAG, BRENIER, maire de Chevrières, et FRACHON, commissaire.

Et le mercredi, vingt dudit mois d'octobre mil huit cent vingt-quatre, à huit heures du matin, audit lieu de Chambaran, en face du bois dudit Nicolas Giron, sur Chevrières, à l'endroit de la borne n.º 24, dernière plantée, assistés des mêmes personnes dont en la séance d'hier,

NOUS nous sommes dirigés à l'ouest, à l'effet de reconnaître la limitation dont en la procédure et plan Cochet ; mais ces pièces ne nous paraissant pas suffisamment instructives, et le chemin de l'Estra, entre les points n.ºˢ 20 et 21 de cette procédure, présentant une sinuosité trop apparente, nous avons, de concert avec les parties présentes, ainsi que le sieur François Manin-Pollu, propriétaire, habitant à Chevrières, riverain, définitivement fixé la direction du chemin de l'Estra par une ligne droite de 297 mètres, à l'extrémité de laquelle nous avons fait planter la borne n.º 25, en face de l'embranchement d'un chemin appelé la Blettonné, qui sépare le bois dudit François Manin-Pollu d'avec celui de Joseph-Charles Hugonin. Cette borne, saillante de 35 centimètres hors terre, est garnie, comme les précédentes, de morceaux de tuiles, charbon et garans, forme avec la précédente, prise pour sommet, un angle rentrant de 134 degrés 25 minutes, sur laquelle 25.ᵉ borne sera gravé à la face, au midi, le même n.º 25. Sa largeur, rez terre, est de 30 centimètres, et

Borne n.º 25, en face du chemin de la Blettonné.

laquelle limitation a été approuvée et consentie par ledit
Manin-Pollu, également ici présent, et qui a signé en cet
endroit. *Signé* F. MANIN.

Borne n.° 26,
au Pertuis-du-
Loup, près du
chemin qui des-
cend chez Louis
Simien-Baron.

DEPUIS ladite dernière borne n.° 25, nous nous sommes
toujours dirigés, à l'ouest, jusqu'à l'angle du bois du sieur
Louis Simien, dit Baron, de Chevrières, et celui de M. le
général Brenier-Montmorand, auquel angle il passe un chemin
qui monte de la commune de Chevrières en Chambaran, qui
est appelé vulgairement le Pertuis-du-Loup, à un point où
nous avons fait planter la borne 26.°; et dont la direction en
droite ligne, venant de la 25.°, séparera dorénavant les bois
des sieurs Joseph-Charles Hugonin et dudit Louis Simien, dit
Baron, le chemin de l'Estra restant en dehors de la forêt et
suivra la direction de cette ligne, qui a une étendue de 869
mètres, laquelle ligne fera disparaître les différentes sinuosités
qu'offre le chemin de l'Estra, et établit une compensation
juste et proportionnelle entre la propriété dudit sieur Simien-
Baron et celle de la forêt de Chambaran, laquelle opération
a été approuvée et consentie, tant par ledit Simien-Baron que
par toutes les autres parties intéressées à l'opération; laquelle
26.° borne, qui portera l'empreinte n.° 26, est élevée au-dessus
de terre de 30 centimètres, et dont la face, à l'ouest, est de
25 centimètres de largeur rez terre; l'angle que forme cette
dernière ligne, par son raccord avec la précédente, n.° 25,
prise pour sommet, est saillant de 168 degrés 53 minutes.

Étant observé qu'audit endroit du Pertuis-du-Loup il existait la borne n.° 21 de la procédure et plan Cochet qui a été
arrachée depuis longues années.

PARTANT de ladite borne n.° 26, nous avons tiré une ligne droite en montant, à travers le pré ou plâtre, appelé la Vieille, longeant les bois de M. Brénier-Montmorand et du sieur Laurent Manin-Pollu, cultivateur, habitant à Chevrières (lequel dit Manin est ici présent); à la distance de 364 mètres et demi, nous avons planté la 27.ᵉ borne, même pierre de choin que les précédentes, en face du bois dudit Manin-Pollu, presqu'à la sommité de Chambaran. La direction de laquelle ligne, établit encore une juste et équitable proportion entre ledit Manin-Pollu et les propriétaires de la forêt de Chambaran, au dehors de laquelle ligne sera établi le chemin de l'Estra; cette dernière borne est élevée au-dessus de terre de 35 centimètres, et sa face, au midi, sur laquelle sera gravé le n.° 27, a 50 centimètres; son raccord avec le n.° 26, qui est le sommet de l'angle, a 129 degrés 47 minutes.

Et il observé que cette borne n.° 27 est en face de la Combe-du-Roux, et que la ligne qui vient de la 26.ᵉ borne traverse aussi un bas fond où commence ladite Combe; cette borne est garnie, comme les précédentes, de morceaux de tuiles, charbon et garans en direction de chaque ligne.

DE cette dernière borne nous avons dirigé notre marche en suivant les traces de l'ancien chemin de l'Estra jusqu'à celui qui le traverse et tend de Saint-Marcellin à Roybon par Claire-Font. C'est à ce point que devait être la borne et poteau n.° 23 de la procédure et plan Cochet; mais les différentes sinuosités que décrit la ligne de démarcation entre ces deux points, nous ont mis dans le cas d'arrêter et fixer la délimitation de la manière suivante dans cette partie; en

partant donc de ladite borne n.º 27, nous avons fait planter,
à la distance de 92 mètres, la 28.ª borne placée en face du
point qui sépare le bois de M. le lieutenant-général Brenier-
Montmorand, de celui des héritiers Poulet; le sieur Pierre
Poulet, l'un d'eux, cultivateur à Chevrières, étant ici présent,
y a donné son consentement, en nous indiquant lui-même,
l'emplacement de l'ancien chemin de l'Estra, lequel chemin
sera redressé sur ladite ligne et placé en dehors d'icelle.
Cette borne, de pareille pierre que les précédentes, est saillante sur terre de 40 centimètres, et sa face, au midi, est de
30 centimètres, sur laquelle sera gravée l'empreinte du n.º 28;
elle forme, en outre, avec la précédente prise pour sommet,
un angle rentrant de 141 degrés 51 minutes.

Borne n.º 29,
près des Pierres-
Blanches, où il
existe une car-
rière de terre
réfractaire.

DE cette dernière borne n.º 28, nous avons fait chaîner,
en ligne droite, une longueur de 155 mètres 4 décimètres,
en face du bois desdits héritiers Poulet, toujours assistés
dudit Pierre Poulet l'un d'eux, et il a été de suite planté à
cette distance la 29.ª borne qui se trouve rapprochée d'une
carrière de laquelle on extrait de la terre argileuse et réfractaire à l'usage de la fabrique à canons de Saint-Gervais. Elle
est comme les précédentes en pierre de choin taillée, seulement garnie de tuiles, n'ayant pu trouver des charbons,
armée de deux garans et saillante sur terre de 50 centimètres; sa face, au midi, large de 30 centimètres, recevra l'empreinte n.º 29; son raccord avec la précédente, prise pour
sommet, forme un angle saillant de 163 degrés 7 minutes.

Attendu qu'il est cinq heures après midi, nous avons clos,
en cet endroit, la séance de ce jour pour nous retirer à Roybon, dans l'auberge du sieur Olphan; avons ajourné à de-

main jeudi, an du courant mois d'octobre, à huit heures du matin, la suite de ladite opération, à l'endroit où se trouve la ague borne, près la carrière de terre réfractaire, appelée vulgairement Pierres-Blanches. Et après avoir donné lecture de la présente séance et procès-verbal de ce jour, nous nous sommes signés avec toutes les personnes ci-devant qualifiées et ledit sieur Laurent Manin, non ledit Pierre Poulet, ni ledit Siméon Baron, lesquels ont l'un et l'autre déclaré ne le savoir faire. Signé GILBERT, RAMBERT, L. MANIN, BRENIER, maire de Chevrières ; Henri FRACHON, Pierre RAMBERT, maire de Roybon ; OSTERTAG et FRACHON, commissaire.

Du jeudi vingt-un du mois d'octobre, à huit heures du matin susdite année, audit lieu des Pierres-Blanches, dans la forêt de Chambaran, en face de la Combe appelée Mazarin, sur Chevrières, avons continué d'opération de limitation comme il suit, toujours assistés des mêmes parties intéressées qu'hier, ainsi que MM. les Maires de Roybon et Chevrières.

PARTANT de ladite borne n.° 29, la ligne périmétrale suit le contour que forme la sommité de la combe Mazarin sur Chevrières, l'ancienne trace du chemin de l'Estra entre deux jusqu'à un point éloigné de 298 mètres et demi de ladite dernière borne, sur laquelle ligne droite prise pour base, et qui traverse le bois de Paul Fillet dans le bas-fond de ladite combe, nous avons élevé deux perpendiculaires pour fixer d'une manière invariable la courbe rentrante que présente ladite ligne de démarcation, savoir : la première, de 46 mètres à 22 mètres 6 décimètres de distance de la borne n.° 29, et la seconde, de 33 mètres à la distance de 251

Borne n.° 30, en face du bois de Maurice-Paul Fillet.

mètres de la même borne, et à l'extrémité de laquelle ligne nous avons fait planter la borne n.º 3o, en face du bois du sieur Maurice-Paul Fillet, cultivateur, habitant à Chevrières, également ici présent et adhérant à l'opération. Cette borne, qui est encore distante de 6o mètres et en deçà du chemin descendant chez ledit Fillet, est saillante de 25 centimètres; sa face, au levant, qui recevra l'empreinte dudit n.º 3o, est large de 3o centimètres; elle est garnie, comme la précédente, en morceaux de tuiles, avec deux garans; son raccord, avec cette dernière prise pour sommet, forme un angle rentrant de 69 degrés 26 minutes.

Borne n.º 51, placée près du chemin de l'Estra et l'ancien chemin de St.-Marcell. à Roybon, passant par Claire-Font.

ENFIN, nous avons rejoint, en ligne droite, le point auquel devait se trouver la borne et le poteau n.º 23 du plan et procédure Cochet, à l'extrémité du bois dudit Fillet et à l'embranchement ou rencontre du chemin anciennement fréquenté, tendant de Roybon à Saint-Marcellin, par Claire-Font, avec l'ancien chemin de l'Estra qui longe le bois dudit Fillet, auquel lieu a de suite été planté la 31.ᵉ borne, distante de la précédente de 210 mètres, garnie, comme la précédente, de morceaux de tuiles et armée de deux garans, saillante sur terre de 4o centimètres; sur la face, au midi, sera gravé ledit n.º 31, laquelle face a 3o centimètres de largeur; son raccord, avec la borne n.º 3o, formé un angle de 152 degrés 53 minutes. Etant observé que le chemin de l'Estra sera redressé en dehors de Chambaran, sur ladite ligne; et que ce redressement ne lèse, en aucune manière, les propriétaires riverains qui y ont donné leur consentement.

Il est utile d'observer que la dernière borne n.º 31 n'a été

été plantée là d'emplacement indiqué, que par ce qu'il nous
a été représenté, par lesdits sieurs Gilbert et Rambert, aux
qualités qu'ils agissent, que c'est là ce dernier point que
doit se terminer la portion de Chambaran attribuée à M.
le comte de Menon, ainsi qu'il résulte des traités entre
lui intervenus et MM. de Tonnerre et de Monteynard.

LA démarcation de la forêt de Chambaran sera donc
prolongée de 41 mètres dans la même direction des deux
dernières bornes, à laquelle distance a été de suite plantée
la 32.e borne, en face du bois du sieur Genon, dit Panet,
de Chevrières ; l'ancien chemin de l'Estra entre deux, qui
sera redressé sur la même ligne. Cette borne en même pierre
que les précédentes, est saillante de 40 centimètres ; sa face,
qui recevra l'empreinte du n.º 32, est large de 30 centimètres. Nous croyons devoir observer que le rayon visuel,
élevé perpendiculairement, et à l'extrémité de cette ligne, se
dirige précisément sur le côté gauche du sommet de la monta-
gne, appelée la Moucherolle-sur-Coranson.

Attendu qu'il est cinq heures du soir, nous avons clos notre
verbal en cet endroit, avons prévenu tous les assistans que
nous nous retirerions pour cette nuit en la maison des héritiers Jean Ginier, mas de Clairefont, et que nous nous trou-
verons demain à sept heures du matin, au lieu où a été
plantée la dernière borne n.º 32, avons donné lecture dudit
verbal et avons signé avec toutes les personnes présentes,
sauf ledit Poulet et ledit Fillet Coche qui ont déclaré ne le
savoir faire. Signé RAMBERT, Pierre RAMBERT, maire de
Roybon ; BRENIER, maire de Chevrières ; OSTERTAG, GILBERT,
Henri FRACHON et FRACHON, commissaire.

Borne n.º 32,
en face du bois
de Genon, dit
Panet.

En ledit jour vingt-deux octobre, susdite année mil huit cent vingt-quatre, à sept heures du matin, au lieu de Chambaran, en face de la commune de Chevrières et au lieu où existe la borne n.º 32, en face aussi du bois de Genon Panet où a été terminée la séance d'hier, et où toutes les mêmes parties dont audit précédent verbal se sont trouvées présentes, sauf lesdits Poulet et Filet Coche, qui se sont retirés pour n'avoir plus intérêt à ladite délimitation.

Borne n.º 33, à l'embranchement du chemin qui tend à la maison des héritiers Darud.

PARTANT donc de ladite 32.º borne, nous nous sommes dirigés en ligne droite d'après les plans et documens qui ont servi de base à notre opération jusqu'à l'extrémité du bois des héritiers Darud, représentés par François Terrier de Chevrières, sur une distance de 306 mètres, auquel point nous avons fait planter la 33.º borne, même pierre que les précédentes, haute de 25 centimètres hors de terre, présentant à sa face, au levant, une largeur de 20 centimètres, sur laquelle sera gravé le n.º 33. Elle est encore située à l'embranchement du chemin qui tend à la maison desdits héritiers Darud, et sépare aussi le bois de ce dernier de celui du sieur Filet Coche, son racord avec la précédente ligne, forme un angle de 130 degrés 20 minutes.

Cette dernière ligne du n.º 32 à celui n.º 33 laisse enclavées, dans la forêt de Chambaran, la maison et portion de terrain défriché, actuellement possédées par le sieur Etienne Lacroix-Musquet, depuis environ 12 ans.

Borne n.º 34, en face du bois de Filet Coche.

DE la borne n.º 33, nous avons suivi l'ancien chemin de l'Estra, établi au bas de la pente ou feyta de Chambaran, qui nous a paru invariable, par suite de la situation et de son encaissement, jusqu'à l'embranchement de deux chemins, se dirigeant dans la Combe de Chevrières et séparant, par leur réunion, le bois du sieur Durand de celui de M. Robin, président du Tribunal de Saint-Marcellin, lesquels chemins immédiatement avant leur réunion forment l'extrémité très-saillante dans la direction du sud-est de la forêt de Chambaran, d'après le plan général levé en 1772 par les sieurs Fourrier et Baudry, les dires de M. le Maire de Chevrières et des principaux haibitans qui nous accompagnaient; mais comme les sinuosités que forme l'ancien chemin de l'Estra, dans cette partie, sont nombreuses, nous les avons fixées de la manière suivante : partant donc de la borne n.° 33, nous avons fait planter provisoirement un piquet à la distance de 145 mètres et demi, en face du bois dudit Fillet Coche et un peu au-dessus du chemin de l'Estra; lequel piquet sera incessamment remplacé par la 34.ᵉ borne, et la ligne droite qu'il fixe avec la dernière borne, prise pour sommet, donné un angle un peu saillant de 155 degrés 45 minutes.

En partant de ce dernier piquet ou borne n.° 34 qui est encore distant de 30 mètres et en deçà d'un embranchement de chemin se dirigeant à droite et ne peut être confondu avec le chemin de l'Estra, nous avons fait planter un nouveau piquet qui sera incessamment remplacé par la borne 35, sur laquelle sera gravé semblable n.° 35, à la distance de 174 mètres du précédent; et à trois mètres et demi du chemin de l'Estra, il forme, avec le n.° 34 pris pour sommet, un angle rentrant de 135 degrés 17 minutes.

Piquet où sera placée la borne n.° 35.

ENFIN, nous avons atteint l'extrémité ci-dessus décrite de

Piquet où sera placée la borne

n.° 36, en face du bois de M. Robin.

l'angle aigu que forme ladite forêt de Chambaran entre les bois de M. Robin et dudit Durand, où nous avons-fait placer un nouveau piquet qui sera remplacé par la 36.° borne, et se trouve à 1 mètre au-dessus du chemin de l'Estra, en face du bois de M. Robin et à 4 mètres au-dessus du même chemin en face du bois de Durand ; il est distant de 158 mètres 8 décimètres du précédent piquet et forme, avec ce dernier pris pour sommet, un angle rentrant de 152 degrés 10 minutes.

Piquet où sera placée la borne n.° 37, en face du bois de M. Berne-de-Levaux.

REMONTANT ensuite au nord-ouest, en suivant toujours le chemin de l'Estra qui sépare ladite forêt de Chambaran des bois de M. Robin, du sieur Pierre Meunier et de M. Berne-de-Levaux, nous nous sommes arrêtés à la distance de 160 mètres et demi, longueur mesurée en ligne droite, à l'extrémité de laquelle a été planté un piquet qui sera remplacé par la 37.° borne, en face du bois dudit M. Berne-de-Levaux, appelé bois Berard ou les Enruines ; nous observons néanmoins que la démarcation de ladite forêt de Chambaran et les propriétés particulières se trouvent déterminées par l'ancien chemin de l'Estra, dont nous avons conservé les sinuosités ; attendu l'absence des riverains, elles sont au nombre de deux et ont été fixées de la manière suivante : en partant du piquet n.° 37 pour revenir sur celui n.° 36, à la distance de 66 mètres, se trouve la première sinuosité rentrante de 5 mètres, la seconde est saillante et se trouve avoir une hauteur de 8 mètres 4 décimètres, en face du bois de M. Robin et à 140 mètres du même piquet n.° 37.

Piquet où sera placée la borne

EN partant donc dudit piquet n.° 37, nous avons suivi, en

ligne droite, l'ancien chemin de l'Estra, près lequel sera
plantée la 38.° borne en remplacement du piquet provisoire
qui est à 102 mètres de distance du précédent et qui se
trouve toujours en face du bois de M. Berne-de-Levaux, et
près d'un petit marais ou Mollie, appelé les Enruines et restant sur le territoire de Chambaran; il forme avec le dernier
piquet, pris pour sommet, un angle rentrant de 162 degrés
37 minutes.

n.° 58, en face
du bois de M.
Berne - de - Le-
vaux, près de la
Mollie des En-
ruines,

EN suivant toujours le même chemin de l'Estra, laissant
à droite le petit marais sus-énoncé, nous avons fait planter
un nouveau piquet à la distance de 57 mètres du dernier
qui sera remplacé par la borne n.° 39, en face du bois du
sieur Pellat-Drevon (Michel), demeurant à Saint-Appolinard
et formant un angle rentrant de 126 degrés 40 minutes avec
le n.° 38, pris pour sommet.

Piquet où sera
placée la borne
n.° 39, en face
du bois de M.
Michel Pellat-
Drevon.

EN partant donc dudit n.° 39, l'indécision où nous nous
sommes trouvés de reconnaître le véritable emplacement du
chemin de l'Estra parmi les diverses traces, nous a fait proposer à toutes les parties présentes et notamment audit
Michel Pellat-Drevon ici assistant de tirer un ligne droite
dans la direction du sud, de 376 mètres et demi, jusqu'en
face de la terre de ce dernier appelée les Seiglières et un
peu au-dessus du chemin actuellement fréquenté, à quoi
toutes les parties ayant approuvé et consenti, nous avons de
suite fait planter, à cette distance, un piquet qui sera remplacé par la borne n.° 40, qui formera sur le n.° 39, un angle
rentrant de 151 degrés 16 minutes.

Piquet où sera
placée la borne
n.° 40, en face
de la terre des
Seiglières dudit
Pellat-Drevon.

Piquet où sera placée la borne n.º 41, à l'angle du chemin venant de Saint-Marcellin, allant à Roybon par le Gola.

ENFIN, en partant dudit n.º 40, nous avons terminé la limitation de ladite forêt de Chambaran, en face de ladite commune de Chevrières, en plantant un nouveau piquet qui sera remplacé par la borne n.º 41, à la rencontre du chemin de l'Estra avec celui tendant de Saint-Marcellin à Roybon, passant par l'ancien château du Gola et le bois appelé Mauperrier; lequel dernier chemin sépare le territoire de Chevrières de celui de la commune de Saint-Appolinard, et se trouve rapproché de la maison de François Darlai-Patiot, qui est sur Saint-Appolinard; auquel point existait la borne 25.ᵉ dont néanmoins nous n'avons reconnu la trace. Laquelle borne n.º 41 est distante de 50 mètres de celle n.º 40, et forme un angle saillant dont ce dernier n.º forme le sommet de 150 degrés 31 minutes.

Attendu qu'il est cinq heures du soir et que le temps incertain paraît nous empêcher de vaquer à la suite de notre opération, demain samedi, 23 du courant, avons clos, en cette partie, le présent procès-verbal en prévenant toutes les parties intéressées que nous nous retirions en la ville de Saint-Marcellin, et que nous reprendrons la suite de l'opération à lundi prochain, 25 du courant, à huit heures du matin au susdit lieu où est le piquet n.º 41, entre la commune de Chevrières et Saint-Appolinard; après lecture faite, avons signé avec lesdits Pellat-Drevon et M. le Maire de Chevrières, non les autres propriétaires présens qui n'ont su le faire ainsi qu'ils l'ont déclaré. Signé PELLAT (Michel), Pierre RAMBERT, maire de Roybon; RAMBERT, BRENIER, maire de Chevrières; GILBERT, Henri Frachon, OSTERTAG, et FRACHON, commissaire.

Du lundi, vingt-cinq octobre mil huit cent vingt-quatre, à huit heures du matin, au lieu de Chevrières, à l'embranchement du chemin, tendant de Roybon à Saint-Marcellin, passant par Mauperrier où est le piquet n.° 41, planté près le territoire de Saint-Appolinard, dont ledit chemin forme la séparation et auquel lieu nous avons terminé la séance du 24 du courant et où se sont trouvés lesdites personnes intéressées, MM. les Maires de Chevrières et de Saint-Appolinard qui nous ont assistés avec ledit sieur Frachon fils.

PARTANT donc dudit piquet n.° 41, nous avons planté un autre piquet en face du bois de Clément-Giroud, cultivateur, habitant à Saint-Appolinard, et en sa présence, à la distance de 50 mètres dudit dernier point, lequel forme le sommet d'un angle de 90 degrés, observant que le chemin, dans la direction d'un piquet à l'autre, sera redressé, ainsi que le sieur François Darlai, cultivateur, habitant à Saint-Appolinard, s'y est engagé, auquel piquet il sera placé la borne n.° 42 qui est encore éloignée de 8 mètres 60. centimètres du bord d'un chemin qui traverse le bois dudit Giroud à son angle d'est.

Piquet où sera placée la borne n.° 42, en face du bois de Clément Giroud.

DE cette dernière station n.° 42, nous avons suivi en remontant à l'ouest, l'ancienne trace de chemin qui sépare la forêt du bois dudit Clément Giroud et forme, sur la sommité, une petite sinuosité rentrante, et avons fait planter, en face dudit bois, un nouveau piquet qui sera remplacé par la borne n.° 43, à la distance de 193 mètres 80 centimètres, longueur mesurée en suivant le contour du chemin, lequel piquet est néanmoins à 5 mètres de distance de la lisière du bois de

Piquet où sera plantée la borne n.° 43, en face du bois dudit Giroud.

ce propriétaire ; l'angle saillant dont le n.º 42 est le sommet est de 170 degrés 22 minutes.

Piquet sur le point duquel sera placée la 44.ᵉ borne à l'angle du bois de Michel Pellat-Drevon.

DE ce dernier point de station, nous avons fait chaîner une ligne droite de 108 mètres 70 centimètres, à laquelle distance nous avons fait planter un piquet qui sera remplacé par la 44.ᵉ borne, placé à l'angle saillant de la forêt, en face du bois appartenant à Michel-Pellat Drevon, cultivateur, habitant à Bessins, en sa présence et de son consentement. Cette ligne droite formera dorénavant la démarcation de la forêt de Chambaran et établira, avec la direction de la dernière borne, un angle rentrant de 126 degrés 44 minutes, étant observé que le territoire de la commune de Saint-Appolinard se termine à 21 mètres 30 centimètres en-deça dudit piquet, n.º 44, par la ligne qui sépare le bois dudit Giroud, sur Saint-Appolinard, d'avec celui dudit Pellat Drevon qui est sur Bessins ; en sorte que le territoire de la commune de Saint-Appolinard ne confine la forêt, dans cette partie, que sur une étendue développée de 336 mètres 2 décimètres.

Piquet pour la borne n.º 45, à l'angle du bois de Pellat-Drevon.

L'EMPLACEMENT de la 45.ᵉ borne, qui a provisoirement été fixé par un piquet, se trouve déterminé, dans la direction du nord, à la distance seulement de 20 mètres du dernier point, formant un angle saillant de 134 degrés 39 minutes ; la forêt, sur cette ligne droite, est toujours confinée par le bois dudit Pellat Drevon.

Piquet pour la borne n.º 46, en face du bois dudit Pellat, ce-

DUDIT 45.ᵉ piquet, nous nous sommes dirigés au couchant et avons fait chaîner une ligne droite de 326 mètres 20 centimètres qui établit, entre la forêt et le bois dudit Pellat

Drevon,

Drevon, une juste compensation à l'effet de faire disparaître
les différentes sinuosités que présentait l'ancienne limitation,
qui se trouve aujourd'hui directe, de l'agrément dudit Pellat
Drévon à l'extrémité duquel bois a été planté le piquet n.º 46,
qui forme avec le n.º 45, pris pour sommet, un angle
rentrant de 105 degrés 25 minutes; lequel dernier piquet est
encore placé à l'embranchement d'un chemin qui établit la
ligne de séparation entre les bois dudit Devron et du sieur
Jean Berruyer, dit Muret de Bessins.

lui du sieur Ber-
ruyer-Muret.

PARTANT de ce piquet n.º 46, nous avons tiré une
ligne droite de 202 mètres, le long de laquelle sera redressé
le chemin de l'Estra, en face du bois dudit Berruyer et
avons fait planter à cette distance le piquet qui sera remplacé par la borne n.º 47, formant, avec la précédente prise
pour sommet, un angle saillant de 146 degrés 50 minutes.
Ce redressement de ligne droite établit une compensation
avec ledit Berruyer et les propriétaires de la forêt qui a
été adopté, attendu que ledit Berruyer est aussi ici présent.

Piquet auquel
sera placée la
47.ᵉ borne, en
face du bois du
sieur Berruyer-
Muret.

ENFIN, nous sommes arrivés à la distance de 122 mètres
et demi, à la Croix, appelée de Mouze, qui existe à la
croisée du chemin, tendant de Chatte à Roybon avec celui
de l'Estra, à l'extrémité du bois dudit Berruyer, en face
aussi de celui du sieur Simon Brenier, de Saint-Marcellin;
laquelle croix étant prête à tomber de vétusté, nous en avons
fait planter une nouvelle garnie en maçonnerie, sur laquelle
a été gravée CROIX-DE-MOUZE et formera la 48.ᵉ station. Cette
croix forme avec le dernier piquet, pris pour sommet, un
angle de 160 degrés 50 minutes, qui est rentrant; la forêt

Croix - de -
Mouze, formant
la 48.ᵉ station.

6

est confinée sur cette dernière ligne, par le bois dudit Berruyer Muret, l'ancien chemin de l'Estra entre deux, qui
forme une légère courbe saillante.

Attendu qu'il est cinq heures du soir ; que, d'ailleurs, la
pluie nous force à abandonner la forêt, nous avons terminé au susdit lieu de la Croix-de-Mouze notre opération ;
avons renvoyé la suite d'icelle à demain mardi, 26 du courant, à huit heures du matin, au même endroit; avons donné
lecture du présent aux parties qui ont signé avec nous commissaires et lesdits Pellat Drevon et Berruyer, ainsi que
MM. les Maires de Saint-Appolinard et Bessins. Signé BER-
RUYER, PELLAT (Michel), Pierre RAMBERT, maire de Roybon; RAMBERT, OSTERTAG, GILBERT, GIROUD, maire de
Saint-Appolinard; PELERIN, maire de Bessins; Henri FRACHON
et FRACHON, commissaire.

Du susdit jour mardi, vingt-six octobre mil huit cent vingt-
quatre, à huit heures du matin, en ladite forêt de Chambaran, et au lieu de la Croix-de-Mouze, en face du territoire de Bessins, où nous dits Commissaires nous sommes
rendus ensuite du procès-verbal de la séance d'hier où se sont
trouvés toutes les parties intéressées et M. le Maire de
Bessins.

Piquet pour
la 49.ᵉ borne,
en face du bois
de l'ancien her-
mitage de Bes-
sins.

Nous dirigeant à l'ouest à 337 mètres 80 centimètres de
distance, nous avons fait planter un piquet à la place duquel
sera établie la 49.ᵉ borne en pierre comme les précédentes,
en face du bois de l'ancien hermitage de Bessins, laquelle
ligne sera redressée entre ladite croix et ladite borne n.ᵃ

49, laissant le bois du sieur Simon Brenier, maire de la
commune de Saint-Sauveur, qui était aussi ici présent et a
donné son acquiescement, et le bois dudit ancien hermitage
en-dehors de la forêt; le chemin de l'Estra sera établi en
suivant ladite ligne, l'angle saillant qu'elle forme avec la précédente dont le sommet est la Croix-de-Mouze est de 160
degrés et demi.

PARTANT dudit 49.ᵉ piquet, nous avons tâché de reconnaître,
parmi les différentes traces de chemin, celles de celui de
l'Estra; mais les lieux sont tellement dénaturés, tant par la
culture du terrain voisin que par l'abandon et dégradations
commises par les bestiaux, que nous avons été obligés de
tirer une ligne droite de 296 mètres 80 centimètres, formant,
avec le dernier piquet, un angle rentrant de 161 degrés 42
minutes, à l'extrémité de laquelle ligne nous avons de suite
fait planter un piquet qui sera remplacé par la 50.ᵉ borne,
en face du bois d'Antoine Guilhermet; et au point où le
chemin, actuellement fréquenté, fait un léger contour en
rentrant sur le territoire de la forêt, lequel chemin pourra
être redressé dans la direction des deux piquets, en suivant
la ligne droite adoptée.

Piquet pour la borne 50.ᵉ, en face du bois d'Antoine Guilhermet.

EN partant de ce dernier point, la nouvelle ligne adoptée
pour séparer le territoire de Roybon et celui de Bessins passe
contre l'angle nord de la maison de Jean Gilbourdon, distante
de 200 mètres 6 décimètres dudit piquet et restant sur le territoire de Bessins; elle se prolonge ensuite dans la même direction de 86 mètres 7 décimètres, à laquelle distance nous
avons fait planter un piquet qui sera remplacé par la 51.ᵉ
borne, en face du bois broussailles dudit sieur Gilbourdon.

Piquet où sera placée la 51.ᵉ borne, en face du bois - brous-sailles de Jean Gilbourdon.

qui est également ici présent et donne son acquiescement à cette opération, de manière que la distance totale entre les deux bornes, n.ᵒˢ 50 et 51, est de 287 mètres 5 décimètres. Cette ligne qui forme, au point de la borne n.ᵒ 50, pris pour sommet, un angle rentrant de 167 degrés et demi, laisse, au nord, sur le territoire de Chambaran, une portion de terrain défriché, actuellement possédée par ledit Gilbourdon.

Piquet qui formera la borne n.ᵒ 52, en face du bois de M. de Saint-Ferréol.

Nous dirigeant toujours à l'ouest, nous avons tiré une ligne droite partant du dernier piquet n.ᵒ 51, longue de 375 mètres, sur laquelle sera redressé le chemin devant servir de limite entre la forêt et les propriétés particulières jusqu'en face du bois de M. de la Merlière de Saint-Ferréol, auquel lieu nous avons fait planter un piquet qui sera remplacé par la borne n.ᵒ 52; il est planté de manière que M. de Saint-Ferréol, absent, est pleinement dédommagé de l'empiétation qu'il aurait essuyée de la part des communes par suite des dévastations exercées sur son terrain. Ce piquet n.ᵒ 52, placé à l'extrémité de la ligne droite ci-dessus, forme avec le précédent piquet n.ᵒ 51, pris pour sommet, un angle saillant de 168 degrés 28 minutes.

Piquet qui formera la borne n.ᵒ 53, en face du bois de François Duc-Maugé fils.

Partant encore du 52.ᵉ piquet, nous avons fait chaîner en ligne droite une distance de 402 mètres dans la direction du sud-ouest, jusqu'à la rencontre du chemin du domaine de la Blache ou Vaugrenier sur Bessins, à Roybon sur le chemin de l'Estra, auquel point nous avons fait planter un nouveau piquet qui sera remplacé par la borne n.ᵒ 53, en face du bois du sieur François Duc-Maugé fils, de Bessins,

par lui acquis de M. Guilhermet; ce point avec le précédent,
n.° 52, qui est le sommet, forme un angle rentrant de 124
degrés 58 minutes; mais nous observons que la ligne de démarcation, entre la forêt de Chambaran et les propriétés particulières, suit l'ancien chemin de l'Estra qui présente une
ligne qui sera redressée depuis la borne. n.° 52, jusqu'à la
distance de 300 mètres, dans la direction de la borne n.° 53.
Ce chemin décrit ensuite une sinuosité saillante pour arriver
à ce dernier piquet, laquelle sinuosité établie sur une base
de 102 mètres, présente une élévation perpendiculaire de 10
mètres à 42 mètres de la borne n.° 53.

POUR parvenir à la partie saillante de la forêt, vulgairement appelée le Coin-de-la-Meina, où vient se terminer le
territoire de la commune de Bessins, nous avons suivi l'ancien chemin de l'Estra, jusqu'à la distance de 135 mètres,
où se termine la terre du sieur André Buisson - Manet; ce
chemin paraît avoir été détourné immédiatement après par
le sieur Claude Rey, qui a commis sur la forêt une légère
anticipation; et, après avoir dépassé cette terre, nous avons
reconnu, en face des bois des sieurs Duc - Maugé et Rey,
ainsi que du sieur Pelerin-Carme, les traces bien apparentes
dudit chemin de l'Estra jusqu'à l'extrémité dudit Coin-de-la-
Meina, où il a été planté une borne en pierre de choin,
haute, hors de terre, de 50 centimètres, sur laquelle sera
gravé le n.° 54; elle est garnie au fond de morceaux de
tuiles et charbon, avec deux garans, et placée à la réunion
de trois chemins, se dirigeant sur Saint-Appolinard, à la distance de 412 mètres et demi depuis le piquet n.° 53, lequel
piquet forme un angle saillant, dont il est le sommet, de 155
degrés.

Borne n.° 54,
au coin de la
Meina.

Pour fixer, d'une manière plus invariable, les limites de la forêt dans cette partie, nous avons reconnu que les sinuosités, qui existent d'une borne à l'autre, sont au nombre de quatre, et déterminées de la manière suivante : partant du piquet n.º 53, et à la distance de 135 mètres, existe la première sinuosité, rentrante de 5 mètres ; à celle de 197 mètres, est la seconde, saillante de 9 mètres jusqu'au bois du sieur Duc-Maugé ; la troisième rentre dans la forêt, sur une élévation de 7 mètres, à la distance de 280 mètres ; la quatrième rentre également dans la forêt, sur une hauteur de 9 mètres, à la distance de 370 mètres.

Enfin, nous avons rejoint, toujours en ligne droite, ladite borne n.º 54 ci-dessus décrite.

Attendu qu'il est cinq heures du soir, nous avons clos, en cet endroit où est ladite borne n.º 54, la séance de ce jour où se termine le territoire de Chambaran, en face de la commune de Bessins ; avons renvoyé la continuation de l'opération à demain mercredi 27 du courant, au même lieu, à huit heures du matin, où toutes les parties ont promis se représenter ; et après lecture, avons signé avec MM. les Maires de Roybon et Bessins, ainsi que les propriétaires riverains désignés ci-dessus qui ont su le faire, non les autres qui ont déclaré ne le savoir faire. *Signé* GILBERT, RAMBERT, PELERIN, maire de Bessins ; Pierre RAMBERT, maire de Roybon ; OSTERTAG, Henri FRACHON, Simon BRENIER, propriétaire, et FRACHON, commissaire.

ET le mercredi, vingt-sept octobre susdite année mil huit cent vingt-quatre, à huit heures du matin, audit lieu où est plantée la borne n.º 54, où se termine la commune de Bessins, et où commence le territoire de Dionay, où nous nous sommes rendus ensuite du procès - verbal de la dernière séance, et auquel lieu se sont trouvés réunis à nous dits Commissaires toutes les mêmes parties intéressées et sus-nommées, avec M. Gabriel Germond, maire de Dionay.

PARTANT donc de la borne n.º 54 au Coin-de-la-Meina, nous avons fait planter une nouvelle borne qui sera empreinte du n.º 55, en face du bois du sieur Antoine-Alexandre Pelerin, maire de Bessins, et à la distance de 61 mètres de la borne, mesurée en ligne droite, dans la direction du nord ; observant cependant qu'il existe entre ces deux bornes une sinuosité rentrante dans la forêt de 7 mètres, et formée par l'ancien chemin de l'Estra, laquelle borne est élevée au-dessus de terre de 35 centimètres, garnie, comme la précédente, de tuiles, charbons et garans ; l'angle qu'elle forme avec la précédente, prise pour sommet, est saillant, et présente une ouverture de 76 degrés 40 minutes.

Borne n.º 55, en face du bois du s.ʳ Pelerin, de Bessins.

NOUS dirigeant toujours au nord-est, nous nous sommes rendus, en ligne droite, en face du bois du sieur Joseph Falconnet, cultivateur à Dionay, à la distance de 288 mètres, auquel point l'ancien chemin de l'Estra, formant une sinuosité la plus apparente, nous avons fait planter la 56.ª borne, haute de 30 centimètres, garnie, comme aux précédentes, en morceaux de tuiles, charbons et garans, qui portera semblable n.º 56 ; l'angle qu'elle forme avec la précédente, qui en est le sommet, est saillant et présente une ouverture de 113 degrés 33 minutes.

Borne n.º 56, en face du bois du sieur Joseph Falconnet.

L'ancien chemin de l'Estra, dont les traces sont très-apparentes, forme, entre ces deux bornes, les limites de la forêt, en décrivant une sinuosité saillante de 9 mètres à 120 mètres de la borne n.º 55.

Borne n.º 57, en face du bois dud. Joseph Falconnet, de Dionay.

PARTANT de la 56.ᵉ borne, et longeant toujours le bois du sieur Joseph Falconnet et celui de son frère Pierre, séparés de la forêt par la trace de l'ancien chemin de l'Estra, sur une ligne droite de 113 mètres 4 décimètres, nous avons fait planter à cette distance la 57.ᵉ borne, en pierre de choin taillée, haute de 30 centimètres, et formant, avec la précédente qui en est le sommet, un angle rentrant de 159 degrés 33 minutes.

Borne n.º 58, en face du bois de M. Berruyer.

PARTANT de ladite 57.ᵉ borne, nous avons suivi, en ligne droite, les traces de l'ancien chemin de l'Estra, et avons fait planter une nouvelle borne en pierre de choin, couleur grise, haute de 35 centimètres, sur laquelle sera gravé le n.º 58, éloignée de la précédente de 120 mètres, et placée en face du bois de M. Pierre-Etienne Berruyer, de Saint-Marcellin, ladite trace du chemin de l'Estra entre deux ; l'angle qu'elle forme avec la précédente borne n.º 57 dont elle est le sommet, est rentrant et est de 152 degrés 42 minutes, garnie de charbons, tuiles et garans.

Borne n.º 59, en face du bois de Michel Bonnard-Vinai.

PARTANT dudit n.º 58, nous avons continuellement suivi les mêmes traces du chemin de l'Estra jusqu'au contour le plus prononcé qui existe en face du bois du sieur Michel Vinai-Bonnard, où nous avons fait planter, à la distance de 191 mètres, la 59.ᵉ borne, de même hauteur et même pierre que la précédente, garnie aussi de charbons, tuiles

et

et garans, observant que le chemin de l'Estra, pris pour ligne de démarcation, décrit une légère sinuosité rentrante de 6 mètres dans le bois dudit Bonnard-Vinai. Cette borne forme, avec la précédente, un angle rentrant de 168 degrés 46 minutes.

LA trace dudit chemin de l'Estra se prolonge ensuite, en ligne droite, sur une longueur de 79 mètres, à laquelle distance a été plantée la 60.ᵉ borne, en pierre de choin blanche, haute de 30 centimètres, sur laquelle sera gravé ledit n.° 60. Elle est en face du bois d'Etienne Mandier, dit Cavalot, et rapprochée d'un embranchement de chemin établi pour la vidange dudit bois; elle est garnie, comme les précédentes, de tuiles, charbons et garans, et forme un angle rentrant de 168 degrés 44 minutes, dont le sommet existe à la borne n.° 59.

Borne n.° 60,
en face du bois
d'Etienne Man-
dier.

EN partant de cette borne, et suivant toujours la trace de l'ancien chemin de l'Estra, également apparente, quoique n'étant plus fréquenté, nous avons fait planter la 61.ᵉ borne, en pierre de choin, haute de 30 centimètres, sur laquelle sera gravé ledit n.° 61, à la distance de 110 mètres de la 60.ᵉ borne; toujours en face du bois dudit sieur Mandier, et rapprochée d'un chemin tendant de Saint-Marcellin à Montfalcon, passant par le Fourneau-Blanc; elle est garnie comme les précédentes, et forme, avec le n.° 60 pris pour sommet, un angle rentrant de 156 degrés 9 minutes.

Borne n.° 61,
en face du bois
dudit Mandier.

REMONTANT ensuite au couchant, nous nous sommes rendus,

Piquet où sera
placée la borne.

n.° 62, au-dessus de la maison d'Antoine Manin - Lachaux, qui fut du sieur Tiron.

en ligne droite, en suivant en partie l'ancien chemin de l'Estra jusqu'à la distance de 377 mètres, à laquelle nous avons fait planter la 62.ᵉ borne, provisoirement fixée par un piquet, en face et au-dessus de la maison d'Antoine Manin-Lachaux, par lui acquise du sieur Tiron, et à l'angle du bois du sieur Antoine Arnaud, de Dionay, près de la terre dudit Manin-Lachaux ; l'angle rentrant, dont le sommet existe à la borne n.° 61, présente une ouverture de 147 degrés 48 minutes.

Attendu qu'il est cinq heures du soir, nous avons clos, en cette partie, le procès-verbal de cette séance, et nous sommes ajournés à demain jeudi, 28 du courant, à huit heures du matin, audit lieu de Dionay, et à ladite 62.ᵉ station, où toutes les parties et M. le Maire de Dionay ont promis de se représenter ; et, après lecture faite, nous nous sommes signés avec toutes les parties susnommées, ainsi que M. le Maire de Dionay et le sieur Pierre Falconnet, non le sieur Joseph Falconnet son frère qui a déclaré ne le savoir faire. *Signé* FALCONNET, OSTERTAG, Pierre RAMBERT, maire de Roybon ; GERMOND, maire de Dionay ; GILBERT, RAMBERT, Henri FRACHON, et FRACHON, commissaire.

ET ledit jour jeudi, vingt-huit dudit mois d'octobre, à huit heures du matin, en ladite commune de Dionay, au lieu où est la 62.ᵉ station, en face de la maison d'Antoine Manin-Lachaux, où nous nous sommes rendus, en continuation de nos opérations, et assistés des parties intéressées et de M. Germond, maire de Dionay.

Piquet où sera plantée la 63.ᵉ

PARTANT de la 62.ᵉ station, nous avons dirigé notre marche

(51)

au nord, et avons fait planter, à 30 mètres du dernier piquet, un nouveau piquet qui sera remplacé par la borne n.° 63, contre l'ancien chemin de l'Estra que nous avons rencontré en cette station, qui se dirige du côté de la grande grange, à l'angle que forme le sieur Antoine Arnaud, de Dionay. Ce piquet forme, avec le précédent, un angle saillant de 127 degrés 36 minutes, dont ledit piquet n.° 62 est le sommet; laquelle ligne est en direction droite, et a été ainsi établie du consentement dudit Arnaud.

PARTANT duquel 63.ᵉ point de station, nous avons tiré une ligne droite de 103 mètres, en suivant la trace du chemin de l'Estra jusqu'à l'angle que forme l'embranchement de ce chemin sur celui séparant le bois de la Gandière, appartenant à M.ᵉ Baudoin, notaire à Saint-Antoine, de la forêt de Chambaran, à laquelle distance a été planté un piquet qui sera remplacé par la borne n.° 64, formant un angle rentrant de 125 degrés 52 minutes au point n.° 63 qui en forme le sommet.

Cette dernière ligne, que nous avons adoptée du consentement de M. Gilbert, agent ci-devant qualifié, et de M. Germond, maire de Dionay, nous a paru devoir concilier l'intérêt des propriétaires riverains et de ceux de la forêt de Chambaran, quoique réunissant à la propriété en nature de Broussailles dudit M.ᵉ Baudoin, une petite portion de ladite forêt, outre qu'elle présente une figure plus régulière que celle tracée sur le plan Fourrier et Baudry; observant néanmoins que M.ᵉ Baudoin ne s'est pas présenté, quoique invité par le garde Brachet, d'après notre réquisition.

borne, en face du bois du sieur Arnaud.

Piquet où sera placée la 64.ᵉ borne, en face du bois de M.ᵉ Baudoin, not.

Piquet où sera plantée la 65.ᵉ borne, en face du bois de M.ᵉ Baudoin.

Revenant au nord, et partant de la 64.ᵉ station, le chemin de l'Estra sera redressé en face du bois dudit M.ᵉ Baudoin, sur une étendue de 95 mètres 30 centimètres, à laquelle distance sera plantée la borne 65, en remplacement du piquet provisoire que nous y avons fait placer, formant, avec le dernier pris pour sommet, un angle saillant de 63 degrés 12 minutes.

Cette borne n.° 65 sera encore à 104 mètres de distance du piquet n.° 63 à l'angle du bois du sieur Arnaud, et sera établie sur le prolongement de la ligne cotée de 30 mètres entre les n.ᵒˢ 62 et 63.

Nous remarquons, en outre, qu'elle se dirige à l'extrémité de la maison d'Antoine Manin-Lachaux.

Attendu qu'il est survenu une forte pluie qui nous a empêchés de suivre notre opération; que même elle a continué le reste de cette journée, nous nous sommes décidés à nous rendre à la maison du sieur Antoine Arnaud, propriétaire à Dionay; ayant ajourné la suite de notre opération à demain vendredi, 29 du courant, à huit heures du matin, au lieu de la 65.ᵉ station, et avons donné lecture du présent, ayant signé avec toutes les parties, M. le Maire de Dionay et ledit sieur Arnaud, ainsi que le maire de Roybon. *Signé* ARNAUD, GERMOND, maire de Dionay; OSTERTAG, Pierre RAMBERT, maire de Roybon; GILBERT, RAMBERT, Henri FRACHON et FRACHON, commissaire.

Et ledit jour vingt-neuf octobre mil huit cent vingt-quatre, à huit heures du matin, audit lieu de Dionay, au piquet n.° 65, en face du bois de M.ᵉ Baudoin, où nous avons clos la séance d'hier et où nous nous sommes rendus, accompagnés de MM. les fondés de pouvoirs sus-qualifiés, de MM. les Maires de Roybon et Dionay, ainsi que le sieur Frachon fils, géomètre.

PARTANT du susdit dernier piquet n.° 65, nous avons suivi les contours rentrant dans la forêt de Chambaran que forment les accidens du terrain, en face de la forêt dudit M.° Baudoin, jusqu'au chemin séparant cette dernière propriété du bois du sieur Pierre Billet-Némoz, cultivateur, habitant à Dionay, auquel point a été placé un piquet provisoire qui sera remplacé par la 66.° borne; ce piquet est éloigné du précédent de 309 mètres en ligne droite; la sinuosité la plus prononcée de cette courbe, formant la ligne de démarcation de Chambaran, avance de 27 mètres dans cette forêt; l'angle rentrant, que formera la borne n.° 66 avec celle n.° 65, prise pour sommet, est de 122 degrés 35 minutes.

Piquet où sera plantée la borne n.° 66, en face de la forêt de M.° Baudoin.

PARTANT du dernier point de station n.° 66, nous avons suivi, en ligne droite, le chemin dont il est parlé ci-dessus, existant entre le bois de M.° Baudoin et le sieur Pierre Billet-Némoz, jusqu'à une distance de 151 mètres, où vient se réunir le chemin de l'Estra actuellement fréquenté, auquel lieu a été planté un piquet qui sera remplacé par la borne n.° 67; il forme, avec le précédent, un angle saillant de 177 degrés 57 minutes; il est planté en face du bois dudit Billet-Némoz, et a 23 mètres en-deça du chemin qui descend à la maison de ce dernier.

Piquet où sera plantée la borne n.° 67, en face du bois de Billet-Némoz.

PARTANT de la station n.° 67, nous avons dirigé notre

Piquet où sera plantée la borne

n.° 68, à l'angle du bois broussailles dudit Billet-Némoz, en face de la terre de Pellat-Chillot. marche au point où devait se trouver la borne n.° 34, dont en la procédure et plan Cochet, c'est-à-dire à l'embranchement du chemin du bourg de Dionay à Röybon, sur celui de l'Estra, laquelle dite borne n'existe plus ; mais nous en avons fixé l'emplacement par un piquet qui sera remplacé par la borne n.° 68, distant du précédent de 261 mètres 3 décimètres en ligne droite, et formant, avec la précédente, le sommet d'un angle rentrant de 150 degrés 34 minutes, sur laquelle seront redressées les diverses traces de l'ancien chemin de l'Estra, en face du bois et portion de broussailles dudit Billet-Némoz. A quoi ledit sieur Billet-Némoz a consenti par sa présence et sa signature ci-après, attendu que la portion de broussailles, qui forme un angle appartenant audit Némoz, entre ladite ligne et le chemin descendant à l'ancien bourg de Dionay, est réellement la propriété de ce dernier, ainsi qu'il l'a justifié, 1.° par l'exhibition de l'acte de vente à Jean Mounier-Gillet qu'il représente par sieur François de Nully, procureur-fondé de la demoiselle de Gayte, du 14 octobre 1726, aux minutes de M.ᵉ Cellier, ancien notaire à Saint-Antoine, qui appelle pour confins, au bois dont s'agit, du vent, chemin qui va de Dionay à Chambaran, et de bize, le bois de Chambaran, chemin de Bessins à Bourgeonnière entre deux ; 2.° par l'extrait du parcellaire de Dionay, de 1593, f.° 6 v.° de la parcelle de François Durey, qui appelle aussi pour confins ledit chemin de Bourgeonnière et celui de Dionay à Roybon. *Signé* BILLET.

Piquet où sera plantée la 69.ᵉ borne, en face PARTANT dudit n.° 68, nous nous sommes rendus jusqu'en face de la ligne de séparation des terres de Joseph Cabussat et Pierre Sauvier, auquel point le chemin de l'Estra, formant une sinuosité assez prononcée, nous y avons planté un piquet qui sera remplacé par la 69.° borne, éloignée de la précédente de 220 mètres, sur une ligne droite qui servira de démarcation à la forêt de Chambaran avec les riverains; le chemin de l'Estra, entre deux, devant être redressé d'une borne à l'autre; le mas où se trouve ce piquet se nomme le Sarré; l'angle saillant, dont le sommet existe au n.° 68, présente une ouverture de 165 degrés 4 minutes.

de la ligne de démarcation des terres de Joseph Cabussat et Pierre Sauvier.

PARTANT dudit n.° 69, nous avons rejoint, en suivant les sinuosités du chemin de l'Estra, la Croix ou poteau appelé Croix-Robert, et désignée, sous cette dénomination, dans la procédure Cochet, et où devait se trouver la borne n.° 35 de la même procédure qui n'existe plus; la Croix actuelle, se trouvant de plus dans un état de vétusté, a été de suite remplacée par une nouvelle en bois, de 4 mêtres, sur laquelle sera gravé le n.° 70; elle est fixée en terre par un massif de maçonnerie à chaux et sable, et porte l'inscription gravée de CROIX-ROBERT, 1824 : cette Croix, placée en face du bois de Gaspard Dumas, chemin de l'Estra, entre deux, est distante du n.° 69 de 301 mètres 30 centimètres, mesurés en ligne droite, qui nous a servi de base pour fixer irrévocablement les sinuosités du chemin de l'Estra, comme il suit: à 115 mètres du n.° 69, s'élève une perpendiculaire de 11 mètres rentrant sur le territoire de Roybon; le chemin partant du sommet de cette sinuosité vient rejoindre la ligne droite à 165 mètres du n.° 69, et la suit continuellement jusqu'à ladite Croix qui forme, avec le précédent numéro, un angle rentrant de 127 degrés 43 minutes.

Station à la Croix-Robert, n.° 70.

Borne en pier-
re n.° 71, en
face de la mai-
son de Joseph
Lambert, qui fut
de Jean Rey.

DE ladite Croix-Robert jusqu'en face de la maison de Joseph
Lambert, qui fut de Jean Rey, où devait se trouver le poteau
ou limite n.° 36 du plan de la procédure Cochet, le chemin
de l'Estra qui devait servir de démarcation à la forêt de
Chambaran, n'est plus aujourd'hui régulièrement établi comme
il existe jusqu'à ce point; cependant, à l'aide dudit plan et
des renseignemens que nous nous sommes procurés, nous
croyons devoir en fixer irrévocablement l'emplacement ainsi
qu'il suit : en partant de ladite Croix-Robert, nous avons
tiré une ligne droite de 141 mètres, aboutissant en face de
la maison de Gaspard Dumas, autrefois du sieur Manin, et
à 46 mètres de distance de l'angle nord-ouest de cette maison;
cette dernière longueur mesurée par le prolongement de la
face au couchant, sur laquelle ligne de 141 mètres il a été
élevé à 77 mètres et demi de la Croix-Robert, une perpendiculaire de 17 mètres 7 décimètres qui détermine la sinuosité de l'ancien chemin de l'Estra rentrant sur le territoire de
Roybon.

Depuis le point ci-dessus fixé à 46 mètres de la maison
Dumas, les diverses traces du même chemin ont été redressées sur une longueur de 295 mètres, à laquelle distance a
été de suite plantée la borne n.° 71, en pierre de choin
taillée, haute de 45 centimètres au-dessus de terre, et présentant à sa face, au midi, une largeur de 28 centimètres,
sur laquelle sera gravé le susdit n.° 71. Et pour en indiquer, d'une manière plus précise, l'emplacement, nous observons que cette borne n.° 71 est à 26 mètres de distance
de l'angle nord-ouest de la maison dudit Joseph Lambert,
autrefois Jean Rey, et sur l'alignement indiqué par la face, au
couchant de cette maison.

Nous

Nous observons également que le rayon visuel, mené de ladite borne à la Croix-Robert où existe un angle saillant de 158 degrés 24 minutes, passe par la maison sus-rappelée dudit Gaspard Dumas.

En partant de cette borne n.° 71, nous avons suivi, en ligne droite, la trace bien apparente du chemin de l'Estra, jusqu'à un point de station indiqué par le plan de la procédure Cochet, sous le n.° 37, et que nous avons fixé par la borne n.° 72, même pierre de choin, garnie, comme les précédentes, de tuiles et charbons, haute de 25 centimètres, sur une même largeur; elle est distante de la précédente de 329 mètres, et forme un angle rentrant dont le sommet existe à ladite borne n.° 71, de 153 degrés 55 minutes; elle est en face de la terre de Joseph Ageron, dit Charlot, sur Dionay, et de sa maison, sur Roybon.

Borne n.° 72, en face de la maison de Joseph Ageron-Charlot.

Attendu qu'il est cinq heures du soir, et que le temps est d'ailleurs pluvieux, nous avons clos la séance de ce jour, et avons renvoyé la continuation de l'opération dont s'agit à mardi prochain, 2 novembre, au même point de station où est la borne n° 72, et avons signé avec les mêmes parties, ainsi que M. le Maire de Dionay, le tout après lecture faite, et le maire de Roybon. *Signé* GERMOND, maire de Dionay; OSTERTAG, Pierre RAMBERT, maire de Roybon; Henri FRACHON, RAMBERT, GILBERT, et FRACHON, commissaire.

ET le lundi, huit novembre, mil huit cent vingt-quatre, à huit heures du matin, au lieu de station où existe la 72.ᵉ borne, en face de la commune de Dionay, où nous dits experts nous sommes rendus, assistés des mêmes parties et

8

du maire de Dionay, observant que le temps, constamment pluvieux, ne nous a pas permis d'opérer plutôt, avons continué ladite démarcation comme suit :

Ladite borne n.° 72 est placée en face et à 86 mètres et demi de l'angle le plus rapproché de la maison de Joseph Ageron-Charlot ; elle est également placée en face de la terre de ce dernier, appelée la Billardière, et à 8 mètres de la route de Roybon à Romans, qui se confond avec le chemin de l'Estra, à 121 mètres au-dessus de cette dernière borne.

Croix de Toutes-Aures, faisant le n.° 73 de station.

Du dernier n.° 72, nous avons joint, en suivant la route de Roybon à Romans, la Croix appelée de Toutes-Aures, et reconnue de toute ancienneté comme un point essentiel de la délimitation du territoire de Roybon ; elle est distante de 657 mètres et demi, en ligne droite, qui nous a servi de base pour fixer les sinuosités de la route sus-rappelée, savoir : la première, de 41 mètres à 228 mètres de la borne n.° 72 ; la seconde également saillante, s'éloigne de 43 mètres à la distance de 402 mètres de ladite borne ; cette Croix, placée à la rencontre du chemin tendant de Dionay au hameau de Perrollière, forme, avec la précédente borne prise pour sommet, un angle saillant de 139 degrés 33 minutes.

Borne n.° 74, au hameau du Jacques.

Mais l'état de vétusté où cette croix se trouve, nous a mis dans le cas de procéder à son remplacement par une nouvelle croix en bois chêne, haute de 4 mètres, placée dans un massif de maçonnerie et au même lieu que l'ancienne. Sur la face, au nord, de cette croix il a été gravé ces mots : Croix-de-Toutes-Aures, 1824 ; le territoire de Roybon s'étend au-delà de cette croix jusqu'au hameau appelé le Haut-Jacque,

en longeant le grand chemin de l'Estra ou route de Roybon
à Romans, auquel hameau nous avons trouvé et reconnu la
borne n.º 39, du plan dont il a été parlé en la procédure
Cochet, et qui nous a paru être la même que celle indiquée
par le Mémoire de M. de Lagré, comme remplaçant le chêne
qui faisait, en cette partie, la séparation de Roybon et Dionay,
ainsi que du mas de Chaponay détaché du mandement de Montrigaud pour être réuni, comme il l'est encore actuellement à
Dionay. Cette borne, qui était en pierre-mollasse altérée à la
partie hors terre, a été de suite remplacée par une nouvelle
borne en pierre de choin placée au même point, élevée au-
dessus de terre de 45 centimètres qui formera le n.º 74; elle
est distante de la Croix-de-Toutes-Aures de 426 mètres
soixante centimètres, et forme, avec elle prise pour sommet,
un angle saillant de 173 degrés et demi. Nous avons dit plus
haut que la sinuosité du grand chemin de l'Estra faisait la
démarcation des deux territoires. C'est pourquoi sur la ligne
droite ci-dessus mesurée et à 150 mètres de la Croix-de-Toutes-
Aures, commence la sinuosité saillante dont le sommet éloigné
de 18 mètres de ladite ligne, existe à 350 mètres de la
même croix.

Cette susdite borne, n.º 74, est distante de 13 mètres 40
centimètres de l'angle du mur de clôture de la cour du nommé Joseph Lambert qui est au nord, et se trouve encore
à 9 mètres de distance de la croix du Jacques qui est au
midi; enfin, elle est placée à la réunion de l'ancien grand
chemin de Saint-Antoine, à Montfalcon, sur celui venant de
la Croix-de-Toutes-Aures; c'est encore à cette borne que se
termine le chemin de l'Estra ou Faîta de Dionay, et que

le territoire de Roybon forme un point angulaire pour nous servir des termes renfermés dans le mémoire de M. de Lagrée.

Cette même borne n.° 74 est encore éloignée d'un mètre et demi de la palissade en bois de la cour du domaine du sieur Joseph Buisson.

Et, attendu qu'il est cinq heures du soir, que les travaux de cette journée ont été retardés par diverses observations et des renseignemens dont nous avions besoin qui ne nous ont pas permis de nous développer davantage, avons clos en cette partie le procès-verbal de la séance de ce jour et nous sommes ajournés à demain mardi, 9 du courant, au susdit point du hameau du Jacque, à huit heures du matin où nous nous rendrons avec les parties ci-devant dénommées et MM. les Maires de Roybon et Dionay, et nous nous sommes tous signés après lecture faite du présent procès-verbal. Signé GERMOND, maire de Dionay; Pierre RAMBERT, maire de Roybon; Henri FRACHON, GILBERT, OSTERTAG, RAMBERT et FRACHON, commissaire.

ET ledit jour mardi, neuf du présent mois de novembre, à huit heures du matin, audit lieu du hameau du Jacques, entre la commune de Roybon et celle de Dionay à la borne n.° 74, où nous dits commissaires, nous nous sommes rendus avec toutes les parties intéressées et MM. les Maires de Roybon et Dionay, ensuite du procès-verbal d'hier, avons continué nos opérations comme il suit :

D'après la procédure du 20 août 1705, le grand chemin vieux, tendant de Notre-Dame-de-Montfalcon ou des Loïves, forme les limites des deux mandemens de Roybon et Montrigaud, depuis le chêne du Jacques maintenant remplacé par la borne n.° 74, jusqu'à un Triévoz formé par la croisée de ce chemin avec celui allant de Roybon à Montrigaud passant par l'envers.

La même procédure nous indique qu'il existait audit Triévoz une limite de pierre qui fixait la limitation entre Montrigaud et Montfalcon d'une part, et Roybon au levant des deux.

Mais cette limite n'existant plus, lors de la reconnaissance faite par M. de Lagrée, avait été remplacée par trois cailloux, il doit demeurer pour constant que depuis la borne du Jacques, n.° 74, jusqu'aux susdits Trois-Cailloux ou limite du Triévoz, le mandement de Roybon est séparé de celui de Montrigaud et d'une partie de celui de Chaponay, aujourd'hui réuni à Dionay, par ledit chemin vieux de Saint-Antoine à Notre-Dame de Montfalcon ou des Loives sans interruption; à l'aide de ces documens et des indications des plan et procédure Cochet, nous avons définitivement fixé la limitation du territoire de Roybon de la manière suivante :

EN partant de ladite borne n.° 74, nous avons suivi les diverses sinuosités du chemin sus-rappelé jusqu'au point de réunion de ce chemin avec celui de Saint-Appolinard à Montrigaud, sur une longueur développée de 1415 mètres, à laquelle distance a été de suite plantée, en face du bois du sieur Antoine Arnaud, de Dionay, sur Montrigaud et en face aussi de la terre du sieur Jean Buisson, sur Roybon, la 75.° borne, en même pierre de choin, taillée et haute de 30

Borne n.° 75, à l'embranchement du chemin tendant de Saint-Appolinard à Montrigaud avec celui de St.-Antoine à Montfalcon.

centimètres, sur une largeur de 20 centimètres, garnie comme
les précédentes de tuiles, charbons et garans. Laquelle plantation a eu lieu en présence aussi de M. Joseph Macaire,
maire de Montrigaud, et de son consentement, attendu que
la ligne séparative des territoires de Chaponay ou Dionay
réunis et de Montrigaud, aboutit audit vieux chemin à 86
mètres en-deça de ladite 75.ᵉ borne, et encore à 35 mètres
du chemin tendant de Saint-Appolinard , à Saint-Bonnet-de
Val-Clérieux qui traverse le bois du sieur Arnaud; nous allons
décrire plus amplement la ligne déterminée entre ces deux
bornes.

Elle comprend l'espace occupé par les trois bornes n.ᵒˢ
59, 40 et 41 du plan de la procédure Cochet, et suit d'abord
jusqu'au ruisseau du Cluzel, se jetant dans la Combe de Cornet,
distant de 705 mètres de la borne n.° 74, par nous plantée,
le chemin le plus direct, dont partie néanmoins n'est plus
fréquentée, mais dont les traces sont très-apparentes.

Après avoir traversé le ruisseau du Cluzel pour franchir la
Combe du même nom , nous avons suivi, en gravissant le
coteau, le même chemin passant à quelque distance de la
maison du sieur Ageron Brulefer du hameau de la Baleyse
et longeant en grande partie les terres de ce propriétaire sur
Roybon; enfin, nous sommes arrivés au point de la borne
n.° 75, observant que toutes les longueurs ci-dessus indiquées
ont été mesurées en suivant la sinuosité du chemin.

L'angle formé par la dernière borne et dont le sommet
existe à celle du Jacques n.° 74, qui est très-saillant est de
88 degrés 15 minutes.

Attendu que cette reconnaissance et les diverses observa-

tions et recherches nous ont occupés une partie de cette jour
née ; que, d'ailleurs, la pluie nous a empêchés de continuer
cette opération , nous nous sommes rétirés à la maison du
sieur Arnaud, à Dionay, avons renvoyé la continuation de
notre opération à demain à huit heures du matin, au susdit
point de la borne n.º 75, avons donné lecture du présent
et nous sommes signés avec les parties, et MM. les Maires
de Roybon, Dionay et Montrigaud. Signé MACAIRE, maire
de MONTRIGAUD; GERMOND, maire de Dionay; Pierre RAM-
BERT, maire de Roybon, GILBERT, Henri FRACHON, RAM-
BERT, OSTERTAG et FRACHON commissaire.

ET ledit jour mercredi , dix dudit mois de novembre
à huit heures du matin, audit lieu de Roybon, en face de
la commune de Montrigaud, à la borne n.º 75 , où nous
avons terminé le procès-verbal de la journée d'hier, où nous
nous sommes rendus avec toutes les parties intéressées et
MM. les Maires de Roybon et Montrigaud, ensuite du renvoi
dont en ladite séance.

DUQUEL point de station nous avons toujours suivi l'ancien
chemin bien établi, tendant de Saint-Antoine à Montfalcon
jusqu'à l'embranchement du chemin se dirigeant au hameau
de la Chauchierre et principalement aux maisons des sieurs
Pierre Lambert, qui fut du sieur Niévolet et du sieur Vivier,
sur une étendue développée de 1151 mètres, à laquelle distance a été de suite plantée la borne n.º 76, haute de 25
sur 22 centimètres de largeur, en pierre de choin, taillée
et garnie, comme les précédentes, de morçeaux de tuiles,
charbons et garans; cette borne est contre la terre dudit Pierre

Borne n.º 76,
en face du ha-
meau de la Chau-
chierre.

Lambert à 69 mètres 20 centimètres de distance de l'angle le plus rapproché de la maison de ce dernier, et à 109 mètres 8 décimètres de l'angle, au couchant, de la maison Vivier; l'angle, que forme cette borne, avec la précédente prise pour sommet, qui est rentrant, présente une ouverture de 145 degrés 45 minutes.

L'espace que décrit cette dernière comprenait, sur le plan de la procédure Cochet, deux autres bornes intermédiaires que nous n'avons pas cru devoir remplacer, attendu que l'emplacement du chemin est en quelque sorte invariable et n'a point été changé; il suit en partant de la borne n.º 75, une ligne légèrement sinueuse, jusqu'à la distance de 451 mètres, où il existe encore, à l'extrémité du bois d'Antoine Arnaud. La borne-mollasse qui devait être marquée d'un T, formant les armoiries de l'ancienne abbaye de Saint-Antoine dont ce bois était une dépendance, laquelle borne désignée sous le n.º 42 de la procédure et plan Cochet, figure aussi dans le mémoire de M. de Lagrée et autres procédures, mais elle est en partie altérée : cette dite borne forme encore aujourd'hui la démarcation entre le bois du sieur Arnaud et celui du sieur Pierre Lambert.

Depuis cette ancienne borne jusqu'à la nouvelle, n.º 76, en face de la Chauchierre, l'ancien chemin, de Saint-Antoine à Montfalcon, longe continuellement les bois et terre dudit Lambert, passant en face de la croix Penellon et la maison du sieur Penellon, possédée aujoud'hui par le nommé Perriolat; il ne peut être confondu avec l'embranchement d'un autre chemin se dirigeant du côté de la verne, établi à 341 mètres de la borne T.

PARTANT

PARTANT maintenant de la borne n.° 76, nous avons dirigé nos pas du côté de la Croix-Bourdat, indiquée par le
plan et la procédure Cochet, en suivant comme ci-dessus le
même chemin allant à Montfalcon; cette croix existe encore
à la distance de 900 mètres, longueur développée depuis notre
point de départ; mais son état de vétusté nous a obligés de
la faire remplacer par une nouvelle en bois chêne, élevée de
4 mètres et placée dans un massif de maçonnerie; elle porte
l'inscription gravée de CROIX-BOURDAT 1824 et recevra l'empreinte du n.° 77; l'angle que cette croix forme avec le n.°
76 est saillant et composé de 158 degrés 14 minutes.

Pour arriver à ladite Croix - Bourdat, placée en outre
contre la terre de Pierre Trouillet et en face du bois du sieur
Antoine Massonnet, le chemin entre deux, nous sommes
descendus dudit n.° 76 jusqu'au fond de la Combe de la
Verne, à la distance de 315 mètres où nous avons rencontré
le ruisseau de la Verne, fluant dans ledit chemin sur une
longueur de 55 mètres qui occupe toute la largeur du fond
de la Combe, où se réunit encore un second ruisseau venant
également du côté de la Verne.

En partant de nouveau de la jonction de ces deux ruisseaux, nous avons gravi le coteau opposé en suivant, sur une
longueur de 80 mètres, l'ancien chemin allant à Montfalcon.
Mais il n'est plus praticable à cette distance et ne présente
plus, sur une longueur de 110 mètres, qu'un enfoncement
rempli de ronces et de cailloux, le chemin actuellement fréquenté se dirigeant à gauche sur le territoire de Montrigaud.
En suivant donc la trace de l'ancien chemin existant contre
la terre de Jean-Pierre Trouillet, nous avons regagné la som-

9

mité du coteau , et enfin , sommes arrivés à ladite Croix-
Bourdat.

Borne n.° 78,
près du Gouliat,
de la Croix-
Bourdat.

PARTANT de cette croix, nous avons tiré une ligne droite
de 196 mètres, passant en partie à travers le petit étang appelé gouliat de la Croix-Bourdat, dans la direction du nord
où nous avons trouvé l'ancienne borne, n.° 47, en pierre-
mollasse, que le plan et procédure Cochet désigne par ledit
numéro; mais, pour plus de régularité, nous avons, du consentement de toutes les parties et de MM. les Maires des
communes de Roybon et Montrigaud, remplacé cette borne
par une nouvelle en pierre de choin, taillée et garnie de
tuiles, charbons et garans sur laquelle sera gravé le n.° 78.
Elle est saillante de 30 centimètres, sur une largeur de 25
centimètres, et se trouve distante de 45 mètres du milieu
du petit étang ou gouliat ci-dessus rappelé; l'angle qu'elle
forme avec la Croix-Bourdat est rentrant de 176 degrés 30
minutes.

La ligne de démarcation, depuis ladite croix à cette dernière borne, est droite, attendu que l'ancien chemin de Saint-
Antoine à Monfalcon, n'étant plus fréquenté dans la partie
de la forêt de Chambaran, dans laquelle la 78.ᵉ borne est
placée, sa position devenait incertaine et par la suite difficile à reconnaître.

Borne n.° 79,
sur le bord de la
terre des héri-
tiers Argoud -
Prin , contre
Chambaran.

LE même état d'incertitude de ce chemin nous a mis dans
le cas de faire de nombreuses recherches et épreuves pour
en fixer l'emplacement qui doit être la ligne séparative des
communes de Roybon et Montrigaud; mais, soit qu'elles aient

été pour ainsi dire infructueuses, soit aussi que les différentes
sinuosités eussent nécessité le placement d'un grand nombre
de bornes, nous avons pensé qu'une ligne droite qui éta-
blirait une compensation de terrain entre les deux territoires
devait être préférée à toute autre disposition; en conséquence,
du consentement de toutes les parties, notamment de MM.
les Maires des communes de Roybon et Montrigaud, nous
avons tiré une ligne droite se dirigeant au nord, longue de
879 mètres depuis la borne, n.º 78, près le gouliat, jusqu'en face de la terre des héritiers d'Argoud-Prin; et de suite
il a été planté à l'extrémité de cette ligne et à 3 mètres
de distance de la haie entourant cette terre, la 79.ᵉ borne,
en même pierre de choin, taillée comme les précédentes et
ayant 40 centimètres de hauteur sur 20 centimètres de largeur; la ligne droite ci-dessus qu'elle détermine passe à 180
mètres de distance de la maison de Jean Patel, restant sur
le territoire de Roybon. Cette dernière longueur étant mesurée
dans le prolongement du mur de face, au midi, de ladite
maison et aboutissant à 159 mètres en deça de ladite dernière
borne, n.º 79, formant un angle saillant de 155 degrés 40
minutes, dont le sommet existe à la borne du gouliat.

Attendu qu'il est cinq heures du soir, nous avons arrêté
en cet endroit et clos le présent procès-verbal, dont nous
avons donné lecture, pour nous retirer à Roybon, ayant
prévenu toutes les parties et MM. les Maires, que nous nous
réunirions demain, jeudi 11 du courant, audit n.º 79, à huit
heures du matin; et nous nous sommes signés avec toutes les
parties et MM. les Maires de Roybon et Montrigaud. *Signé*
MACAIRE, maire de Montrigaud; Pierre RAMBERT, maire de

Roybon; OSTERTAG, GILBERT, RAMBERT, Henri FRACHON
et FRACHON, commissaire.

ET ledit jour, onze dudit mois de novembre, à huit heures
du matin, année susdite, audit lieu ou est placée la 79.ᵉ borne
dans la forêt de Chambaran, en face du territoire de Montrigaud, nous avons continué l'opération de délimitation en
présence de toutes les parties dont au verbal de la précédente séance, et de MM. les Maires de Roybon et Montrigaud.

Borne n.º 80, placée au-des-sus du chemin, montant à Chambaran sur le bord de la terre d'Izerable, dit Bleu. PARTANT de ladite 79.ᵉ borne, nous avons suivi le chemin
établi, au midi, de la terre desdits héritiers Argoud-Prin et
avons fait planter la 80.ᵉ borne à l'angle que ce chemin forme
pour rejoindre le chemin de Saint-Antoine à Montrigaud,
dont les traces immédiatement au-dessus de cette borne sont
encore apparentes à travers la terre de Jean Izerable, dit
Bleu, défrichée de la forêt de Chambaran; laquelle dernière
borne, n.º 80, est comme les précédentes en pierre de choin
taillée, garnie de tuiles, charbons et garans, et distante de
33 mètres de la précédente; elle est élevée de 35 centimètres
sur 22 de largeur et se trouve placée sur la terre dudit Izerable; l'angle qu'elle forme, avec la précédente prise pour
sommet, est de 109 degrés 57 minutes.

Partant de ladite 80.ᵉ borne, nous avons continuellement
suivi l'ancien chemin de Saint-Antoine à Montfalcon, jusqu'à
l'extrémité du territoire de Montrigaud où commence celui
de la commune de Montfalcon au lieu appelé le Triévoz; ce
chemin n'ayant éprouvé aucun changement et nous paraissant invariable, il demeure toujours adopté pour démarca-

tion entre les deux territoires de Roybon et Montrigaud,
nous le décrivons comme il suit :

EN partant toujours de ladite 80.ᵉ borne, il est établi sur
le penchant d'un coteau et longe, jusqu'à la rivière de l'Herbasse, coulant au fond de la Combe du même nom, les bois,
terres et pré desdits cohéritiers Argoud ; une portion desquels
bois reste sur Roybon, le surplus étant sur Montrigaud. De
la rivière de l'Herbasse traversant ledit chemin à 400 mètres
de distance de notre point de départ, nous avons gravi le
coteau de Royandière et sommes arrivés au hameau du
même nom, près l'embranchement se dirigeant à la maison
de Marie Bret, femme de Jean Fleury Izerable, dit Jayme,
auquel embranchement existe une croix appelée de Royandière, à la distance de 260 mètres de la rivière de l'Herbasse. Enfin, nous avons traversé le ruisseau de Royandière,
se jetant dans la Combe de Favasse ; et en suivant toujours le
chemin de Saint-Antoine à Montfalcon, nous sommes arrivés
au susdit mas du Triévoz où devaient se trouver les poteau
et limite n.° 50 de la procédure et plan Cochet, à l'angle
que forme le bois du sieur Pierre Tournier, de Montfalcon,
audit Triévoz ; mais, comme cette borne et le poteau n'existent plus, à l'aide dudit plan et verbal de la procédure Cochet,
ainsi que d'après les renseignemens de M. le Maire de Montrigaud et sieur Jean-Joseph Ageron, maire de Montfalcon
qui s'est rendu sur le territoire de cette dernière commune
et du sieur Pierre Tournier, nous avons de suite fait planter,
à leur même point, la 81.ᵉ borne, près d'un vieux chêne appelé le *Chêne-Tournier* et à la distance d'un mètre de sa face
au midi. Ledit chêne situé sur le bois dudit Tournier, ap-

Borne n.° 81,
près du gros
chêne de Tour-
nier.

pelé la Favasse, à 18 mètres de l'embranchement du chemin tendant de Roybon à Montrigaud par l'Envers, sur celui de Saint-Antoine à Montfalcon, que nous abandonnons à ce point. Cette borne est de même pierre de choin, taillée comme les précédentes, garnie en tuiles, charbons et garans, haute de 40 centimètres sur 22 de largeur, et le sommet qu'elle forme avec la précédente, offre un angle rentrant de 91 degrés 10 minutes.

Ladite dernière borne n.° 81 est distante de 500 mètres de l'embranchement du chemin et croix de Royandière; elle se trouve, par conséquent, à 1,160 mètres de ladite dernière borne n.° 80, longueur mesurée suivant les sinuosités du chemin.

Attendu qu'il est cinq heures du soir, avons clos en cet endroit le présent verbal, dont nous avons donné lecture aux personnes présentes; nous nous sommes ajournés à demain vendredi, 12 du courant, au même endroit de la borne n.° 81, à huit heures du matin, et nous sommes signés avec les parties et maires présens. *Signés* AGERON, maire de Montfalcon; Pierre RAMBERT, maire de Roybon; MACAIRE, maire de Montrigaud; OSTERTAG, GILBERT, Henri FRACHON, RAMBERT, et FRACHON, commissaire.

ET ledit jour vendredi, douze dudit mois de novembre mil huit cent vingt-quatre, à huit heures du matin, audit lieu où est plantée la 81.° borne, point où vient se terminer le territoire de Montrigaud, en face de celui de Roybon, et où commence celui de Montfalcon, auquel lieu nous avons clos la séance d'hier, et où nous nous sommes rendus, assistés de toutes les parties intéressées, et de MM. les Maires

de Roybon et de Montfalcon, avons procédé à la continuation
de notre opération comme il suit :

DUQUEL point de station nous nous sommes rendus en
nous dirigeant légèrement, au levant, traversant les bois de
divers particuliers, notamment une particule de celui de
Pierre Tournier, des sieurs Pierre et Antoine Massonnet,
ainsi que la rivière de Galaure et le canal du moulin sur
le grand chemin de Roybon à Saint-Vallier, au lieu où il
existe encore la pierre cailloux n.° 51 du plan et procédure
Cochet, entre la terre de François Rival et celle de sieur
Jean-Joseph Ageron ; mais cette borne se trouvant aujour-
d'hui placée au centre dudit chemin par suite de l'élargis-
sement qui en a été fait depuis quelque temps, il nous a
paru convenable de la remplacer ; à cet effet, du consentement de MM. les Maires des deux communes limitrophes
présens, il en a été planté une nouvelle dans la direction
de la ligne venant du Triévoz, au bord dudit chemin, sur
le sol en terre cultivée dudit sieur François Rival, qui est
au midi dudit chemin, laquelle est en même pierre de choin,
taillée et garnie en morceaux de tuiles, charbon et garans,
élevée de 40 centimètres hors de terre, ayant 25 centimètres
de largeur, qui formera la 82.° borne.

Borne n.° 82,
contre le che-
min tendant de
Roybon à Serre.

Cette dernière borne est éloignée de 28 mètres du bord
du chemin montant au hameau du Brûlefer, qui se trouve
en partie sur Roybon ; elle est encore à 4 mètres 60 centimètres de l'ancien cailloux qui est resté planté sur ladite
route ; la ligne droite qui aboutit audit point n.° 82 est de
1,273 mètres, formant, avec la précédente borne prise pour
sommet, un angle saillant de 122 degrés 40 minutes.

Borne n.° 83, placée près le chêne de l'ancien bois de Poncin.

PARTANT de laquelle 82.ᵉ borne, nous avons tiré une ligne droite de 857 mètres de longueur, traversant les propriétés particulières sur le revers du coteau du hameau du Brûlefer, et passant par la maison du sieur Jean Cotte, qui fut à Pierre Poncin, jusqu'au caillou actuellement existant, ainsi que les débris du poteau désigné sous le n.° 52 de la procédure Cochet, et situé à l'extrémité du bois dudit Jean Cotte, contre le chemin descendant à la maison qui fut de Poncin, et précisément au point où vient s'y réunir le sentier venant de chez Luce Catinot, et séparant le bois de ce dernier d'avec celui dudit Cotte. Cette borne nous paraissant insuffisante pour assurer la limitation, attendu qu'elle n'était composée que d'un petit caillou, nous avons cru devoir la remplacer, du consentement des Maires de Roybon et Montfalcon, par une nouvelle borne qui formera la 83.ᵉ de notre opération, composée d'une pierre de choin, taillée comme les précédentes, et aussi garnie en tuiles cassées, charbons et garans, haute de 35 sur 25 centimètres; l'angle qu'elle forme avec la précédente est très-obtus, et se compose de 179 degrés 16 minutes. En effet, l'alignement prolongé des deux bornes 81 et 82 ne s'éloigne que de 10 mètres et demi de celle n.° 83, placée encore près de la forêt de Chambaran, restant sur le territoire de Montfalcon, ledit chemin allant chez Poncin entre deux; elle est encore à la distance de 2 mètres 70 centimètres, au-dessus d'un chêne appartenant audit Cotte, et vulgairement appelé le chêne Poncin.

Attendu qu'il est cinq heures du soir, nous avons clos, en cet endroit, le procès-verbal de ce jour pour nous retirer en la ville de Saint-Marcellin, où nous resterons jusqu'au

lundi

lundi prochain, 15 du courant, à dix heures du matin, où toutes les parties et MM. les Maires de Roybon et Montfalcon ont promis de se trouver; après lecture faite, avons signé avec les parties et lesdits maires. *Signé* AGERON, maire de Montfalcon; Pierre RAMBERT, maire de Roybon; OSTERTAG, Henri FRACHON, RAMBERT, GILBERT, et FRACHON, commissaire.

DUDIT jour lundi, quinze novembre mil huit cent vingt-quatre, à dix heures du matin, audit lieu de Montfalcon, au point de station où a été placée la borne n.º 83, près le chêne Poncin, où nous dits Commissaires, nous sommes rendus ensuite du renvoi dont en la dernière séance, et auquel lieu nous avons trouvé M. Gilbert au nom de ses commettans, ainsi que MM. Rambert, maire de Roybon, et Ageron, maire de Montfalcon.

Duquel point nous avons dirigé notre marche en traversant, à la direction du nord, la combe et ruisseau de Galavayson, jusqu'à une ancienne borne placée sur le penchant du coteau dans la forêt de Chambaran, marquée sur le plan et procédure Cochet de n.º 53, placée à la distance de 597 mètres depuis celle n.º 52. Près dudit chêne, et distante aussi de 180 mètres du ruisseau de Galavayson, elle forme, par son raccord avec la précédente, prise pour sommet, un angle rentrant de 147 degrés 55 minutes.

Auquel point s'est trouvé M. Germain Combalot, maire de la commune de Viriville, assisté de divers propriétaires dudit lieu, lequel a observé que, par suite de la convention provisoire, intervenue en la séance du 21 septembre 1784, entre M. Gigard, faisant pour et au nom de M.me de Senozan,

dame de Viriville, et M. Sylvestre Saint-Romme, agissant pour
MM. de Clermont-Tonnerre et de Monteynard, à la suite de
la procédure Cochet, la limitation des deux territoires de
Roybon et de Viriville serait provisoirement arrêtée par lesdits
sieurs experts sur leur plan et procès-verbal, 1.° par une
ligne droite partant de la croix de frère Jacques, et se dirigeant, du levant au couchant, jusqu'à la jonction des eaux
de Galaveyson, avec celles fluant par la combe appelée Ecouley-Buisson, ou Petit-Galaveyson; auquel point il fut planté
un poteau et limite sous le n.° 54 dudit plan; et 2.° d'arrêter provisoirement, comme dessus, la limitation des deux
territoires au cours des eaux, ou au lit du ruisseau de Gala-
laveyson, depuis la jonction, ou confluant ci-dessus, jusqu'au
territoire de Montfalcon, suivant les différentes courbes et
sinuosités; le tout, sauf aux seigneurs intéressés de Viriville et Roybon de donner leur adhésion à la limitation
ci-dessus.

M. Combalot, maire de Viriville, a en conséquence déclaré
que cette borne n.° 53 du plan et de la procédure Cochet, ne
devait servir qu'à fixer la direction de la ligne entre Montfalcon et Roybon, cette dernière commune devant s'arrêter
au ruisseau de Galaveyson; et que, dans l'état des choses,
il ne pouvait ni ne devait reconnaître aucune autre démarcation; et protestait formellement contre toute opération
qui serait contraire aux dispositions contenues en la convention sus-énoncée.

A ces observations, M. Gilbert, au nom de MM. de Clermont-Tonnerre et de la Tourrette, a dit que la convention
dont veut exciper M. le Maire de Viriville, conclue entre feu
M. Sylvestre Saint-Romme, comme mandataire de M. le duc

de Clermont-Tonnerre et M. le marquis de Monteynard, et M. Gigard, comme fondé de pouvoirs de Mme de Senozan, dame de Viriville, n'ayant été faite que sous l'approbation et la ratification de leurs commettans respectifs ; que cette approbation et ratification n'ayant jamais été fournie de la part de M. le duc de Clermont-Tonnerre et de M. le marquis de Monteynard, il nous déclare formellement, par ces présentes, qu'il ne peut ni ne doit, sous quelques prétextes que ce soit, aux qualités qu'il agit, opérer d'après cette même convention, qu'il regarde et considère comme nulle et non-avenue ; que les seules limites qui doivent être suivies dans la démarcation dont s'agit, pour fixer la séparation des territoires de Viriville et Roybon, sont suffisamment déterminées par la délimitation indiquée, soit dans le Mémoire délibéré à Grenoble, en 1778, par M. de Lagrée, procureur-général à la Chambre des Comptes, soit dans celui délibéré également à Grenoble le 22 juillet 1823, par MM. Duperrou, Motte et Gautier, jurisconsultes près la Cour royale de Grenoble ; que, dans l'intérêt de ses commettans, il ne peut ni ne doit s'en écarter, que quand il en sera autrement par Justice décidé ; c'est pourquoi il nous a engagés à ne pas nous écarter des limites que présentent ces derniers documens, protestant ici de nullité contre toute opération contraire, et déclare, en outre, s'opposer à toute plantation de limite qui pourrait changer, atténuer ou affaiblir les conclusions qu'il prend ici ; se réservant, au surplus, de faire valoir, lorsqu'il en sera temps, tous plus amples moyens pour appuyer ses dires et protestations.

M. Rambert, maire de Roybon, ayant été toujours présent, croit devoir observer à son tour, dans l'intérêt de sa

commune, qu'il ne peut ni ne doit donner d'acquiescement
à la convention dont veut exciper M. le Maire de Viriville,
d'abord que cette convention est intervenue hors la présence et le consentement des officiers municipaux de Roybon,
et qu'ensuite elle est contraire aux droits et prétentions
qu'ont, de temps immémoré avant cette convention, lesdits
habitans et anciens seigneurs de Roybon, suivi une autre
ligne de limitation que celle que renferme cette convention,
puisque en partant du point de Croix de frère Jacques, on
n'avait jamais connu aucune ligne qui aboutirait à la jonction des ruisseaux de Galaveyson et Ecouley-Buisson : ligne
que les agens des ci-devant seigneurs de Roybon et Viriville
n'avaient ni droit, ni titre de tracer ; que, d'autre part, la
borne ancienne n.º 55 du plan et procédure Cochet démontre,
dans la plus grande évidence, que le territoire de Roybon
devait dépasser le ruisseau de Galaveyson, et même s'étendre à la limite des trois pierres indiquées sur le plan Cochet
du n.º 56, qui existe près du chemin de Viriville, aux tours
de Montfalcon, ce qu'il nous requiert de vérifier ; que même
il entend, dans l'intérêt de sa commune, que nous recon-
naissions la position dans laquelle se trouve la maison Bourdat
père, près laquelle les experts de la procédure Cochet pla-
cèrent la limite n.º 55, marquée sur le plan y joint ; que
ces derniers points se rattachent à des anciens titres et documens, desquels il n'était pas au pouvoir de MM. Saint-
Romme et Gigard de s'écarter dans la circonstance, sur-
tout, que leur position est toujours supérieure et très-éloignée
du ruisseau de Galaveyson, et nous requiert à ce que nous
nous occupions à faire planter de nouvelles bornes par suite
de l'arrêté de M. le Préfet, portant notre commission dans

tous les endroits sus-indiqués, et proteste de tout ce qui pourra se faire de contraire à son dire.

M. Ageron, maire de Montfalcon, a observé à son tour qu'il n'a moyen d'empêcher que la borne n.° 53, au-dessus du ruisseau de Galaveyson , soit renouvelée , ainsi que celle des trois pierres, attendu qu'il reconnaît que ces bornes établissent, de toute ancienneté, la séparation du territoire de Montfalcon , soit avec Roybon , soit avec Viriville.

Nous dits Commissaires avons donné acte des comparutions ci-dessus, dires et protestations y contenues, pour servir et valoir ce que de droit ; mais, attendu qu'il n'est pas en notre compétence de décider du mérite de la contestation qui divise les parties pour la démarcation des deux territoires de Roybon et de Viriville, avons continué notre opération comme il suit :

LE point de station, au-dessus de Galaveyson, dans la forêt de Chambaran, marqué de n.° 53 sur le plan et procédure Cochet, étant bien reconnu entre toutes les parties pour ancienne borne, nous y avons fait planter, en remplacement du petit caillou qui s'y trouvait, une borne pierre de choin, conforme aux précédentes, garnie en morceaux de tuiles, charbon et garans, sur laquelle sera gravé le n.° 84 ; elle est élevée , hors de terre , de 40 centimètres, large de 25 centimètres, et son angle qu'elle décrit avec la précédente n.° 83, prise pour sommet, est de 147 degrés 55 minutes.

Borne n.° 84, au-delà de Galaveyson.

Attendu qu'il est cinq heures après-midi, nous avons clos ;

en cet endroit, la séance de ce jour, et en avons renvoyé
la continuation à demain mardi, 16 du présent mois de novembre, au susdit bois de Chambaran et point de station
où est la borne n.° 84, à dix heures du matin, où nous
avons prévenu toutes les parties et MM. les Maires de Roybon, Viriville et Montfalcon, que nous nous trouverions,
avec invitation d'y assister; et, après lecture faite du présent verbal de ce jour, nous nous sommes signés avec
toutes les parties et MM. les Maires. *Signé* COMBALOT,
maire de Viriville; Pierre RAMBERT, maire de Roybon;
AGERON, maire de Montfalcon; OSTERTAG, GILBERT, RAM-
BERT, Henri FRACHON, et FRACHON, commissaire.

ET ledit jour mardi, seize dudit mois de novembre, à
dix heures du matin, en ladite forêt de Chambaran, au lieu
de station de la borne n.° 84, où nous dits Commissaires
sommes rendus ensuite du renvoi dont en la séance d'hier,
assistés de toutes les parties et de MM. les Maires dont en
ladite séance, avons continué l'opération de limitation dont
s'agit comme il suit:

Partant de ladite borne n.° 84, nous nous sommes dirigés
au nord-ouest pour reconnaître l'emplacement de la limite
des trois pierres, ainsi dénommée et marquée du n.° 56
du plan et de la procédure Cochet; M. Combalot, maire de
Viriville, nous ayant de nouveau déclaré que cette borne
n'étant pas l'une de celles à laquelle devait aboutir le territoire de Roybon, il pensait qu'il devenait inutile d'en faire
la vérification; de leur côté, M. Gilbert et M. le Maire de
Roybon ayant requis de ne pas nous arrêter au dire du
maire de Viriville, ils nous requéraient, au contraire, d'en

faire la plus scrupuleuse vérification ; c'est pourquoi , voulant nous assurer de sa véritable position, avons fait chaîner, en présence des parties et de MM. les Maires desdites trois communes, la distance de la borne n.° 84 à celle-ci des trois pierres, nous avons reconnu qu'elle était bien la même que celle portée au procès-verbal de la procédure Cochet ; mais, comme cette borne , appelée des Trois-Pierres , quoique composée de plusieurs cailloux d'assez petite dimension paraît assez évidente, nous n'avons pas cru devoir la faire replacer , nous disons seulement qu'elle est distante de 467 mètres de celle n.° 84, située au-dessus de Galaveyson , et qu'elle forme , avec cette dernière prise pour sommet, un angle rentrant de 132 degrés 55 minutes.

De cette borne des trois pierres , nous nous sommes rendus près le hameau d'Alix-Peyra, pour reconnaître également la borne qui est marquée sur le plan et procédure Cochet du n.° 55 ; mais cette borne n'existe pas non plus que la maison Bourdat, qui est aujourd'hui démolie, et dont les vestiges des murs indiquent suffisamment l'emplacement.

A l'égard du point de l'ancienne pierre ou croix dont M. de Lagrée parle au plan Mignot, nous n'avons pu en faire la reconnaissance ni découvrir quel était le lieu qu'on appelait plan Mignot, malgré les renseignemens que nous nous sommes procurés, les plans ne nous donnant d'ailleurs aucune indication.

MAIS attendu que, d'après la convention provisoire dont il a été précédemment fait mention, le territoire de Roybon est confiné au nord par le ruisseau de Galaveyson , nous en avons suivi les différentes sinuosités depuis le point où

Borne n.° 85, à la jonction de Galaveyson et l'Ecouley-Buisson.

cette rivière est rencontrée par la ligne entre les bornes 83 et 84 , jusqu'au point de jonction de cette rivière ou ruisseau Galaveyson avec les eaux venant par l'Ecouley-Buisson, auquel point devait exister l'ancienne borne et poteau n.° 54 du plan et procédure Cochet, et que nous avons fait remplacer par une nouvelle borne qui portera le n.° 85 , en pierre de choin, taillée et garnie en tuiles , charbons et garans, comme aux précédentes ; elle est élevée hors terre de 45 centimètres et large de 30 centimètres.

Croix de Frère-Jacques, n.° 86. DE laquelle dernière station ou borne n.° 85 , nous avons dirigé nos pas, au levant, en traversant la forêt de Chambaran , à l'effet de reconnaître l'ancienne croix qui était appelée Frère - Jacques , et était placée contre le chemin de la Canière ; mais cette croix n'existant plus depuis long-temps, à l'aide du plan et des renseignemens donnés par les voisins et maires des deux communes de Roybon et Viriville , nous en avons, d'un commun accord , définitivement fixé l'emplacement entre le nouveau et l'ancien chemin de la Canière , et à 9 mètres de l'embranchement sur le premier d'un petit chemin se dirigeant sur Marnans , auquel point a été de suite planté une nouvelle croix en bois chêne , haute de 4 mètres , et dont la face , au couchant , porte l'inscription gravée de CROIX DE FRÈRE-JACQUES, 1824. Cette Croix, solidement établie dans un massif de maçonnerie, est éloignée de 358 mètres d'un autre embranchement de chemin au nord, se dirigeant au hameau des Bouliaux ; la ligne droite qu'elle détermine avec le n.° 85 , placée à la réunion de l'Ecouley - Buisson à Galaveyson, est d'une longueur totale de 1027 mètres ; elle traverse d'abord, en partant

de

de la Croix de Frère - Jacques, le ruisseau de l'Ecouley-Buisson à sa naissance, et à la distance de 440 mètres; puis, le chemin de Roybon à Viriville, à la distance de 882 mètres.

Ce fait, M. Combalot, maire de Viriville, a cru devoir observer encore par addition, à ses observations précédentes, que les limites de Roybon avec Viriville ont toujours été le ruisseau de Galaveyson comme le porte le Mémoire de M. de Lagrée, ainsi que le prouve la situation de différentes pièces de bois appartenant à divers particuliers qui sont sur la rive droite du ruisseau de Galaveyson, qui ont toujours payé leurs impositions aux anciens rôles de Viriville; que même il se réserve de prouver, dans la suite de la contestation, que la ligne de démarcation entre les deux communes de Roybon et Viriville, suivait au-dessus de la jonction de l'eau de l'Ecouley-Buisson à ladite rivière Galaveyson le cours de l'eau de cette dernière rivière du côté de Roybon; que d'ailleurs la commune de Viriville a toujours joui et possédé la partie de Chambaran jusqu'aux susdites limites; que cette possession a été reconnue par différens titres, notamment l'arrêt du 18 novembre 1620; qu'au surplus, ledit sieur Combalot fait toutes protestations et réserves qui seraient contraires aux droits ainsi établis en faveur de sa commune.

M. Gilbert, aux noms par lui ci-devant pris, déclare faire toutes protestations contraires aux prétentions de M. Combalot, maire de Viriville, s'en référant à ses précédentes comparutions et réserves.

M. Rambert, maire de Roybon, déclare aussi ne nuire ni préjudicier aux droits et titres de sa commune contre les prétentions du maire de Viriville, pour faire valoir, lorsqu'il appartiendra et que par justice sera ordonné, les droits de la commune de Roybon, sur le territoire de Chambaran au-delà du ruisseau de Galaveyson en suivant les anciennes bornes.

Attendu qu'il est cinq heures du soir, nous avons clos en cette partie notre opération et avons renvoyé la suite de la délimitation dont s'agit à demain mercredi, 17 novembre, présente année, audit lieu de la croix de Frère-Jacques où toutes les parties ont promis de se représenter à neuf heures du matin, et après lecture faite, avons signé avec les maires de Roybon, Montfalcon, Viriville et les autres parties. *Signé* COMBALOT, maire de Viriville; Pierre RAMBERT, maire de Roybon; AGERON, maire de Montfalcon; GILBERT, RAMBERT, OSTERTAG, Henri FRACHON, et FRACHON commissaire.

ET le mercredi, 17 novembre susdite année 1824, à neuf heures du matin, audit lieu de Roybon, à la croix appelée Frère-Jacques, ensuite de l'ajournement dont en la séance d'hier, où nous dits Commissaires, nous sommes rendus, assistés de M. Gilbert, ci-devant dénommé, dudit sieur Rambert, procureur-fondé de M. de Menon-de-Ville et de MM. les Maires de Roybon, de Marnans et de Saint-Pierre-de-Bressieux, ainsi que du sieur Frachon fils, arpenteur forestier.

De ce point de station de la croix de Frère-Jacques, nous avons rejoint par une seule ligne droite la borne du Pilon, n.º 1.ᵉʳ du présent procès-verbal qui a été le point de notre départ. Cette ligne, d'une longueur totale de 1,862 mètres, complète la limitation du territoire de Roybon, confiné dans cette partie par la forêt de Chambaran, dépendante du mandement

de Bressieux, attendu la trop grande distance qui existe entre
ladite croix de Frère-Jacques et la borne du Pilon, nous
avons fait planter, pour en maintenir l'alignement, deux
bornes intermédiaires, savoir : la première en partant de cette
croix à 1,078 mètres de distance contre l'ancien chemin de
Roybon à Marnans, et la seconde à 1,442 mètres de la même
croix et contre le chemin de la Faïta, passant près la maison
du nommé Berruyer-Pilon, lesquelles deux bornes porteront
les n.ºs 87 et 88.

Cette ligne passe encore à travers l'Étang neuf, situé entre
les deux dites bornes, appartenant au sieur Julien Villette, et
avant d'arriver à la borne du Pilon, n.º 1.er, elle traverse
aussi une partie de la chaussée de l'étang de la Tortellière;
enfin à 100 mètres de distance du Pilon elle se trouve éloignée
de 4 mètres de la maison du sieur Gontier qui reste sur
Chambaran de Bressieux.

Lesdites bornes n.ºs 87 et 88 ont de suite été plantées
conformément aux précédentes, en même pierre taillées et
garnies en tuiles, charbons et garans; le n.º 87 est élevé hors
de terre de 35 centimètres, présentant 27 centimètres de largeur; celle n.º 88 est élevée de terre de 30 centimètres et
large de 20 centimètres; l'angle que cette grande ligne décrit
à la croix du Frère-Jacques, point du sommet, est saillant et
se trouve de 146 degrés 10 minutes.

Attendu que l'opération de reconnaissance et limitation du
territoire de Roybon se trouve terminée, et qu'il est cinq
heures du soir, nous avons clos le présent procès-verbal, en
prévenant les agens des propriétaires de la forêt de Chambaran que nous nous occuperons demain de faire remplacer,
par des bornes en pierre de pareille qualité que les précé-

dentes, les piquets que nous avons été forcés d'établir à différens endroits du périmètre par défaut de bornes au moment
de l'opération; et, à cet effet, nous avons déterminé à demain
jeudi, 18 du courant, à neuf heures du matin, notre réunion
à la 9.ᵉ station de la séance du 14 octobre dernier, où existe
un piquet en face du chemin qui descend à la maison du sieur
Audouard, dit Dauphiné, sur Chasselay, et nous sommes
signés avec MM. Gilbert, Rambert et les Maires dont nous
étions assistés, et ledit sieur Frachon fils, arpenteur. *Signé*
Henri FRACHON, OSTERTAG, GILBERT, RAMBERT, GIROUD,
maire de St.-Appolinard; Pierre RAMBERT, maire de Roybon;
FERROLLIAT, adjoint de Varacieux; CUZIN, adjoint de Marnans; GUEFFIER, maire de Saint - Pierre - de - Bressieux, et
FRACHON, commissaire.

ET le jeudi, dix-huit dudit mois de novembre mil huit cent
vingt-quatre, au lieu de station, en face de la commune de
Chasselay, où a été planté le piquet n.º 9, auquel point
nous nous sommes rendus ensuite du précédent verbal,
assistés des mêmes parties et de MM. les Maires de Roybon
et de Chasselay, à neuf heures du matin, à l'effet de procéder au plantement des bornes qui doivent remplacer les
piquets qui furent placés aux divers endroits indiqués ci-devant,
à quoi il a été pourvu comme il suit:

Le piquet de la 9.ᵉ station, qui est en face de la maison
d'Audouard, dit Dauphiné, qui est sur Chasselay, a été arra-
ché, et à sa place il y a été planté une borne en même pierre
de choin, saillante sur terre de 41 centimètres sur 40 de
largeur, garnie, comme les précédentes, de morceaux de
tuiles, charbon et garans.

Au 12.ᵉ point de station, où se trouvait un piquet contre le chemin appelé la Vipierre, et à l'angle du bois des héritiers Blain, il y a été planté la 12.ᵉ borne en présence des Maires de Chasselay et de Varacieux, élevée sur terre de 25 centimètres et large de 24, même pierre que les précédentes et garnie de même.

A la 13.ᵉ station, le piquet a également été remplacé par une borne en pierre, haute sur terre de 40 centimètres sur 30, aussi en présence des Maires de Varacieux et Roybon.

A la 14.ᵉ station, le piquet a été remplacé par une borne élevée sur terre de 23 centimètres, et pareille dimension à sa face, aussi en présence du Maire de Varacieux et de celui de Roybon.

A la 15.ᵉ station, le piquet a aussi été remplacé par une borne haute sur terre de 36 centimètres, ayant 27 centimètres de largeur.

Le piquet de la 16.ᵉ station a également été remplacé par une borne aussi en pierre, élevée de 30 centimètres sur terre, ayant 25 centimètres de largeur; toujours en présence desdits Maires de Roybon et Varacieux.

Le piquet de la 34.ᵉ station a également été remplacé par une borne ayant 30 centimètres de hauteur sur pareille dimension de largeur, en présence des Maires de Roybon et Chevrières.

Celui de la 35.ᵉ station a aussi été remplacé par une borne élevée au-dessus de terre de 50 centimètres sur 26 centimètres de largeur.

Celui de la 36.ᵉ station, par une borne élevée au-dessus de terre de 30 centimètres sur 23 de largeur.

Celui de la 37.ᵉ, par une borne élevée de 36 centimètres sur 23 centimètres de largeur.

Celui de la 38.ᵉ, par une borne, toujours même pierre de choin, élevée de 3o centimètres sur 22 centimètres de largeur.

Celui de la 39.ᵉ, par une autre borne élevée de 35 centimètres sur 23 de largeur.

Celui de la 40.ᵉ, par une autre borne élevée de 4o centimètres sur 22 de largeur.

Celui de la 41.ᵉ, par une borne, même pierre, élevée de 5o centimètres sur 3o de largeur.

Celui de la 42.ᵉ, par une borne élevée de 34 centimètres sur 29 centimètres de largeur.

Celui de la 43.ᵉ, par une borne élevée de 33 centimètres sur 25 de largeur.

Celui de la 44.ᵉ, par une borne élevée de 32 centimètres sur 25 de largeur.

Celui de la 45.ᵉ, par une autre borne élevée de 33 centimètres sur 26 de largeur.

Celui de la 46.ᵉ, par une borne élevée de 4o centimètres sur 27 de largeur.

Attendu qu'il est cinq heures du soir, nous avons suspendu en cet endroit notre opération, et l'avons renvoyée à demain vendredi, 19 du courant, à neuf heures du matin, à la 47.ᵉ station, en face de la commune de Bessins, et nous sommes signés avec MM. les Maires des communes limitrophes et autres ci-devant dénommés après lecture faite. *Signé* Pierre RAMBERT, maire de Roybon ; Michel TRIBOULLIER, maire de Chasselay ; GERMOND, maire de Dionay, FERROLLIAT, adjoint de Varacieux ; GIROUD, maire de Saint-Appolinard ; BRENIER, maire de Chevrières ; OSTERTAG, GILBERT, RAMBERT, Henri FRACHON et FRACHON, commissaire.

Et le vendredi, dix-neuf novembre mil huit cent vingt-
quatre, à neuf heures du matin, ensuite du renvoi dont en la
dernière vacation, nous nous sommes rendus au point de la
47.ᵉ station, en face de la commune de Bessins, où nous,
dits Commissaires, Maires et autres ci-devant dénommés,
avons continué notre opération.

Le piquet de laquelle 47.ᵉ station a aussi été remplacé par
une borne, même pierre de choin que les précédentes, élevée
au-dessus de terre de 25 centimètres sur 21 de largeur.

Celui de la 49.ᵉ, par une borne élevée de 35 centimètres
sur 28 de largeur.

Celui de la 50.ᵉ station, par une autre borne élevée de 33
centimètres sur 26 de largeur.

Celui de la 51.ᵉ, par une autre borne de 30 centimètres sur
24 de largeur.

Celui de la 52.ᵉ, par une borne élevée de 26 centimètres
sur 23 de largeur.

Celui de la 53.ᵉ, par une borne élevée de 30 centimètres
sur 28 de largeur.

Celui de la 62.ᵉ, par une autre borne élevée de 28 centimètres sur 22 centimètres de largeur.

Celui de la 63.ᵉ, par une borne de 30 centimètres au-dessus
de terre, sur 23 de largeur.

Celui de la 64.ᵉ, par une autre borne élevée de 30 centimètres sur 25 de largeur.

Celui de la 65.ᵉ, par une borne élevée de 30 centimètres
sur 23 centimètres de largeur.

Celui de la 66.ᵉ, par une autre borne élevée de 60 centimètres sur 40 centimètres de largeur.

Celui de la 67.ᵉ, par une borne élevée de 20 centimètres
sur 18 de largeur.

Celui de la 68.⁰), par une borne en pierre, élevée de 30 centimètres sur 22 de largeur.

Et enfin, le piquet de la 69.ᵉ station a aussi été remplacé par une borne également en pierre, comme par les précédentes, de 30 centimètres sur 25 centimètres de largeur.

Ce fait, nous avons clôturé le présent procès-verbal audit lieu de Chambaran, en face du territoire de la commune de Dionay, à quatre heures après midi ; et, après lecture faite, nous nous sommes signés avec MM. les Maires présens et autres désignés ci-devant. *Signé* GIROUD, maire de Saint-Appolinard ; Pierre RAMBERT, maire de Roybon ; GERMOND, maire de Dionay ; OSTERTAG, GILBERT, RAMBERT, Henri FRACHON, et FRACHON, commissaire.

Pour extrait collationné, certifié conforme :

Le Sous-Préfet,

CARA-DE-LA-BATIE.

A GRENOBLE,

De l'imprimerie de F. ALLIER, Imprimeur du ROI et de la Préfecture. — 1827.

10

FORÊT DE CHAMBARAN.

PROCÈS-VERBAL

DU CANTONNEMENT

Des Communes de Chevrières, Saint-Appolinard et Bessins.

L'AN mil huit cent vingt-cinq et le neuf mai, nous Antoine-Mathurin Frachon père, notaire à Saint-Marcellin, commissaire délégué par arrêté de M. le Préfet de l'Isère, à la date du 14 août 1824, et tiers expert pour les opérations dont il sera parlé ci-après, assisté, 1.° de M. Jean-Jacques Farre, garde-général des forêts, résidant à Valence, délégué par M. le Conservateur des forêts du 13.° arrondissement, suivant sa lettre du 16 avril dernier.

2.° De M. Claude-Jean-Benoît Gilbert, légiste, domicilié actuellement à Saint-Marcellin, agissant en qualité de fondé de pouvoirs de MM. Jules-Gaspard Aynard, duc de Clermont-Tonnerre, pair de France, et Antoine-Marie-Just-Louis de la Rivoire, marquis de la Tourrette, colonel de cavalerie, demeurans à Paris, suivant procurations passées devant M.º Garnot, notaire à Paris, les 19 mai et 17 juin 1823, dont expédition a été déposée aux minutes de nous dit M.º Frachon,

9 Mai 1825, clos le 18 mai.

1

3.º De M. Charles-Henri Rambert, propriétaire domicilié à Roybon, mandataire général de M. le comte Louis-Augustin de Menon-de-Ville, propriétaire et maire de la commune de Saint-Savin, suivant acte passé devant M.e Martin, notaire à Bourgoin, le 3 juillet 1823, également déposé aux minutes de nous dit Frachon.

Lesquels dits duc de Clermont-Tonnerre, marquis de la Tourrette et comte de Menon sont propriétaires de la forêt de Chambaran, aux termes des transactions qui seront ci-après relatées.

Et encore lesdits sieurs Gilbert et Rambert, agissant comme experts, nommés le 21 octobre 1824, par suite des pouvoirs que nous venons de relater à l'effet de concourir aux opérations dont au présent procès-verbal, savoir : ledit sieur Gilbert comme expert de M. le comte de Menon, et le sieur Rambert comme celui de MM. le duc de Tonnerre et marquis de la Tourrette, lesquels ont prêté serment en ladite qualité, le même jour 21 octobre, suivant actes passés devant M. le Juge de paix du canton de Roybon.

4.º De M. Jean-Baptiste Brenier, maire de la commune de Chevrières, agissant encore comme expert de la même commune, nommé à cette qualité par délibération de son Conseil municipal, en date du 13 avril 1824, et assermenté devant le Juge de paix du canton de Saint-Marcellin, par procès-verbal du 16 octobre suivant.

5.º De M. Pélerin (Antoine-Alexandre), maire de la commune de Bessins, accompagné du sieur Michel Vinay, nommé expert de cette commune par délibération de son Conseil municipal, en date du 15 avril 1824, et assermenté devant le Juge

de paix du canton de Saint-Marcellin, suivant son procès-
verbal en date du 16 octobre même année.

6.° De M. Pierre Giroud, maire et expert de la commune
de Saint-Appolinard, nommé à cette qualité par délibération
du Conseil municipal du 15 avril 1824, et assermenté devant
M. le Juge de paix du canton de Saint-Marcellin, le 16 octobre dernier.

7.° Et enfin, du sieur Henri Frachon fils, arpenteur,
attaché à la 13.° conservation des forêts, assermenté et spécialement chargé de concourir également auxdites opérations,
par arrêté de M. le Préfet du 14 août 1824.

Tous lesquels réunis à l'effet de remettre aux communes de
Chevrières, Bessins et Saint-Appolinard, composant l'ancien
mandement de Chevrières, une quantité fixe et déterminée de
270 hectares 68 ares, correspondant à 530 arpens forestiers,
qui leur ont été alloués, en masse et par indivis, à titre de
cantonnement dans la forêt de Chambaran - Roybon, aux
termes d'une transaction intervenue entre lesdites communes
et MM. de Clermont-Tonnerre, aïeul du prénommé, et de
Monteynard, grand oncle maternel de M. de la Tourrette,
le 7 juillet 1784, devant M.° Saint-Romme, notaire à Roybon;
laquelle transaction a été confirmée et ratifiée par un traité
supplémentaire également intervenu avec lesdites communes,
d'après les formes usitées, par acte passé devant nous dit
M.° Frachon, notaire, et notre collègue, le 13 septembre
1823, dûment enregistré, homologué par ordonnance royale
du 18 février 1824.

Le tout conformément à un arrêté de M. le Préfet du
département de l'Isère, en date du 14 août 1824, et à ses

(4)

instructions additionnelles au susdit arrêté, en date du 24
avril 1825.

A cet effet, M. Gilbert, audit nom, nous a remis; 1.º lesdites transactions du 7 juillet 1784 et du 13 septembre 1823;
2.º le procès-verbal de bornage et arpentage dressé devant
M.º Forgeret, notaire à la Côte-Saint-André, commissaire en
cette partie député, le 23 juillet 1785, en présence du fondé
de pouvoirs de MM. de Clermont-Tonnerre et de Monteynard,
MM. Génissieux, géomètre arpenteur, Jullin, notaire à St.-
Marcellin, expert d'office desdites communes, et feu M.º Frachon, arpenteur de la maîtrise, lequel procès-verbal détermine et délimite lesdits 530 arpens; 3.º la minute du plan
qui en a été dressé par ledit sieur Frachon; 4.º l'arrêté de
M. le Préfet susdaté et les instructions additionnelles sus-
mentionnées.

A l'instant même nous avons pris lecture de chacune desdites pièces; il en résulte que la mission qui nous reste à
remplir consiste particulièrement, d'après les dernières instructions susdatées, savoir :

1.º A reconnaître l'emplacement où étaient assis les 530 arpens revenant aux communes du mandement de Chevrières,
conformément au procès-verbal Forgeret ;

2.º A fixer et déterminer les limites des propriétés particulières qui pourraient se trouver enclavées dans la quotité de
terrain attribuée auxdites communes ;

3.º A sortir de l'intérieur de la forêt et du milieu des possessions de MM. de Clermont-Tonnerre, de la Tourrette et
de Menon le petit nombre d'usurpateurs qui s'y trouvaient
établis, en leur assignant, en échange, et sur la circonférence

du cantonnement affecté aux communes, une étendue de terrain, même plus considérable, à moins qu'il ne fût arrêté, pour toujours, avec les administrateurs locaux, qu'il y a lieu d'évincer tout-à-fait ces usurpateurs;

4.° A indiquer la valeur estimative des terrains qui doivent entrer dans ce cantonnement, mais seulement pour mettre l'Autorité à même de fixer la portion représentative de terrain que lesdites communes auront à remettre aux propriétaires pour s'acquitter de la portion des frais à leur charge, conformément à l'arrêté du 14 août précité.

Ces bases établies, nous commissaire, chargé également, par l'arrêté susdaté, de mettre les parties d'accord sur les points de division, en notre qualité de tiers expert, nous avons invité toutes les parties à nous faire connaître les observations qu'elles pourraient avoir à représenter relativement aux dispositions qui viennent d'être analysées.

MM. les Maires et Experts des communes nous ont fait observer que, d'après les transactions intervenues en 1823, il paraîtrait que la portion qui doit former le cantonnement, devait être remise, eu égard à la valeur et à la qualité des différentes natures de terrain. Ils ont également demandé que les communes fussent seulement chargées des usurpations qui se trouveraient comprises dans le poligone du cantonnement.

A cette observation, MM. les fondés de pouvoirs des propriétaires de la forêt, en s'appuyant sur les motifs de la Consultation délibérée à Grenoble, opposent au contraire l'impossibilité notoire de se livrer à une opération estimative de la forêt, puisqu'il était vrai que si la superficie avait, en quelques parties, changé de valeur, ce n'était que par suite des

dévastations commises par les habitans des communes intéressées, en l'absence des propriétaires ; que le fonds était
toujours le même, et que, devant faire aujourd'hui la seule
application du cantonnement de 1784, ce serait s'écarter des
conventions intervenues entre les parties ; qu'au surplus il y a
égalité dans cette portion avec le reste.

Qu'à l'égard des usurpateurs ils pensaient qu'il serait injuste
de ne pas reporter, dans le cantonnement dont on s'occupe,
les usurpations qui peuvent se trouver au moins rapprochées
de la ligne de ce cantonnement, parce que, sans cette mesure, la commune de Roybon, sur le territoire de laquelle
se trouve située la forêt, aurait à recevoir dans son cantonnement un trop grand nombre de ces usurpateurs ; qu'ils s'en re-
mettent, au surplus, à la décision de MM. les Commissaire et
Agent forestier.

En appréciant à leur juste valeur ces observations, nous
Commissaire, délégué par M. le Préfet, et Agent forestier,
avons de nouveau examiné et expliqué les instructions du 24
avril 1825.

Considérant que s'il s'agissait de remettre le tiers de la forêt
aux communes, l'observation de MM. les Maires et Experts
pourrait être fondée, en ce sens qu'il faudrait connaître la
contenance totale de cette forêt, ainsi que sa valeur ; mais qu'il
n'est question que d'attribuer à chacune de ces communes
des contenances fixées et même déterminées par l'ordonnance
royale ; qu'au surplus la marche de notre opération se trouve
entièrement tracée dans les dernières instructions ; d'où il suit
que les dispositions du traité de 1784 ont été totalement re-
nouvelées par l'acte supplémentaire de 1823, et que nous
ne pouvons nous écarter du mandat qui nous est confié ;

Considérant qu'il serait aussi injuste que difficile de comprendre dans le cantonnement de Roybon tout ce qui resterait en usurpations ;

Considérant qu'il est dans l'intérêt des communes, des propriétaires et même des usurpateurs de sortir de l'intérieur de la forêt une multitude de parcelles cultivées par des individus sans cesse exposés à commettre des délits et à recevoir des procès-verbaux ;

Considérant qu'il est conforme aux principes d'ordre public et plus avantageux aux communes de réunir leur propriété ;

Nous avons proposé à toutes les parties d'adopter les bases contenues dans l'instruction du 24 avril dernier, ci-dessus rapportée, ce qui a été généralement accueilli, comme le seul moyen d'arriver plus facilement à la conclusion d'une opération si importante pour toutes les parties, et à laquelle l'Administration a daigné mettre une si vive sollicitude.

Ainsi donc il a été convenu à l'unanimité :

1.º D'asseoir les 270 hectares 68 ares qui doivent former le cantonnement dont s'agit, conformément au procès-verbal Forgeret, sauf les légères différences qui peuvent résulter de la nouvelle délimitation qui a fait l'objet de notre procès-verbal du 11 octobre 1824, et jours suivants ;

2.º De sortir de l'intérieur de la forêt restante à MM. de Clermont-Tonnerre, de la Tourrette et de Menon, les portions essartées et défrichées situées dans le voisinage dudit cantonnement pour les y comprendre, en réservant dans le lot des propriétaires toutes les portions en nature de bois, dont la coupe reste seulement réservée aux détenteurs actuels. Etant entendu toutefois que, si ces portions n'étaient pas en coupe, les propriétaires auront la faculté d'en jouir dès ce moment, en remboursant le montant de la redevance payée par ces détenteurs, pendant le nombre d'années égal à celui que présentera l'âge du bois;

3.º. Et d'indiquer la valeur approximative de la portion cantonnée, pour mettre à même l'Autorité d'opérer le remboursement des frais.

A cet effet, ayant parcouru le terrain sur lequel avait été emplacé, en 1784, les 530 arpens formant le cantonnement des communes du mandement de Chevrières, et qui s'étend depuis la borne n.º 24 du procès-verbal de la délimitation générale, faite par nous en 1824, placée au-dessus de la combe Darde, près du coin de Murinais, au point de jonction du chemin des Mulets à celui de l'Etra, à 350 mètres de la maison Tournier, sur Chevrières, jusques à celle n.º 61 de la même délimitation, placée en face du territoire de Dionay, à l'angle rentrant que présente la forêt près le bois du sieur Mandier, près la combe Furant, nous avons remis à l'arpenteur Frachon les plans et les pièces qui lui deviennent nécessaires pour reconnaître et fixer la contenance dudit cantonnement.

Mais, attendu qu'il est six heures du soir, nous avons terminé la séance et avons ajourné la reprise de notre procès-verbal au lundi 16 du présent mois, au lieu appelé la Croix-de-Mouze, en face du territoire de Bessins, en attendant le mesurage dont reste chargé le sieur Frachon fils; et, après lecture faite du présent avons signé avec toutes les parties. *Signé* VINAY; expert; GIROUD, maire de Saint-Appolinard et expert; PELERIN, maire de Bessins; GILBERT, BRENIER, maire-expert; FARRE, Henri FRACHON, RAMBERT, et FRACHON, commissaire.

LE

Le lundi seize mai mil huit cent vingt-cinq, à neuf heures
du matin, au lieu de Chambaran, appelé la Croix-de-Monze,
ensuite de la remise faite en la dernière séance de notre
procès-verbal, toutes les personnes dénommées en la précédente comparution étant ici présentes,

A comparu le sieur Frachon fils, arpenteur, lequel nous a
rendu compte de l'opération dont il vient de s'occuper et nous
a remis le plan du nouveau cantonnement par lui levé, duquel il résulte qu'ayant fait l'application sur le terrain du plan
levé en 1785, et du rapport dressé à la même époque, la
contenance de 270 hectares 68 ares qui reviennent aux trois
communes de Chevrières, Bessins et Saint-Appolinard, est
effectivement comprise dans les limites que donne ledit rapport, sauf les légères différences qui résultent nécessairement
de la délimitation de 1824.

En conséquence, le sieur Frachon, après s'être livré aux
opérations de son art, pour établir la contenance ci-dessus et
la fixer d'une manière positive sur le plan, va nous faire
reconnaître sur le terrain les divers points où aboutit aujour-
d'hui le cantonnement dont nous nous occupons.

En partant de la borne n.° 24, décrite au procès-verbal
de délimitation du périmètre général de la forêt, la contenance
de 270 hectares 68 ares se trouve emplacée sur la partie de
forêt qui s'étend jusqu'à la borne n.° 61, en face la commune
de Dionay, nous avons donc suivi jusqu'à cette dernière borne
la ligne adoptée pour le périmètre de la forêt, en face des
communes de Chevrières, Saint-Appolinard, Bessins et celle
de Dionay en partie.

Tel est le confin que présente au sud ce cantonnement,
sans qu'il existe sur cette étendue, dont les diverses longueurs

et angles sont exprimés au procès-verbal de la délimitation générale, aucune enclave de propriétés particulières.

Ce cantonnement se trouve séparé du surplus de la forêt comme il va être ci-après indiqué :

En partant de la borne n.º 61, nous avons tiré une ligne droite de 234 mètres, dans la direction du nord, formant, avec celle comprise entre les bornes n.ºs 61 et 62, un angle de 90 degrés. Celui formé avec la ligne qui aboutit au n.º 60 présente une ouverture de 122 degrés 36 minutes.

A l'extrémité de la ligne ci-dessus indiquée, laissant à l'ouest la partie de Chambaran où doit être placé le cantonnement de Dionay, il a été planté un fort piquet et ouvert un fossé qui doit en maintenir la direction ; ce piquet se trouve placé sur le plateau entre la maison de Manin-Lachaux, qui fut de Tiron, sur Dionay, et celle construite par le sieur Cellier, dit la Marquise, sur Chambaran.

En partant de ce point, nous avons mené à l'est une ligne droite de 2,366 mètres, formant, avec la précédente, un angle de 103 degrés 5 minutes, et à l'extrémité de laquelle a été de même planté un second piquet à la naissance et dans le fond de la combe de Galauret, et rapproché du chemin passant chez Darlet en venant du bois de Maupérier ; la borne du périmètre, la plus rapprochée de ce piquet, est celle n.º 45, qui en est distante de 556 mètres.

De ce second point, en remontant au nord-est, nous avons tiré une ligne droite longue de 1,011 mètres, et formant, avec la précédente, un angle rentrant de 146 degrés 50 minutes ; à l'extrémité de cette nouvelle ligne, il a été de même planté un troisième piquet, rapproché du chemin venant de Claire-Font chez Paul Fillet, et placé sur une éminence du mas du

Chapotier à 357 mètres de distance de la borne n.º 3r du périmètre.

De ce dernier piquet nous avons tiré, dans la direction du levant, une ligne droite, longue de 1,605 mètres, formant, avec la précédente, un angle saillant de 145 degrés 26 minutes ; mais, attendu que cette ligne traverse la propriété du sieur Morel-Fleuret, dont le bois forme saillie dans le présent cantonnement, nous avons cru devoir nous arrêter à la distance de 1,086 mètres, où commence le bois dudit Fleuret, pour procéder à la délimitation de cette propriété.

La nuit étant survenue, nous avons renvoyé à demain matin la continuation de notre opération, et avons fait prévenir le sieur François Morel-Fleuret de se trouver également sur ce point, et avons signé après lecture faite. *Signé* GIROUD, maire de Saint-Appolinard et expert; VINAY , expert; BRENIER , maire-expert; PELERIN, maire de Bessins ; GILBERT , FARRE , RAMBERT , Henri FRACHON et FRACHON , commissaire.

Du dix-sept mai mil huit cent vingt-cinq, nons Commissaire, Experts et autres personnes dénommées aux précédentes séances, nous étant rendus au lieu indiqué à l'effet de continuer la délimitation dudit cantonnement, attendu la présence du sieur François Morel-Fleuret, propriétaire du bois où nous nous sommes arrêtés hier, avons fait planter, de son consentement, contre ledit bois, et à la distance de 1,086 mètres du troisième piquet, désigné le jour d'hier, une borne en pierre de choin, taillée à quatre faces, saillante de 38 centimètres au-dessus de terre, ayant 26 centimètres de face, garnie de débris de tuiles et de charbons, et munie de garans qui indiquent les directions des lignes qui y aboutissent.

De cette borne, formant le quatrième point de station, nous avons mené une ligne droite, au midi, longue de 187 mètres et 172, et formant, avec celle qui vient du troisième piquet, un angle saillant de 89 degrés 17 minutes; à l'extrémité de la ligne ci-dessus indiquée, qui longe le bois du sieur Fleuret et que nous avons dit être de 187 mètres et 172 de longueur, nous avons fait planter, toujours du consentement du propriétaire, une seconde borne, qui forme le cinquième point de station.

De cette borne, taillée à quatre faces, haute de 40 centimètres au-dessus de terre, sur une épaisseur de 29 centimètres, nous nous sommes rendus à l'est, à une distance de 85 mètres, suivant une ligne droite, qui traverse un petit ruisseau, fluant dans le fond de la combe du pré Ramel, à la distance de 8 mètres et 172 de la dernière borne que nous venons de planter, et à l'extrémité de cette ligne, formant, avec la précédente, un angle rentrant de 81 degrés 7 minutes, nous avons planté à ce sixième point de station une troisième borne en pierre, taillée à quatre faces, saillante de 53 centimètres hors de terre, sur 35 centimètres d'épaisseur.

De ce sixième point, en nous dirigeant au nord-ouest, nous avons mesuré une ligne droite formant, avec la précédente, un angle rentrant de 120 degrés 40 minutes, et longue de 43 mètres 2 tiers, à l'extrémité de laquelle a été de même plantée une quatrième borne en pierre, taillée comme les précédentes, haute de 35 centimètres hors de terre sur 30 centimètres de largeur; laquelle se trouve à 1 mètre 70 centimètres d'un arbre hêtre de 1 mètre 65 centimètres de tour, dont l'existence nous a fait reconnaître la vraie limite de la propriété de Fleuret.

Enfin, de ce septième point, et pour terminer la délimitation de cette propriété particulière, nous avons mesuré une ligne droite, longue de 139 mètres, formant, avec la précédente, un angle rentrant de 143 degrés et 2 tiers; à son extrémité, qui se trouve aboutir sur le prolongement de la grande ligne, venant du troisième piquet, placé près le chemin de Clairefont, nous avons fait planter, pour fixer le huitième point de station, une cinquième borne en même pierre et de même forme que les précédentes, saillante sur terre de 40 centimètres sur 25 centimètres de largeur.

Elle se trouve distante de 64 mètres 5 décimètres de celle placée au quatrième point à la rencontre de la propriété Fleuret.

Par l'effet de la plantation des cinq bornes ci-dessus, faite du consentement, et en présence de ce particulier, la partie de ce bois, qui s'avance dans le cantonnement dont nous nous occupons, se trouve parfaitement distincte et a été reconnue pour avoir une contenance de 1 hectare 53 ares et 75 centiares.

Et, au même instant, M. Gilbert et M. Rambert, esdites qualités de fondés de pouvoirs de M. le duc de Clermont-Tonnerre, de M. le marquis de la Tourrette et M. le comte de Menon, ont déclaré que cette délimitation ne déterminant pas toute la propriété que possède, soit dans l'enclave susmentionnée, soit en la suivant hors la ligne dudit cantonnement, ainsi que le prouvent les actes que ledit sieur Fleuret a représentés, et qui consistent dans un contrat de vente du 10 octobre 1751, passé devant M.ᵉ Robin, notaire à Saint-Marcellin, et d'un extrait du parcellaire des années 1592 et 1593, c'est pourquoi ils se réservent de partir des limites ci-dessus fixées pour vérifier en temps et lieu la véritable étendue, des propriétés dudit Fleuret, contre lequel dire ledit sieur Fleuret a déclaré faire toutes réserves et protestations.

Nous Commissaire avons donné acte du présent dire et protestations aux parties, et nous trouvant maintenant placé sur la direction de la grande ligne, venant du troisième piquet, nous en avons suivi le prolongement sur une longueur de 454 mètres 5 décimètres à partir de la dernière borne. Cette ligne se trouve donc contenir, en totalité, une étendue linéaire de 1,605 mètres depuis le troisième point fixé.

A son extrémité, formant le neuvième point de station, il a été planté un fort piquet sur la berge d'une petite combe, et partant de ce point nous avons rejoint la borne n.° 24, point de notre départ, dont la direction forme, avec la précédente ligne, un angle saillant de 89 degrés 30 minutes ; cette borne, distante de 518 mètres 30 centimètres du dernier piquet, offre le sommet d'un angle de 113 degrés 18 minutes qu'elle forme avec la ligne aboutissant à la borne n.° 25.

Ainsi se trouve déterminée et délimitée la portion de la forêt de Chambaran, attribuée aux communes de Chevrières, Saint-Appolinard et Bessins pour leur cantonnement ; elle contient la quantité de 270 hectares 68 ares, en lui comprenant la surface de la propriété enclavée, appartenant à Morel-Fleuret, que nous avons dit être de 1 hectare 53 ares 75 centiares ; cette dernière contenance sera donc imputée sur celle qui doit être accordée aux propriétaires pour le remboursement des frais à la charge des communes.

Dans ce cantonnement, se trouvent également comprises les quatre maisons édifiées par les sieurs Cellier, dit la Marquise, Pêcheur, dit Pottier, Caillat - Brunet (maison brûlée) et

Lacroix-Musquet, ainsi que les terrains défrichés qui en dépendent, comme également les terres et broussailles pour
lesquelles lesdits sieurs Jean Rey-Dodon, Carat, fils de Michel,
Guilhermet (Pierre) et Jean Dorey payent une redevance à
la commune de Roybon.

Étant au surplus observé que les 270 hectares 68 ares, qui
forment le montant du cantonnement attribué auxdites communes, reposent sur la propriété de M. le duc de Clermont-Tonnerre et M. le marquis de la Tourrette, pour une étendue
considérable qui se termine au chemin de Clairefont, et sur
celle de M. le comte de Menon, pour une étendue placée au
mas du Chapotier, ainsi qu'il a été convenu entre ces derniers,
suivant acte sous signature privée, en date du 2 octobre, 1824,
dûment enregistré le 6, à Saint - Marcellin, par Choin, et
déposé pour minute à nous dit M.ᵉ Frachon, le même jour
6 octobre, et encore, par suite de l'obligation contractée par
les auteurs de M. le comte de Menon, suivant les traités intervenus avec MM. le duc de Clermont-Tonnerre et marquis
de Monteynard, les 31 janvier 1783 et 26 août 1784, de contribuer proportionnellement au cantonnement dont nous venons
de nous occuper.

Attendu l'heure de six heures du soir, nous Commissaire
avons renvoyé la continuation de notre opération à demain,
en invitant toutes les personnes présentes à se réunir, sur les
neuf heures du matin, à la vingt-quatrième borne du périmètre; et, après lecture faite du présent, nous avons signé avec
les personnes ci-dessus dénommées, à l'exception du sieur
Morel-Fleuret qui a déclaré ne le savoir. *Signé* GIROUD, maire
de Saint-Appolinard et expert; PELEBIN, maire de Bessins;

BRENIER, maire et expert; VINAY, expert; GILBERT, FARRE,
Henri FRACHON, RAMBERT et FRACHON, commissaire.

Du dix-huit mai mil huit cent vingt-cinq, nous Commissaire, Experts, Maires et autres personnes dénommées aux précédentes séances, nous étant rendus à la vingt-quatrième borne
du périmètre, lieu indiqué dans la séance d'hier, à l'effet de
prendre une détermination relative aux propriétés usurpées,
le plus rapprochées de la ligne intérieure du cantonnement;

Examen fait des localités, nous avons reconnu que, du côté
de la borne n.° 61, il existait à plus de 300 mètres plusieurs
usurpations, telles que celles faites par les nommés Cotte
(Henri) vétéran, Vicat-Galauret (Jean), autre Vicat-Galauret (Claude), et les héritiers de Jean Pepelon, présentant
une surface de cinq hectares 70 ares 49 centiares, sur lesquels
sont construites deux maisons ;

Et que, près la ligne de ce cantonnement, au mas du
Chapotier, à environ 200 mètres de distance, il existe également une quantité de 7 hectares 6 ares 64 centiares sur lesquels se trouvent construites deux maisons, le tout tenu par
les nommés Simien (Jean - Balthazard), Simien (Joseph),
Glenat-Rodon père et fils.

Conformément aux bases établies dans notre séance du
9 mai, nous Commissaire avons engagé MM. les Maires
et Experts des communes à faire avec nous l'application des
principes adoptés relativement à ces usurpations.

En conséquence, nous avons reconnu que ces usurpations,
placées du côté de la borne n.° 61, se trouvaient beaucoup trop
éloignées de la ligne périmétrale du cantonnement, pour ex-
traire ces usurpations du lot de MM. de Clermont-Tonnerre
et

et de la Tourrette, et les reporter dans celui des communes; nous ne nous sommes donc occupés que des usurpations au mas du Chapotier.

Nous avons reconnu, pour celles-ci, que les sept hectares six ares soixante-quatre centiares y défrichés, et les deux maisons, devaient être reportés sur la portion attribuée aux communes; et, ainsi qu'il a été convenu en ladite séance du 9 mai, il a été unanimement arrêté que tout ce qui était en bois devait naturellement composer le lot des propriétaires, MM. de Clermont-Tonnerre, de la Tourrette et de Menon; les usurpateurs reprendraient, sur les communes, le montant des terrains par eux défrichés; ainsi, par exemple:

Les sieurs Glenat-Rodon père et fils, aujourd'hui Joseph Tanchon, détenteurs des 2 hectares en bois et de 73 ares 20 centiares en terre, d'après la déclaration au rôle, aura droit à demander aux communes 73 ares 20 centiares pour les défricher et y établir la maison qu'il possède sur la portion des propriétaires.

De même, les sieurs Simien, Jean Balthazard et Joseph Simien, détenteurs de 3 hectares en bois, et d'un hectare 33 ares 44 centiares en terre, n'auraient également à se faire délivrer, par les communes, que la contenance d'un hectare 33 ares 44 centiares pour la défricher et y établir la maison qu'ils possèdent dans ce moment sur les portions des propriétaires à qui le surplus en bois reste réservé; mais, attendu que ce déplacement occasionnera une dépense extraordinaire à ces usurpateurs, les communes devront y suppléer par une portion de terrain plus considérable, et qui sera ultérieurement déterminée entre ces détenteurs et lesdites communes, de ma-

3

nière à ce que MM. de Clermont-Tonnerre, de la Tourrette et de Menon ne puissent être recherchés à ce sujet.

Il a été encore observé par MM. Rambert et Gilbert, esdites
qualités de fondés de pouvoirs, qu'au moyen du refus présenté par MM. les Maires, de prendre, dans le lot de leur
commune, les terrains usurpés près de la borne n.° 61, ils
faisaient toutes réserves au nom de leurs commettans, à l'effet
d'appeler en garantie lesdites communes, lors de l'opération
de cantonnement de celle de Roybon.

Duquel dire, nous Commissaire, avons donné acte aux parties comme n'étant qu'une suite naturelle des conventions présentement arrêtées.

Attendu que l'opération de cantonnement se trouve entièrement terminée, il ne nous reste plus maintenant qu'à fixer
la valeur approximative des terrains qui ont été remis auxdites
communes de Chevrières, Bessins et St.-Appolinard, pour leur
tenir lieu de cantonnement.

S'il eût été question, dans le cantonnement, que MM. les
propriétaires de la forêt ont eu à remettre auxdites communes de leur délivrer une portion relative à la contenance
et à la valeur, nous aurions dû nous conformer aux dispositions de l'instruction de l'Administration forestière, du 4
février 1813; mais, comme il n'était question dans l'espèce,
ainsi que nous l'avons déjà observé, que de remettre en
vigueur le cantonnement effectué en 1784 et 1785, après
une appréciation des droits des parties, nous avons pensé
qu'il n'y avait pas lieu de suivre cette instruction quant à
cette estimation; c'est donc pourquoi nous allons parcourir le
terrain pour fixer nos idées et émettre notre opinion.

En conséquence, nous avons engagé MM. les Experts des propriétaires et ceux des communes, à se livrer avec nous à cet examen ; après avoir reconnu, vérifié et repassé les différentes natures de terrain, et reconnu la qualité du sol dans toute la ligne , sommes tombés d'accord de porter la valeur moyenne pour la totalité de 270 hares 68 ares, à raison de 185 fr. l'hectare, ou 70 fr. la sétérée.

Ainsi, lorsqu'il sera question de prélever la somme représentative du montant des frais qui demeureront à la charge des communes de Chevrières, Bessins et Saint-Appolinard, conformément à la transaction supplémentaire intervenue avec elles, le 13 septembre 1823, la mensuration devra en être faite, au nord, sur toute la longueur du cantonnement, de manière à ce que l'estimation, que nous venons de présenter, puisse recevoir sa véritable application dans l'intérêt de toutes les parties.

Le but de notre réunion nous paraissant entièrement atteint par toutes les opérations dont nous avons rédigé le présent procès-verbal, nous avons clos la présente séance en engageant les parties à se retirer devant M. le Préfet, pour en réclamer son homologation, et à signer avec nous après lecture faite.

Le présent procès-verbal, rédigé sur quatre feuilles papier timbré, nous étant taxés ; savoir : nous dit Frachon, Commissaire, 180 fr. pour trente vacations, y compris séjour, aller et retour, à 6 fr. l'une ; et à M. Rambert, expert, 96 fr. pour vingt-quatre vacations, à 4 fr. ; pareille somme aussi de 96 fr. pour chacun des experts des trois communes, outre 5 fr. pour papier. *Signé* GIROUD, maire de Saint-Appolinard et expert ; BRENIER , maire de Chevrières et

expert; PELERIN, maire de Bessins; VINAY, expert; GIL
BERT , RAMBERT , Henri FRACHON , et FRACHON , commissaire.

Suivent les annexes :

EXTRAIT du Registre des Délibérations de la commune de Chevrières.

13 avril 1824.

—

Commune de
Chevrières.

—

M. Brenier,
Maire, Expert.

DU treize avril mil huit cent vingt-quatre, à huit heures
du matin, le Conseil municipal de Chevrières, réuni au lieu
ordinaire de ses séances, ensuite de l'autorisation contenue
en la lettre de M. le Sous - Préfet, sous la date du 2
courant.

Le Maire a dit que l'objet de la convocation était de
choisir un expert qui sera chargé, concurremment avec celui
des propriétaires ayant-droit sur la forêt de Chambaran,
des opérations de délimitation, liquidation et autres actes
prévus par la transaction passée entre la commune de Chevrières et lesdits propriétaires, pour parvenir à l'expédition
de la portion qui doit lui revenir, et il a invité le Conseil municipal à s'occuper de ce choix.

Le Conseil municipal, considérant qu'il est urgent de procéder de suite à cette nomination, afin de faire jouir le plutôt
possible la commune de Chevrières d'une propriété qu'elle
doit à la bienveillance de Sa Majesté, déclare nommer, pour
expert de la commune, M. Brenier, Maire de Chevrières,
à l'effet de procéder, avec celui des propriétaires ayant-droit
sur la forêt de Chambaran, aux opérations de délimitation,
liquidation et autres actes prévus par ladite transaction, po

faire expédier la portion de Chambaran qui doit revenir à la commune de Chevrières.

Extrait de la présente sera adressé à M. le Sous-Préfet, avec prière de faire commencer les opérations du partage le plutôt possible.

Le Maire a levé la séance, et a signé avec les membres présens, à l'exception des sieurs Louis Durand, Louis Cotte et Abel Chivat, illitérés. *Signé* Joseph BONNET, J.-B. NICO-LAS, le Chevalier DE SAINT-VALLIER, H. COTTE, SAINT-FERRÉOL DE LA MERLIÈRE, PACHOT-D'ARZAC, BRENIER, Maire.

Par procès-verbal, devant le Juge de paix, du 16 octobre 1824, enregistré, le sieur Brenier, expert nommé par la commune de Chevrières pour la représenter dans les opé-rations relatives à la division de la forêt de Chambaran, a prêté le serment voulu par la loi.

A Saint-Marcellin, le 20 octobre 1824. Le greffier de la justice de paix, *signé* BOISSET.

EXTRAIT du Registre des Délibérations de la commune de Bessins.

Du jeudi quinze avril mil huit cent vingt-quatre, à huit heures du matin, les membres composant le Conseil muni-cipal de la commune de Bessins, réunis dans le lieu ordinaire de leurs séances, sous la présidence du Maire, ensuite de la lettre de M. le Sous-Préfet, du 2 du présent mois, qu'il a déposée sur le bureau, et qui est relative à la nomination d'un expert pour procéder, concurremment avec celui des

15 avril 1824.

Bessins.

Vinay (Michel), Expert.

propriétaires de Chambaran, à l'expédition de la portion de
ladite forêt qui revient à ladite commune, d'après la transaction intervenue devant M.ᵉ Frachon, notaire à Saint-
Marcellin, le 13 septembre dernier, ainsi qu'aux opérations de délimitation, liquidation et autres actes prévus par
ladite transaction.

En conséquence, le Maire invite les membres présens à
délibérer sur l'objet de la réunion, et a mis sous les yeux les
pièces et documens qui peuvent faciliter leur décision.

Sur quoi délibérant :

Le Conseil municipal, considérant que le sieur Vinay a
une parfaite connaissance des droits qu'a la commune sur
la forêt de Chambaran et des titres qui les constituent, puisque, déjà, il a assisté aux débats qui ont eu lieu, lors de la
transaction du 13 septembre dernier ;

Est d'avis qu'il y a lieu de nommer et nomme, par la
présente délibération, le sieur Michel Vinay, de la commune de Bessins, pour expert, à l'effet de procéder à l'expédition de la portion de ladite forêt à laquelle a droit la commune, et aux opérations qui y sont relatives.

En conséquence, le Conseil municipal prie le sieur Vinay
d'accepter cette marque de confiance, et l'invite à veiller de
tout son pouvoir aux intérêts de la commune dans les opérations qui lui sont confiées.

Lecture faite de la délibération ci-dessus, les membres présens ont signé avec le Maire. VINAY, BERRUYER, ARGOUD,
PELERIN, PAIN, PELERIN, PELERIN, maire.

Extrait collationné et certifié sincère au registre de délibérations, par nous Antoine-Alexandre Pelerin, maire de la commune de Bessins, ce 15 octobre 1824. *Signé* PELERIN, maire.

Par verbal du 16 octobre 1824, le sieur Vinay, expert, a prêté le serment voulu par la loi, devant le Juge de paix du canton de Saint-Marcellin.

Saint - Marcellin , le 23 octobre 1824. *Signé* BOISSET , greffier.

Extrait des Registres des Délibérations du Conseil municipal de la commune de Saint-Appolinard.

DU jeudi , quinze avril mil huit cent vingt - quatre , les membres qui composent le Conseil municipal de la commune de Saint-Appolinard, assemblés au lieu ordinaire de leurs séances, dûment convoqués, où étaient présens MM. Jean-Claude Pelerin, Mathieu Bonnet, Etienne Ménéroud, François Cotte, Reymond Revol, Clément Giroud, François Effantin, Colas et Joseph Mante.

15 avril 1824.

S.ᵗ-Appolinard.

M. Giroud, Maire, Expert.

Le Maire a observé au Conseil que l'objet de leur convocation était, ensuite de la lettre de M. le Sous-Préfet de l'arrondissement de Saint-Marcellin, du 2 avril présent mois, dont il va en donner lecture, laquelle porte : que, par ordonnance royale du 18 février dernier, la transaction entre notre commune et les ayant - droit sur la forêt de Chambaran a été approuvée.

Les actes et documens relatifs à cette affaire ont été déposés dans les minutes de M.ᵉ Frachon, notaire à Saint-Marcellin.

M. le Sous-Préfet nous invite à convoquer le Conseil municipal, pour qu'il ait à choisir un expert qui sera chargé, concurremment avec celui des propriétaires, des opérations, délimitation, liquidation et autres actes prévus par la transaction, pour parvenir à l'expédition de la portion qui doit revenir à notre commune.

En conséquence, le Conseil municipal est invité à nommer un expert pour assiter aux opérations dont il est dit ci-devant.

La lettre de M. le Sous-Préfet lue et entendue, le Conseil municipal délibérant a arrêté et arrêté : Pierre Giroud, Maire de la commune, est nommé Expert pour assister aux opérations de délimitation et liquidation relatives à l'expédi-tion de la portion de la forêt de Chambaran qui doit revenir à la commune de Saint-Appolinard, tous pouvoirs requis et nécessaires lui étant délégués relativement à ce.

Ainsi délibéré en Conseil municipal ledit jour et an, les mem-bres présens signés, à l'exception de Joseph Mante pour être illitéré, de ce enquis ; BONNET, MENÉROUD, GIROUD, EFFANTIN, REVOL, PELERIN, COTTE, GIROUD, maire.

Certifié conforme à l'original. *Signé* GIROUD, maire.

Par verbal, devant le Juge de paix, du 16 octobre 1824, le sieur Giroud a prêté le serment voulu par la loi.

Saint-Marcellin, le 24 octobre 1824. *Signé* BOISSET, greffier.

EXTRAIT des Minutes du Greffe du Tribunal de paix du canton de Roybon (Isère).

Prestation de Serment.

21 Octobre 1824

Prestation de serment de M. Rombert, com-me expert nom-

AUJOURD'HUI, vingt-un octobre mil huit cent vingt-quatre, dans la salle de nos audiences publiques, à Roybon, devant nous François Monteil, Juge de paix du canton dudit lieu, assisté

de

(25)

de notre greffier, est comparu sieur Charles-Henri Rambert, percepteur des contributions directes à Roybon, y résidant, lequel nous a dit que M. le duc de Clermont-Tonnerre, pair de France, et M. le marquis de la Tourrette, colonel de cavalerie, tous les deux résidans à Paris, l'ont nommé expert pour procéder à l'attribution et estimation à faire aux communes de Roybon, Dionay, Chevrières et Bessins, ainsi que Saint-Appolinard, de la portion qui leur est accordée à titre de cantonnement dans la forêt de Chambaran de Roybon, aux termes des actes de transactions, passés devant M.ᵉ Frachon cadet, notaire à Saint-Marcellin, les 13 et 18 septembre 1823, enregistrés et homologués par ordonnance royale du 18 février dernier ; et comme, avant d'agir en ladite qualité d'expert, il doit prêter devant nous serment de bien et fidèlement remplir la commission qui lui est déléguée, il nous requiert à ce qu'il nous plaise le recevoir en ladite prestation, et a signé. Rambert est signé à la minute.

(marge : mé à l'effet d'attribuer aux communes de Roybon, Chevrières, Bessins, Saint-Appolinard et Dionay, leur portion de cantonnement dans la forêt de Chambaran de Roybon.)

Nous, Juge susdit, vu la comparution et réquisition ci-dessus, avons pris et reçu du sieur Charles-Henri Rambert le serment qu'il a fait, la main levée, de remplir, en son ame et conscience, la commission d'expert dont il est cas ; de laquelle prestation de serment nous lui avons donné acte, et a signé avec nous et le greffier à la minute.

Enregistré à Roybon le 23 octobre 1824, f.º 195 r.º, c. 2 et 3. Reçu 1 fr. 1 déc. Est signé CHARREL.

Extrait collationné sur la minute, et délivré à M. Rambert par nous greffier. *Signé* BERRUYER, greffier.

Pour extrait collationné, certifié conforme :

Le Sous-Préfet,
CARA-DE-LA-BATIE.

4

7 Juillet 1784. *TRAITÉ entre les Seigneurs de Roybon et les Communautés de Chevrières, Bessins et Saint-Appolinard.*

DEVANT le notaire soussigné et les témoins ci-après nommés, ce septième juillet, après midi, mil sept cent quatre-vingt-quatre, ont été présens M.ᵉ Jacques Clerc, procureur aux Cours de Saint-Marcellin, y habitant, procureur spécialement fondé par deux actes publics, l'un devant M.ᵉ Girard et son confrère, conseillers du Roi, notaires à Grenoble, du 27 septembre 1781, contrôlé; l'autre par M.ᵉˢ Denis et le Febvre, aussi conseillers du Roi, notaires à Paris, du 10 janvier 1783, ci-devant joints et annexés au traité par nous reçu pour la communauté de Roybon, auxquels on pourra avoir recours, de très-haut et très-puissant seigneur Jules-Charles-Henri duc de Clermont-Tonnerre, pair de France, seigneur de Vauvillers et co-seigneur de la ville neuve de Roybon, premier baron connétable, grand-maître héréditaire de Dauphiné, premier commis né des Etats de cette province, chevalier des ordres du Roi, lieutenant-général de ses armées et son lieutenant-général de ladite province, y commandant en chef, demeurant ordinairement en son hôtel à Grenoble; et de très-haut et très-puissant seigneur Louis-François marquis de Monteynard, seigneur de la Pierre, Chastellard, Champ, Prébois, Feuillant, Averts, Froges, Brignon, Tencin et Monteynard; co-seigneur de Theys, Hurtières, les Adrets et de la ville neuve de Roybon, lieutenant-général des armées du Roi, grand-croix de l'Ordre royal et militaire de Saint-Louis, gou-

verneur et lieutenant-général du royaume et île de Corse, gouverneur de la ville et forteresse de Sarre-Louis, demeurant ordinairement en son château de Tencin, d'une part; — Sieur
Alexandre Lantelme, bourgeois, habitant à St.-Appolinard,
député par les habitans et communautés de Villard-Chevrières, Saint-Appolinard et Bessins, formant le marquisat de
Chevrières, par délibérations des trois ordres du 13 avril 1784,
qui demeureront annexées aux présentes, assisté de M. M.ʳ Jean-
Baptiste Berruyer, avocat en la Cour, conseil choisi par lesdites communautés, par lesdites délibérations, d'autre part.

Lesquels ont déposé que les terrains qui forment à présent
le mandement ou territoire de Roybon, appartenant autrefois
à nos anciens Dauphins, étaient vraisemblablement en bois,
sous le nom de Chambaran, qui paraît être un ancien terme
vulgaire de la contrée qui signifiait une grande forêt, puisqu'il
paraît que celles du voisinage portaient également ce nom.

Nos anciens Dauphins ayant attiré des habitans pour fonder
une ville dans les terrains qui forment à présent le territoire
de Roybon, et l'ayant fondée en effet sous le nom de ville
neuve de Roybon, ils lui donnèrent des priviléges et immunités, par une chartre qu'on ne trouve plus, et qu'on croit
être de 1260 du Dauphin Guigue VII, comte de Viennois,
ou de Béatrix de Savoie, sa femme, mais qui se trouve
rappelée dans une seconde donnée par le Dauphin Humbert
I.ᵉʳ et Anne Dauphine sa femme, le 12 juillet 1294, où sont
évidemment en détail tous les priviléges et immunités que contenait la première chartre.

On voit, dans cette seconde chartre de 1294, que les terrains,
soit en terre cultivée, soit en bois, étaient limités, d'orient,
par un grand chemin appelé l'Estra, qui les séparait, comme
il les sépare, encore du mandement de Varacieux, qui

forme aujourd'hui les paroisses, seigneuries et communautés
de Brion, Chasselay et Varacieux, et encore du territoire,
seigneurie et communauté de Murinais, qui se trouve dans
l'angle sud-est, du midi, par le même chemin de l'Estra, qui
séparait, comme il sépare encore, ledit territoire de Roybon du
mandement de Chevrières, formant à présent les paroisses,
seigneuries et communautés de Villard-Chevrières, Bessins
et Saint-Appolinard; les paroisses, seigneuries et communautés de Blanieu et Saint-Vérand, n'étant pas de l'ancien mandement de Chevrières, et encore de la paroisse, seigneurie et
communauté de Dionay, qui se trouve dans l'angle sud-ouest,
où le chemin de l'Estra s'éloigne du territoire de Roybon ; le
confin d'occident était le territoire des paroisses, seigneuries
et communauté de Montrigaud, et celui appelé anciennement
les Loives, qui forme aujourd'hui la paroisse et communauté
de Montfalcon. Le confin du nord n'est pas rappelé dans la
chartre, mais d'autres actes apprennent qu'il était formé par
les territoires de Viriville et de la baronnie de Bressieux, où
il y avait aussi et il y a encore beaucoup de bois, qu'on appelait
et qu'on appelle également encore Chambaran de Viriville et
de Bressieux.

Parmi les priviléges et immunités que la chartre de 1294
donnait aux habitans de ladite ville neuve de Roybon, elle
leur accordait des droits d'usage, de bûcherage, paquerage et
autres, exprimés dans la chartre, dans les bois et terrains
compris dans l'enceinte qui forme, suivant la chartre, le mandement de Roybon, et qui sont connus dans les actes sous le
nom de Chambaran de Roybon.

Dans la suite, les Dauphins donnèrent aussi des usages, plus
ou moins étendus, aux habitans du mandement de Varacieux,

à ceux de Murinais, à ceux du mandement de Chevrières et à ceux de Dionay, ou du moins ces communautés riveraines prétendirent en avoir acquis par possession.

D'autre part, les Dauphins firent des concessions à des particuliers, soit à titre de fief, d'albergemens, acensemens, ou de simples usages dans l'enceinte de leur ville neuve de Roybon.

Humbert II, dernier Dauphin du Viennois, ayant remis définitivement le Dauphiné, par l'acte du 30 mars 1349, au roi Philippe de Valois, pour Charles son petit-fils, qui fut ensuite roi sous le nom de Charles V, et le roi Jean et Charles, premier Dauphin de France, son fils aîné, ayant cédé aux comtes de Savoie, par le traité de Paris, du 5 janvier 1354, plusieurs châteaux, terres, fiefs, arrière-fiefs et territoire d'Hugues et Aimond de Genève, et de leurs femmes, en Savoie, Valromey et pays de Gex, ils chargèrent le comte de Valentinois, leur commissaire, nommé par lettres patentes du 11 février 1354, de remettre des terres à Hugues et Aymond de Genève en dédommagement; et il leur remit, en 1355, la seigneurie, châtellenie et territoire de Roybon, avec plusieurs autres, ce qui fut confirmé par lettres patentes du mois d'août 1358, par lesquelles on donna encore un supplément à la maison de Genève.

Hugues de Genève laissa pour héritier Aimond son fils, et celui-ci, étant décédé, laissa pour héritier Béatrix sa fille, mariée au comte de Saluces.

A Béatrix de Genève succéda Amédé cardinal de Saluces, son fils, qui laissa pour héritier Henri marquis, de Saluces, son neveu.

Henri, marquis de Saluces, vendit la terre de Roybon et les

dépendances à Marcellus de Clavacli, sous faculté de réachat ;
il céda ensuite cette faculté à Antoine Allemand, évêque de
Cahors, qui, de son côté, la céda à Barrachim Allemand, son
neveu, qui l'exerça et entra en possession de Roybon et son
territoire. — Barrachim Allemand laissa pour héritier Aymard
Allemand, son neveu, fils d'Annequin, et celui-ci laissa pour
héritière Isabeau de la Tour, son épouse, qui vendit la terre
de Roybon et ses dépendances à nobles François, Claude et
Pierre de Berger frères, en 1549 ; et, pendant leur jouissance,
les limites du territoire de Roybon furent vérifiées en 1605.
La terre passa à Claude de Berger qui la laissa à noble Jacques
de Rivoire, son héritier.

Antoine de Beaumont, comte de Faconay succéda à Jacques
de Rivoire, et le Roi ayant établi une commission pour la
réformation des bois dans la province, le procureur du Roi
assigna M. de Beaumont, la communauté de Roybon et les
autres qui prétendaient des droits d'usage dans les terrains
et forêt de Chambaran de Roybon, comme les supposant domaniaux, et ils furent déchargés par jugement du 2 mars
1672 et autres ensuivis.

Antoine de Beaumont laissa pour héritière dame Thérèse
de la Forêt, son épouse, et y ayant eu une nouvelle commission pour la réformation des bois, elle y fut de nouveau assignée ainsi que la communauté de Roybon et quelques autres,
et fut encore déchargée par jugement du 3 juillet 1701.

A Thérèse de la Forêt succéda Françoise de Beaumont,
marquise de Chasle, sa fille, qui fut encore assignée devant
une nouvelle commission pour la réformation des bois de cette
province, établie en 1724, et ne s'étant pas défendue, il y eut
jugement, le 14 octobre 1730, qui déclara les terrains et forêt
de Chambaran de Roybon domaniaux ; mais la marquise de

Chasle en appela au Conseil, où, quoique mal défendue encore, il y eut un arrêt interlocutoire, le 7 décembre 1734, qui préjugea que lesdits terrains et forêt de Chambaran étaient patrimoniaux, comme ils l'étaient en effet depuis la rémission qui en avait été faite à la maison de Genève.

Françoise de Beaumont, marquise de Chasle, laissa pour héritier Jean-Henri de Millet, marquis de Chasle, son fils, qui vendit la terre de Roybon et ses dépendances à M.re Morel d'Arcy, conseiller au Parlement, le 18 juillet 1746, et les héritiers de celui-ci la revendirent, le 7 mars 1763, à M.re Abel de Perrotin-de-Bellegarde, qui se disposait à agir pour faire prononcer définitivement sur l'appel, relevé au Conseil par la marquise de Chasle, du jugement des commissaires de la réformation des bois, de 1730, interloqué par l'arrêt du Conseil, du 7 décembre 1734.

Ces divers seigneurs de Roybon et son territoire, depuis la rémission qui en avait été faite à Hugues et Aymond de Genève en 1355, ayant joui patrimonialement de ladite terre de Roybon et son territoire, par conséquent des terrains et forêt de Chambaran de Roybon, avaient essuyé beaucoup de contestations et de procès au sujet des concessions que les Dauphins avaient faites dans la forêt de Chambaran; et, d'autre part, lesdits seigneurs, qui avaient succédé aux Dauphins dans ladite terre de Roybon, avaient aussi fait des concessions, notamment beaucoup d'albergemens dans lesdits terrains et forêt de Chambaran, et y avaient peut-être aussi souffert beaucoup d'usurpations.

Dans cet état des choses, et dans la supposition que lesdits terrains et forêt de Chambaran de Roybon, et même les autres du voisinage, qu'on nomme également Chambaran, étaient domaniaux, sa Majesté les inféoda, par arrêt du Conseil, du 12 décembre 1771, auxdits seigneurs de Tonnerre et de Monteynard, sous la redevance et aux clauses et conditions portées par cet arrêt, qui fut expliqué par un autre du 31 mars 1772.

MM. de Tonnerre et de Monteynard firent, en conséquence, lever une carte topographique, tant des terrains et forêt de Chambaran de Roybon, et des autres terrains en dépendans, aussi du territoire de Roybon, que des alentours; ils établirent six gardes avec un brigadier pour veiller sur la forêt, dans l'espérance qu'en empêchant les dégradations qui s'y faisaient journellement, les bois reviendraient; et, d'autre part, ils assignèrent les seigneurs des communautés riveraines, les prétendus usagers et autres qui prétendaient quelques droits sur lesdits terrains et forêt de Chambaran, pour, en exécution desdits arrêts du Conseil, représenter leurs titres par-devant M. Pajot-de-Marcheval, intendant de la province, commissaire député par lesdits arrêts du Conseil, ou le sieur Cara-de-la-Bâtie, son subdélégué à Saint-Marcellin, qu'il avait commis à ce sujet; et il y eut, en conséquence, beaucoup de rémission de titres, et des dires et compensations de part et d'autre. — Plusieurs des intéressés soutinrent entr'autres que lesdits terrains et forêt de Chambaran de Roybon étaient patrimoniaux, comme dépendans du territoire de Roybon.

Par autre arrêt du Conseil, du 25 novembre 1774, M. de Lagrée, procureur-général à la Chambre des Comptes de cette province, fut commis pour donner son avis et des conclusions sur le tout, d'après les titres produits par les intéressés et ceux qu'il pourrait y avoir encore à la Chambre

des

des Comptes, lequel avis devait être suivi de celui de M. l'Intendant.

M. de Perrotin-de-Bellegarde, seigneur de Roybon, et en cette qualité vrai propriétaire de la forêt de Chambaran de Roybon, comme faisant partie du territoire de la seigneurie dudit Roybon, prétendait faire révoquer l'inféodation, et, en conséquence, faire rejeter tout ce qui s'en est ensuivi; sur quoi les seigneurs de Tonnerre et de Monteynard se déterminèrent d'acquérir de lui, par contrat du 13 juillet 1775, la terre et seigneurie de Roybon et ses dépendances, et généralement tous les droits dudit seigneur; et ayant reconnu, non-seulement par les titres produits par les intéressés, mais plus particulièrement par ceux qui furent trouvés à la Chambre des Comptes, que la forêt de Chambaran de Roybon était véritablement patrimoniale, comme appartenant à la seigneurie dudit lieu, ils donnèrent leur requête à M. l'Intendant, en sa qualité de Commissaire du Conseil, le 5 août de la même année 1775, où, d'après l'analyse d'une infinité d'actes, ils conclurent à ce que, vidant l'interlocutoire porté par l'arrêt du Conseil, du 7 décembre 1734, réformant et cassant le jugement des Commissaires de la réformation, du 14 octobre 1730, ils fussent maintenus en la propriété, possession et jouissance, à titre patrimonial, de tous les terrains et forêt de Chambaran, connus sous le nom de Chambaran de Roybon, comme dépendans du mandement, territoire et jurisdiction de la seigneurie patrimoniale de Roybon; ensemble dans tous les droits quelconques sur les terrains enclavés ou dépendans de ladite forêt de Chambaran de Roybon, pour jouir du tout en pleine propriété, sous la mouvance et hommage à Sa Majesté, comme Dauphin.

5

M. de Lagrée donna ensuite son avis et ses conclusions, d'après les titres respectivement produits par les intéressés, et d'autres actes qu'il découvrit encore à la Chambre des Comptes ; le résultat de ces conclusions fut que la forêt de Chambaran de Roybon était véritablement patrimoniale , comme faisant partie du territoire de Roybon, circonscrit par la chartre de 1294 ; en conséquence, que M. de Tonnerre et M. de Monteynard devaient être maintenus en la propriété comme ils le demandaient. — M. de Lagrée conclut aussi sur la prétention des usagers et autres intéressés qui avaient été assignés ou qui avaient remis des titres ou paru devant M. l'Intendant ou son Subdélégué à Saint-Marcellin ; il fut d'avis aussi que les autres bois des environs du territoire de Roybon, dénommés également Chambaran, étaient pareillement patrimoniaux aux seigneurs ou communautés , dans les territoires desquels ils étaient situés , et il porta ses vues et ses conclusions sur tous les objets et sur toutes les circonstances et dépendances de l'affaire.

M. de Marcheval, intendant de la Province, donna, sur le tout, un avis conforme.

Le Conseil a fait arrêt, en conséquence, le 19 juin 1781, par lequel, vidant, en tant que de besoin , l'interlocutoire porté par l'arrêt du 7 décembre 1734, sans s'arrêter au jugement des Commissaires de la réformation, du 14 octobre 1730, que Sa Majesté a cassé et annulé, a maintenu M. le duc de Tonnerre et M. le marquis de Monteynard , en qualité de seigneurs de Roybon, dans la propriété, possession et jouissance de la partie de la forêt de Chambaran , située et enclavée dans le mandement et territoire de ladite seigneurie. Ordonne, en conséquence, que les arrêts du Conseil, des 12

décembre 1771 et 31 mars 1772, demeureront, quant à ce,
nul et de nul effet, et que, sur les demandes, fins et contestations des prétendans droits sur ladite partie de la forêt de
Chambaran, les parties procéderont devant les Juges qui en
doivent connaître.

MM. de Tonnerre et de Monteynard ont fait signifier cet
arrêt aux communautés de Villard, Chevrières, Bessins, Saint-
Appolinard, formant seules l'ancien mandement de Chevrières,
et à toutes les communautés riveraines et intéressées, et ont
annoncé, d'un côté, faire vérifier et reconnaître le territoire
de Roybon, qui comprend, comme on a vu, la forêt de
Chambaran de Roybon; d'autre part, qu'ils entendaient aussi
de faire cantonner les communautés usagères, pour que ce qui
doit leur rester, comme seigneurs et propriétaires, soit et demeure séparé de ce qui sera assigné aux usagers pour leurs
usages; ce qui devient d'autant plus nécessaire, que les usagers
n'ayant jamais gardé de règle ni de mesure, la forêt est aujourd'hui presque entièrement détruite, et ne présente presque plus qu'un terrain en landes et bruyères, nonobstant tous
les soins et précautions qu'on avait pu prendre, notamment
de la part des seigneurs de Tonnerre et de Monteynard, depuis
la concession de 1771, et la quantité de procès-verbaux rapportés par leurs gardes, sans pouvoir empêcher la destruction
de ladite forêt.

Les communautés de Chevrières, Bessins, Saint-Appolinard, composant l'ancien mandement de Chevrières, les
paroisses et seigneuries de Blanieu et St.-Véran n'en étant pas,
quoique Blanieu soit actuellement joint à ce marquisat, lesdites
communautés de Chevrières, Bessins, Saint-Appolinard, intéressées, comme les autres usagers, au partage et division,

pour conserver la portion qui peut leur revenir pour leurs usages, ont tenu la chacune une assemblée générale des trois ordres, le 26 août 1781, dans laquelle elles ont pris une délibération.

Par celle de Villard-Chevrières, on a député M.ᵉ Joseph Morand, notaire ; sieurs Jean-Baptiste Buisson père, Jean-Baptiste Vinay et Jean-Baptiste Monier, pour tous ensemble, ou l'un d'eux seul, rassembler les titres et mémoires concernant les droits d'usage accordés à ladite communauté sur ladite forêt de Chambaran de Roybon ; faire le dénombrement des habitans cotisés et celui des bestiaux existans dans ladite communauté, et faire les autres démarches convenables, conjointement avec les autres députés desdites communautés, auprès des seigneurs de Tonnerre et de Monteynard ; s'assembler avec leurs conseils, faire amiablement avec eux le projet de cantonnement, se faire assister d'un conseil s'ils le jugeaient à propos, pour, le tout rapporté à la communauté assemblée, donner par elle pouvoir à ses députés pour la souscription du projet qui aurait été convenu.

Par celle de Bessins, on a député sieur Alexandre Lantelme, bourgeois à Saint-Appolinard, et ledit M.ᵉ Morand, notaire, auxquels on a donné semblable pouvoir ; comme aussi, la communauté de Saint-Appolinard, par une semblable délibération, les a également députés à l'effet de ce cantonnement ; en conséquence, ces députés ayant rassemblé tous leurs titres, fait le dénombrement des habitans et bestiaux desdites communautés de Chevrières, Bessins, Saint-Appolinard, formant l'ancien mandement de Chevrières, pris toutes les instructions convenables, et fait des Mémoires, se sont rendus à Grenoble avec M.ᵉ Berruyer, avocat à Saint-

Marcellin, conseil choisi pour lesdites communautés ; et MM.
de Tonnerre et de Monteynard ayant consenti que le partage
et cantonnement se fît à l'amiable, entre MM.^{es} Barthélemy
et Barnave, avocats, leurs conseils, et lesdits sieurs députés,
assistés de Me Berruyer, ils se sont assemblés.

Lesdits sieurs Lantelme et Morand, députés, ou, pour
eux, ledit Me Berruyer leur conseil, ont observé que l'ancien mandement de Chevrières, composant actuellement les
trois paroisses de Chevrières, Bessins, Saint - Appolinard,
appartenait à nos anciens Dauphins, tout comme celui de
Roybon, dont dépendent les terrains et forêt de Chambaran
de Roybon, qui ne sont séparés de l'ancien mandement de
Chevrières que par le chemin l'Estra ; qu'ainsi, il n'est pas
surprenant que lesdites communautés eussent acquis des droits
d'usage sur ces terrains et forêt, d'autant qu'il était ordinaire,
dans ces temps-là, que les seigneurs laissassent jouir et user
de leurs terrains, bois et pâturages aux habitans de leurs
terres qui se trouvaient à portée ;

Que la communauté et habitans de Roybon s'étant opposés
aux usages de ceux de l'ancien mandement de Chevrières,
sous prétexte qu'ils avaient des usages dans toute l'étendue
de la forêt de Chambaran de Roybon, il intervint entr'eux
une sentence arbitrale, du 3 avril 1314, qui les maintint
promiscuément dans leurs usages dans le canton desdits terrains et forêt de Chambaran de Roybon, désigné dans ladite
sentence, qui fut approuvée et confirmée par le Dauphin Jean,
par lettres-patentes du vendredi après la Nativité de la Vierge,
de la même année 1314 ;

Qu'étant survenues des nouvelles difficultés entre lesdites
communautés du mandement de Chevrières et celle de Roybon,

et les limites établies par la sentence arbitrale de 1314 ne se connaissant plus, il intervint un autre acte, le 9 février 1489, par la médiation d'Aimard - Allemand, alors seigneur de toutes ces communautés, par lequel on fixa des nouvelles limites au canton asservi aux usages desdites communautés de l'ancien mandement de Chevrières;

Que, dans le siècle dernier, ils furent obligés d'essuyer des contestations avec la communauté et habitans de Murinais, sur lesquelles il intervint deux arrêts du Parlement de Grenoble, des 14 janvier 1664 et 9 août 1667, qui les maintinrent, et qu'ayant été assignés devant les commissions de la réformation des bois de la province de 1672 et 1701, ils furent déchargés des assignations, ce qui valait encore des maintenues dans leurs droits.

Ils ont ajouté que lesdites trois communautés de Chevrières, Bessins, St.-Appolinard ont à présent plus de trois cents maisons ou familles viagères, formant plus de douze cents personnes, puisque les rôles de capitation des trois communautés contiennent plus de trois cent cinquante cotes; que les bœufs, vaches, chevaux, mulets, ou autres bêtes aumailles, se portent à plus de trois cents, indépendamment des moutons et brebis dont il y en a plus de cinq mille;

Que lesdites communautés n'ont, dans leur territoire, que fort peu de bois et de pâturages; qu'ainsi, leurs usagers, dans lesdits terrains et forêt de Chambaran de Roybon, leur sont de la plus grande nécessité, d'autant qu'il leur faut beaucoup de peisseaux pour leurs vignes, et que leurs terrains sont en général stériles; en sorte que les habitans ne peuvent avoir de récoltes que par le moyen des engrais que produisent leurs bestiaux.

Et ils ont conclu, de ces différentes observations, qu'il est juste de remettre auxdites communautés et habitans, formant l'ancien mandement de Chevrières, pour leur cantonnement, une portion considérable desdits terrains et forêt de Chambaran de Roybon.

De la part des seigneurs de Tonnerre et de Monteynard, on a dit qu'ils seraient en droit de faire déclarer lesdites communautés et habitans de Chevrières, Saint-Appolinard, privés et déchus des droits d'usage par eux prétendus, puisqu'ils en ont si mal usé; qu'ils ont presque non-seulement détruit les bois des cantons, sur lesquels ils avaient leurs usages, mais encore une bonne partie du surplus de la forêt.

Cependant MM. de Tonnerre et de Monteynard veulent bien remettre une portion considérable desdits terrains et forêt de Chambaran de Roybon auxdites communautés; mais elles doivent faire attention, qu'outre que leur concession était gratuite, et qu'elle ne portait que sur un canton, même promiscuément avec la communauté et habitans de Roybon, quand elles n'auraient pas aussi mal usé de leurs droits, elles ne pourraient pas prétendre grand'chose, puisque leurs territoires sont fort étendus, qu'il y a beaucoup de bois et de pâturages, et que ce qu'on leur donnera sur lesdits terrains et forêt de Chambaran de Roybon, ne sera proprement qu'un superflu.

Que d'ailleurs, en aucun cas, quand lesdites communautés n'auraient pas des bois et des pâturages dans leurs territoires, elles ne pourraient prétendre que l'absolu nécessaire, qui ne serait pas considérable, soit parce que, dans le fait, le nombre des maisons et familles usagères ne se porte pas à trois cents, ni celui des personnes à douze cents ; les rôles de capitation pouvant d'autant moins mériter attention, qu'il y a quantité de cotes sur des enfans de famille ou d'étrangers qui ne sauraient avoir droit à l'usage, outre que, par l'état des habitans, la plupart simples journaliers ou ouvriers, il leur faut peu de bois ; soit parce que, dans le vrai encore, il n'y a pas dans lesdites communautés trois cents bœufs, vaches, chevaux, mulets ou autres bêtes aumailles, pour lesquelles on puisse prétendre un pâturage sur les terrains et forêt de Chambaran de Roybon, d'autant qu'on ne peut y prétendre qu'à raison des bestiaux employés à la culture des terres, et nullement pour les moutons ou chèvres qui sont exclues des bois par les réglemens.

Et on a conclu que lesdites communautés de Villard-Chevrières, Bessins et Saint-Appolinard ne pouvaient rien prétendre, ou fort peu de chose, si on en venait à des discussions judiciaires.

On a ajouté, de la part desdits seigneurs de Tonnerre et de Monteynard, qu'en donnant auxdites communautés une portion au-delà de ce qu'elles pouvaient espérer, ils entendent que cette portion ne pourra être défrichée en tout ni en partie ; ils entendent aussi se réserver, et à leurs officiers, la police pour la conservation des bois sur cette portion et les amendes auxquelles les délits pourraient donner lieu, sauf auxdites communautés leurs actions contre les délinquans pour les dommages-intérêts qu'ils pourraient souffrir, et qu'ils entendent encore se réserver un cens féodal avec directe et droits de lods, sur ce qu'on assignera auxdites communautés.

Sur

Sur ces observations respectives, et après avoir mûrement réfléchi de part et d'autre, lesdits sieurs Lantelme et Morand, députés, assistés de M.ᵉ Berruyer, conseil, et lesdits Barthélemy et Barnave, ont arrêté le traité qui suit :

A CES CAUSES, le susdit jour, huitième juillet mil sept cent quatre-vingt-quatre, ledit M.ᵉ Clerc, procureur-fondé desdits seigneurs duc de Clermont-Tonnerre et marquis de Monteynard, d'une part; ledit sieur Lantelme, député desdites communautés de Villard-Chevrières, Bessins et Saint-Appolinard, assisté de M.ᵉ Berruyer, conseil, d'autre part; avertis de la force des transactions, qu'aucun recours n'est admis contre tels actes que par le dol personnel qu'ils ont affirmé n'être intervenu aux présentes, ont traité et convenu.

Dispositif.

ART. I.ᵉʳ

QUE le nombre des maisons ou familles usagères desdites communautés de Villard-Chevrières, Bessins et Saint-Appolinard, formant l'ancien mandement de Chevrières, n'excède pas trois cents, et que le nombre des personnes n'excède pas douze cents; que les bœufs, vaches, chevaux, mulets et autres bêtes aumailles ou de somme desdits habitans, n'excède pas la quantité de trois cents; et néanmoins, attendu qu'il y a beaucoup de vides sans bois dans la portion desdits terrains et forêt de Chambaran de Roybon, qui sera ici après remise auxdites communautés et habitans pour leur cantonnement dans lesdits terrains et forêt de Chambaran de Roybon, et pour leur tenir lieu, et à leurs habitans, de tous leurs usages de bûcherages, paquerages et autres quelconques, il est con-

6

venu qu'il leur en sera remis la quantité de 530 arpens, mesure royale ou des eaux et forêts, qui est de 1344 toises
4 9.es toise royale pour chaque arpent ; lesquels 530 arpens
seront et demeureront francs, libres et exempts auxdites communautés et habitans de Villard-Chevrières, Bessins et St.-
Appolinard, de tous les droits de bûcherages, paquerages
et autres quelconques prétendus sur ladite forêt de Chambaran de Roybon par d'autres particuliers ou communautés ;
lesdits seigneurs de Tonnerre et de Monteynard demeurant
chargés de faire cesser toutes prétentions sur lesdits 530
arpens de la part desdites communautés et particuliers usagers ; et, moyennant ce aussi, lesdites communautés et habitans de Villard-Chevrières, Bessins, Saint-Appolinard, ne pourront plus prétendre d'usages, de bûcherages et paquerages,
et de quelle autre espèce que ce puisse être sur le surplus
de la portion sur laquelle leurs usages leur avaient été assignés anciennement, sauf auxdits seigneurs de s'arranger avec
les autres usagers ainsi qu'ils aviseraient.

ART. 2.

LESDITS 530 arpens seront pris dans les cantons où lesdites communautés et habitans de Villard-Chevrières, Bessins
et Saint-Appolinard, formant l'ancien mandement de Chevrières, avaient leurs usages, joignant le chemin de l'Estra,
du midi, et vis-à-vis les territoires desdites communautés de
Villard-Chevrières, Bessins et Saint-Appolinard, depuis le
coin de Murinais jusque vis-à-vis le territoire de Dionay et
ladite contenance de 530 arpens, sera mesurée à tire et aire,
sans intervale, de proche en proche, en sorte que, quoiqu'il

y ait dans lesdits 530 arpens des terrains qui ne soient pas
en bois, ils feront fonds dans lesdits 530 arpens, ainsi que
s'ils étaient en bois.

ART. 3.

LESDITES communautés de Villard-Chevrières, Bessins et
Saint-Appolinard en général, ni les habitans en particulier,
ne pourront, en aucun temps, ni sous aucun prétexte, défricher lesdits 530 arpens, en tout ni en partie, si ce n'est de
l'agrément desdits seigneurs, ce qui aura lieu quand même
les habitans, maisons ou familles usagères se diviseraient
en détail lesdits 530 arpens ; et si quelqu'un entreprenait de
défricher et mettre en culture quelques portions desdits 530
arpens, autrement que de l'agrément par écrit desdits seigneurs, il perdra dès-lors le droit qu'il pourrait y avoir,
et lesdits seigneurs de Tonnerre et de Monteynard pourront
la remettre à tel autre habitant qu'ils trouveront à propos, en
vertu du présent traité, sans qu'il soit besoin d'autres formalités.

ART. 4.

LA police sur lesdits 530 arpens, pour la conservation des
bois, demeure réservée auxdits seigneurs de Tonnerre et de
Monteynard et à leurs officiers, tant pour empêcher les défrichemens, que pour tout ce qu'il peut échoir de faire pour conserver lesdits 530 arpens en nature de bois, néanmoins sans
pouvoir gêner lesdites communautés et particuliers possesseurs
dans leur exploitation ; et s'il était prononcé des amendes, elles
appartiendront auxdits seigneurs de Tonnerre et de Monteynard, comme seigneurs de Roybon, sauf auxdites commu-

nautés ou habitans de Chevrières, Bessins et Saint-Appolinard et possesseurs, leurs actions en dommages-intérêts contre
les délinquans.

ART. 5.

LESDITS 530 arpens assignés auxdites communautés de
Villard-Chevrières, Bessins et St.-Appolinard, sont et demeureront chargés d'un denier de cens féodal pour chaque arpent,
payable à chaque jour de Toussaint, avec directe envers
lesdits seigneurs comme seigneurs de Roybon, et, en cette
qualité, propriétaires des terrains et forêt de Chambaran de
Roybon, sans néanmoins qu'à raison dudit cens et directe,
lesdites communautés soient tenues à aucun droit de lods
ou indemnité tant qu'elles jouiront en corps ; mais s'il arrive
que lesdits 530 arpens soient divisés entre les habitans, dans
ce cas, il sera dû lods pour les mutations et mi-lods à
qui de droit pour les échanges qui pourront survenir après
ladite division, et néanmoins il est convenu que la première
mutation desdits terrains, soit par vente ou échange, sera
exempte desdits lods et mi-lods.

ART. 6.

IL est convenu que toutes les dispositions du présent traité
sont corrélatives et dépendantes les unes des autres, en sorte
qu'on ne puisse pas en attaquer une ou plusieurs, tandis
qu'on voudrait laisser subsister les autres ; comme aussi convenu
qu'on demandera l'homologation du présent, tant au Conseil
de Sa Majesté qu'au Parlement de cette province, et que,
jusqu'à la procédure de plantation des bornes desdits 530

arpens, les habitans desdites communautés continueront d'user
de leurs bûcherages sans abus.

ART. 7.

LES émolumens et frais de contrôle du présent traité,
ensemble ceux de bornage et limitation faits desdits 530
arpens, seront payés et supportés, moitié par lesdits seigneurs
duc de Tonnerre et marquis de Monteynard, et moitié par
lesdites communautés de Villard - Chevrières, Bessins et St.-
Appolinard. — Déclarant les parties qu'eu égard au point
extrême de dégradation où se trouve réduite la forêt entière,
et spécialement le canton où doivent être assignés lesdits
530 arpens, la valeur desdits 530 arpens ne peut excéder la
somme de 4,000 liv. Et, pour l'observation de tout ce que
dessus, ledit sieur Clerc, en sa qualité de procureur spécialement fondé desdits seigneurs duc de Clermont-Tonnerre
et marquis de Monteynard, et ledit sieur Lantelme, en sa
qualité de député et en vertu du pouvoir qui lui a été donné
par lesdites communautés dans les susdites délibérations, et
au nom de toutes les trois, assisté de M. M.ᵉ Jean-Baptiste
Berruyer, avocat en la Cour, conseil desdites communautés,
ainsi que ledit M.ᵉ Clerc, au nom desdits seigneurs, ont
passé les soumissions, promesses, obligations et renonciations requises. Fait et récité audit Saint-Marcellin, où je me
suis transporté, à la réquisition des parties, dans l'étude
dudit M.ᵉ Berruyer, en présence de noble Gaspard de Beau-
regard-de-Fassion, habitant à Roybon, et de sieur Jean-
Pierre Guilhermet fils, négociant, habitant à St.-Marcellin,
témoins réquis, signés avec les parties contractantes et leur

conseil; ainsi signé à l'original : CLERC, LANTELME, BER-
RUYER, BEAUREGARD, DE FASSION, GUILHERMET, Sylvestre
SAINT-ROMME, notaire. Contrôlé à Saint-Antoine, le 11 juillet
1784; reçu 3o liv. 15 s. BIOSSE.

Teneur des Procurations et Assemblées.

PAR-DEVANT les conseillers du Roi, notaires à Grenoble,
soussignés, cejourd'hui 27 septembre 1781, a été présent
très-haut et très-puissant seigneur Mgr. Jules-Charles-Henri
duc de Clermont-Tonnerre, pair de France, etc., etc.,
lequel, sans révocation des procureurs par lui ci-devant constitués, a fait et constitue pour son procureur-général et spécial quant à ce, une qualité ne dérogeant à l'autre, la personne de M.ᵉ Jacques Clerc, procureur au Baillage de Saint-
Marcellin, y habitant, auquel il donne pouvoir de, pour et
en son nom, conjointement avec Mgr. le marquis de Monteynard, ou son procureur-fondé, faire examiner les prétentions d'usages demandées par la communauté et habitans de
Roybon et son mandement, la communauté et habitans de
Dionay, les communautés et habitans de Villard-Chevrières,
Bessins et Saint-Appolinard, formant l'ancien mandement de
Chevrières, et tous autres dans les terrains et forêts de
Chambaran de Roybon, appartenant en pleine propriété audit
seigneur, constituant conjointement avec ledit seigneur marquis de Monteynard, suivant qu'il est jugé par l'arrêt du
Conseil du 19 juin dernier; contester lesdits prétendus usages
s'il y échoit; soutenir que lesdits prétendus usagers doivent
être privés et déchus de leurs prétendus usages, s'ils sont
dans le cas; les faire cantonner, s'ils sont dans le cas de

l'être ; traiter et transiger à ce sujet avec les prétendus usa‑
gers aux clauses et conditions que ledit sieur procureur trou‑
vera à propos ; et s'ils refusaient de s'arranger et de traiter
à l'amiable, agir et poursuivre en justice devant tels Tribu‑
naux qu'il appartiendra, soit pour faire débouter lesdits pré‑
tendus usagers de leurs prétentions, soit pour les faire dé‑
clarer privés et déchus des usages qu'ils pouvaient avoir eus
dans lesdits terrains et forêt de Chambaran de Roybon, soit
pour les y faire cantonner s'il y échoit ; à cet effet, cons‑
tituer tels procureurs qu'il trouvera à propos, les révoquer,
en constituer d'autres, requérir et faire faire telle procédure
qu'il pourra échoir, en recourir et en faire faire d'autres le
cas échéant, former telles oppositions et appellations que ledit
sieur procureur pourra croire nécessaires, les soutenir devant
tels Tribunaux qu'il appartiendra, affirmer de ses voyages,
séjours et retour, et généralement faire et agir à raison de
ce que dessus, circonstances et dépendances, ainsi que pour‑
rait le faire ledit seigneur constituant s'il y était en per‑
sonne, promettant d'avoir à gré, ratifier et confirmer, si
besoin est, tout ce qui sera fait par son dit procureur, et
de l'indemniser des charges de la présente que ledit seigneur
constituant entend devoir sortir effet, nonobstant surannation.
Ce fut ainsi fait, passé, lu et écrit, à Grenoble, dans l'hôtel
dudit seigneur constituant, qui a signé à la minute des pré‑
sentes, demeurée au pouvoir de Girard, l'un des notaires
soussignés. Contrôlé à Grenoble, le 28 septembre 1781 ;
reçu, en tout, 29 s. BREMENT, comp. B. - C. VEYRET,
GIRARD.

PAR-DEVANT les conseillers du Roi, notaires à Paris, sous-

signés, fut présent très-haut et très-puissant seigneur Mgr.
Louis-François marquis de Monteynard, lieutenant des armées
du Roi, etc., etc., lequel, sans révocation des procureurs
ci-devant constitués, a fait et constitue, pour son procureur-
général et spécial, une qualité ne dérogeant à l'autre, la
personne de M.ᵉ Jacques Clerc, procureur au Baillage de
Saint-Marcellin, y résidant, auquel il donne pouvoir de, pour
et en son nom, conjointement avec Mgr. le duc de Tonnerre ou son procureur-fondé, faire examiner les prétentions
d'usages demandées par la communauté de Roybon et son
mandement, par la communauté et habitans de Dionay, par
les communautés et habitans de Villard, Chevrières, Bessins et
St.-Appolinard, formant l'ancien mandement de Chevrières et
autres dans les territoires et forêt de Chambaran de Roybon,
appartenant en pleine propriété audit seigneur constituant,
conjointement avec ledit seigneur duc de Clermont-Tonnerre,
suivant qu'il est jugé par l'arrêt du Conseil du 19 juin 1781;
contester lesdits prétendus usages s'il y échoit; soutenir que
lesdits prétendus usagers doivent être privés et déchus de
leurs prétendus usages, s'ils sont dans le cas; les faire cantonner, s'ils sont dans le cas de l'être; traiter, transiger à
ce sujet avec les prétendus usagers aux clauses et conditions
que ledit sieur procureur trouvera à propos; et s'ils refusaient de s'arranger et de traiter à l'amiable, agir et poursuivre en justice devant tels Tribunaux qu'il appartiendra,
soît pour faire débouter lesdits prétendus usagers de leurs
prétentions, soît pour les faire déclarer privés et déchus
des usages qu'ils peuvent avoir eus dans lesdits terrains et
forêt de Chambaran de Roybon, soit pour les y faire cantonner s'il y échoit; à cet effet, constituer tels procureurs
qu'il

qu'il trouvera à propos ; les révoquer ou constituer d'autres ;
réquérir et faire telles procédures qu'il pourra échoir ; en
recourir et en faire faire d'autres le cas échéant ; former telles
oppositions et appellations que ledit sieur procureur pourra
croire nécessaires ; les suivre devant tels Tribunaux qu'il appartiendra ; affirmer de ses voyages, séjour et retour, et généralement faire et agir à raison de ce que dessus, circonstances et dépendances, ainsi que pourrait le faire ledit seigneur constituant s'il y était en personne, promettant d'avoir
à gré, ratifier et confirmer, si besoin est, tout ce qui sera
fait par sondit procureur, et de l'indemniser des charges de
la présente que ledit seigneur constituant entend devoir sortir
effet, nonobstant surannation, obligeant. Fait et passé à Paris,
en l'hôtel de mondit seigneur le marquis de Monteynard, le
10 janvier 1783, et a signé : MONTEYNARD, DENIS, LEFÈVRE.
Scellé ledit jour et an . . . .

Délibérations.

DU mardi, 13 avril 1784, au lieu de Villard-Chevrières,
et dans la place où l'on tient ordinairement les assemblées,
à l'issue de la messe paroissiale dudit lieu, devant nous Jean
Robin, châtelain du marquisat dudit Chevrières, écrivant notre
greffier dûment assermenté ;

Est comparu Claude Trafouret, consul moderne de ladite
communauté, lequel nous a représenté qu'attendu le cas
pressant, il a fait convoquer la présente assemblée à ce
principal jour, par affiche du jour d'hier, au son de la cloche,
à la manière accoutumée, et nous observe et aux habitans
ici assemblés, qu'ensuite de la délibération générale des com-

munautés de Villard, Chevrières, Saint-Appolinard et Bessins,
du 26 août 1781, par laquelle sieur Alexandre Lantelme, bourgeois de Saint-Appolinard, M.ᵉ Joseph Morand, notaire à
Chevrières, furent députés pour rassembler, reconnaître les
titres que lesdites communautés avaient sur la forêt de Chambaran; de les prêter à MM. les duc de Tonnerre et marquis de Monteynard ou à leurs conseils, et de faire amiablement avec eux le cantonnement de la portion concernant
lesdites communautés; lesdits sieurs députés ont convenu ver-
balement avec les conseils desdits seigneurs de Tonnerre et
de Monteynard, et fait un projet de traité avec eux, lequel
projet ayant été porté et lu dans une assemblée générale
desdites trois communautés, tenue à cet effet, le 3 novembre
1782, dans laquelle les sieurs députés firent plusieurs observations relatives à leur commission, attendu qu'il n'y avait
pas assez de délibérans, l'assemblée fut renvoyée au 17 dudit
mois de novembre, par laquelle les habitans délibérèrent et
adhérèrent aux propositions faites par lesdits sieurs députés
et compagnie. Depuis lesdites délibérations, tous les projets
y énoncés n'ont pu avoir leur exécution, attendu le décès
de M.ᵉ Morand, un desdits députés; le comparant requiert
lesdits habitans de délibérer et députer une autre personne
pour suivre, conjointement avec ledit sieur Lantelme, l'action concernant le droit de ladite communauté sur ladite
forêt de Chambaran, ou nommer et députer ledit sieur Lantelme, seul, en place dudit M.ᵉ Morand, un conseil de droit
avec lequel ledit sieur Lantelme puisse régler, avec les seigneurs de Tonnerre et de Monteynard, ou leur conseil et
procureur-fondé, toutes les difficultés et droits respectifs, et
sous toutes dues protestations. N'a signé de ce enquis et
interpellé.

Sur quoi sont comparus le sieur syndic des forains, sieur Louis Morand, sieur J.-B. Buisson, J. Durand, etc., etc.

Lesquels, après avoir conféré entr'eux et ouï lecture de la comparution du conseil, ont tous unanimement délibéré, les présens au péril des absens, sur la première proposition qu'ils approuvent et ratifient tout ce qui a été fait par lesdits sieurs députés jusqu'à présent, et que, pour satisfaire aux délibérations énoncées en ladite comparution, attendu le décès dudit M.ᵉ Morand, député nommé conjointement avec ledit sieur Lantelme, ce dernier continuera d'agir conformément auxdites délibérations, même à l'exécution du traité projeté, et qu'ils lui nomment pour conseil de droit la personne de M. M.ᵉ Jean-Baptiste Berruyer, avocat en la Cour, résidant à Saint-Marcellin, de l'avis duquel il se comportera pour tous les droits que ladite communauté a sur la forêt de Chambaran, avec promesse d'avoir à gré tout ce qui sera fait par ledit sieur Lantelme, de l'avis dudit M.ᵉ Berruyer, et sur la seconde proposition, etc., et ont, les sachant écrire, signé, ou du moins ceux qui se sont trouvés à la clôture, non les autres pour ne savoir, de ce enquis et interpellés : MORAND, VEHIER, B. REVOL, BUISSON, Joseph CHOROT, GERBERT.

Nous, châtelain susdit, avons octroyé acte de la comparution, délibération et députation ci-dessus, pour servir et valoir ce que de raison, et nous nous sommes signé avec notre greffier : ROBIN l'aîné, châtelain; GUYON, greffier. Contrôlé à Saint-Marcellin, le 26 avril 1784. Reçu 16 s. BONNEFAY.

Du mardi, 13 avril 1784, devant nous Jean Robin, châtelain, au lieu de Bessins, et dans la place où l'on tient ordinairement les assemblées, à l'issue de la messe paroissiale dudit lieu, écrivant notre greffier dûment assermenté.

Est comparu Joseph Pain, consul moderne de ladite communauté, lequel nous a représenté, et aux habitans ici assemblés, qu'il a fait convoquer la présente assemblée aux formes ordinaires, et observe auxdits habitans qu'il a pris lecture de la comparution faite dans l'assemblée, faite cejourd'hui à Villard-Chevrières, par le consul de ladite communauté; et comme les droits de la communauté de Bessins se trouvent communs avec ceux de Villard, requiert qu'il soit fait lecture aux habitans de ladite comparution, et de la présente pour y délibérer, et a signé PAIN.

Sur-tout quoi sont comparus sieurs Michel Petit, Antoine Germain, Jacques-Antoine Pelerin, autre Pelerin, etc.

Lesquels ont tous unanimement délibéré, les présens au péril des absens, qu'ils s'en rapportent à la délibération faite par les habitans de Villard-Chevrières, dans tout son contenu, avec les mêmes députations, et approuvent tout ce qui a été fait par les députés de la communauté au sujet de leurs droits respectifs sur la forêt de Chambaran; et ont, les sachant écrire, signé, ou du moins ceux qui se sont trouvés à la clôture de la présente : A. GERMAIN, Michel PELAT, GUILHERMET, A. PELERIN, F. COTTE, F. PACOME.

Nous, châtelain susdit, avons octroyé acte de la comparution ci-dessus, pour servir ce que de raison, et nous nous sommes signé avec notre greffier : ROBIN, châtelain; GUYON, greffier. Contrôlé à Saint-Marcellin, le 26 avril 1784. Reçu 15 s. BONNEFOY.

Du mardi, 13 avril 1784, au lieu de Saint-Appolinard, et

dans la place où l'on tient ordinairement les assemblées, à l'issue des vêpres dudit lieu, devant nous Jean Robin, châtelain, écrivant le greffier dûment assermenté ;

Est comparu Joseph Berruyer, consul moderne de ladite communauté, lequel nous a représenté, et aux habitans ici assemblés, qu'il a fait convoquer la présente assemblée aux formes ordinaires, et nous observe que cejourd'hui il a été tenu deux assemblées, l'une à Villard-Chevrières et l'autre à Bessins, concernant deux articles, l'un au sujet des droits que lesdites communautés ont sur la forêt de Chambaran, et l'autre, etc.; en conséquence, requiert à ce qu'il plaise ordonner que la comparution du consul de Chevrières et la délibération des habitans, soient lues aux habitans ici assemblés. Comme les propositions qui y sont portées se trouvent communes avec celles de la communauté de Saint-Appolinard pour y délibérer, requiert acte de sa comparution, et n'a signé pour ne savoir, enquis et interpellé.

Sur quoi sont comparus le sieur syndic des forains, sieur Pierre Giroud, autre Pierre Giroud, Joseph Rigodin, etc.

Lesquels, après avoir ouï lecture des comparutions et délibérations des communantés de Villard-Chevrières et Bessins, et de la comparution du consul, ont tous unanimement délibéré, les présens au péril des absens, qu'ils s'en rapportent auxdites délibérations, comme étant leur cause commune, à tout quoi ils se réfèrent, même auxdites députations y contenues, et à tout ce qui y a été dit et délibéré, et sur la seconde proposition, etc.; et ont, les sachant écrire, signé, ou du moins ceux qui se sont trouvés à la clôture : J. Damier, Giroud, P. Acarier, F. Luxe.

Nous, châtelain susdit, avons octroyé acte des comparutions,
délibération, consentement et députation ci - dessus, pour
servir ce que de raison, et nous sommes signé avec notre
greffier : ROBIN l'aîné, châtelain; GUYON, greffier. Contrôlé
à Saint-Marcellin, le 27 avril 1784. Reçu 15 s. BONNEFOY.
Expédié audit sieur Lantelme, député; GUYON, greffier.

*Extraits collationnés, délivrés aux seigneurs duc de
Tonnerre et marquis de Monteynard.*

SYLVESTRE-SAINT-ROMME.

*TENEUR du rapport procès-verbal de mensuration
et plantation de limites du canton de bois de
Chambaran, assigné au mandement de Chevrières.*

NOUS Jacques-Barthelemi Frachon, notaire et géomètre-
arpenteur du Roi au siége de la maîtrise de St.-Marcellin,
commis par ordonnance de la souveraine Cour de Parlement
de cette province, du 14 février 1785, pour la mensuration
y énoncée; Charles Julin, notaire royal et géomètre dudit
Saint-Marcellin, et sieur Etienne Genissieu, aussi géomètre,
habitant à Saint-Antoine; ces deux derniers experts pris d'office par M.ᵉ Antoine Forgeret, notaire royal de la Côte-Saint-
André, commissaire en cette partie, député par ordonnance
de ladite souveraine Cour, du 7 juillet 1785, dans la procédure commencée devant lui, le 23.ᵉ juillet dernier, entre
les seigneurs duc de Tonnerre, marquis de Monteynard, et
les communautés de Chevrières, Bessins et Saint-Appolinard,

pour l'exécution des susdites ordonnances, portant qu'il sera
procédé, par de nouveaux experts, géomètres convenus par
les parties, et à défaut de ce, pris d'office par le notaire
royal ayant serment en la Cour, à ces fins commis, à la
plantation provisionnelle des limites pour séparer les 530
arpens de la forêt de Chambaran, assignés aux consuls et
communautés de Chevrières, Bessins et Saint-Appolinard ;
par le traité du 7 juillet 1784, reçu Me Silvestre-Saint-
Romme, intervenu entre lesdits seigneurs duc de Tonnerre,
marquis de Monteynard et lesdites communautés, du surplus
de ladite forêt, ensuite de la mensuration qui en serait faite
par l'arpenteur de la maîtrise de Saint-Marcellin ; et en cas
de refus ou de demeure dudit arpenteur, dans la quinzaine
après l'intimation de ladite ordonnance par lesdits experts-
géomètres, etc.

Après avoir prêté serment devant ledit commissaire, au
lieu de Roybon, le 4 du présent mois ; vu le susdit traité,
du 7 juillet 1784 ; les requêtes et ordonnances de la Cour ;
des 14 février et 7 juillet dernier ; les autres pièces à nous
remises, de même que la procédure-verbale, contenant les
comparutions des parties, avons dressé notre rapport comme
suit :

Nous, ayant procédé à la mensuration des 530 arpens de
bois, assignés aux communautés de Villard-Chevrières, Saint-
Appolinard et Bessins, en avons séparé le canton du surplus
de Chambaran, commençant, 1.º par le point de limite que
nous avons fixé sur le chemin de l'Estra, du côté du midi,
entre la terre de François Nievolet et le bois de sieur Louis
Morand, acquis de Nicolas Ageron, de Murinais, près du
coin de Murinais ; sur lequel point qui se trouve désigné

sous le n.º 20 du plan de limitation de la forêt de Chambaran et du territoire de Roybon, fait par les sieurs Giroud
et Juvenet, experts, le 11 septembre 1784, joint et annexé
à leur rapport et procès-verbal de plantation de limites; auquel
premier point il fut planté un poteau et une limite en cailloux,
soutenue de deux garans, suivant qu'il résulte dudit procès-
verbal, mais qui n'existent plus, n'y ayant reconnu que le
trou ouvert, vis-à-vis lequel trou, et sur le bord dudit chemin de l'Estra, du côté du nord, nous avons fait ouvrir un
fossé sur la ligne de séparation, que nous avons tirée directement au même côté du nord, de la longueur de 278 toises
2 pieds, mesure royale, ou 75 perches 20 pieds, la chacune
de 22 pieds de roi, jusque dans la combe de Vallorsière, où
se termine ladite ligne; et là, nous avons fait ouvrir un
fossé formant un angle presque droit, marqué de n.º 2 sur
la minute du plan du canton, que nous avons levé, dont un
côté de cet angle se dirige droit au point du poteau n.º 2,
mentionné ci-dessus, et l'autre côté vise directement à l'occident à un 3.º point d'angle, éloigné du second de 861 toises
4 pieds, ou 235 perches, lequel 3.º point se trouve encore
distant, sur la même direction de la ligne, de 27 toises 4
pieds, ou 7 perches 12 pieds de l'ancien chemin de Roybon
à St.-Marcellin, passant par Claire-Fond et par la combe-
Messin; auquel 3.º point nous avons pareillement fait ouvrir
un fossé, formant un angle obtus, dont un côté correspond directement au second angle, et l'autre se dirige au
sud-ouest.

Ce troisième angle est éloigné de 180 toises 3 pieds, ou
49 perches 5 pieds, du côté du midi de la jonction du chemin de l'Estra avec celui de Roybon à Saint-Marcellin, à
                                                    l'angle

l'angle du bois de Paul Fillet, qui fut de M. Revol de Saint-Marcellin.

Depuis ledit chemin de Roybon à St.-Marcellin, et suivant le chemin de l'Estra du côté d'orient jusqu'au point du poteau n.º 20, avec les deux lignes d'orient et du nord ci-dessus décrites, se trouvent circonscrits et renfermés 165 arpens 87 perches et 8 pieds, du mas de Chapottier, qui feront partie du canton des 530.

Partant toujours du troisième angle obtus, saillant dans le surplus de Chambaran, nous avons tiré une ligne, au sud-ouest, de la longueur de 489 toises 1 pied, ou 133 perches 9 pieds, jusques à un quatrième angle qui se trouve vis-à-vis la jonction du chemin du château de Golat, à Roybon, avec celui de l'Estra ; laquelle jonction est éloignée dudit angle de 419 toises 5 pieds, ou 114 perches 11 pieds.

Sur ce quatrième point d'angle, qui est obtus et saillant dans le canton, nous avons fait ouvrir un fossé, dont un côté correspond au troisième angle et l'autre vise droit à l'occident, à un cinquième angle qui se trouve éloigné du quatrième de 1,214 toises 2 pieds, ou 331 perches 4 pieds, lequel dernier angle est encore éloigné du côté d'orient, sur la direction de la ligne, de 108 toises 1 pied, ou 29 perches 11 pieds, du chemin, traversé par ladite ligne, tendant de Roybon à Bessins et à Mont-Luizant, passant par le mas d'Aigue-Noire; ce même chemin suit en partie le bord d'une combe qui va se joindre, du côté du nord, à celle d'Aigue-Noire.

Sur ce cinquième angle presque droit, saillant dans le surplus de Chambaran, nous avons fait ouvrir un fossé, dont un côté correspond au quatrième angle, et l'autre côté se dirige droit au midi, dans la distance de 342 toises 5 pieds, ou

9ǯ perches 11 pieds, jusqu'à la rencontre du chemin de l'Estra, qui sépare le canton des communautés du bois taillis de

ainsi que celui de M.ᵉ Berruyer, avocat à Saint-Marcellin, et celui de M. Revol, procureur du Roi à la Maîtrise, jusques aux poteaux, marqués sur le plan de limitation du territoire de Roybon des n.ᵒˢ 29 et 3o, contre lesquels se termine très-étroitement les 53o arpens.

Nous observons que, depuis ledit chemin de Roybon à Saint-Marcellin, jusqu'à la dernière ligne de séparation du côté du couchant, qui termine le canton, se trouvent renfermés, par le bornage décrit ci-dessus, 364 arpens 12 perches 14 pieds, pour compléter le contenu dudit canton ; lesquels étant joints et réunis aux 165 arpens 87 perches 8 pieds, du mas de Chapottier, ci-devant énoncé, composent la totalité du canton des 53o arpens, assignés auxdites communautés de Chevrières, Bessins et Saint-Appolinard, par le traité du 7 juillet 1784.

Il résulte de nos opérations que le canton des communautés aura pour confins, du côté du midi, le chemin de l'Estra, où aboutissent les riverains, qui forme beaucoup de sinuosités ; de celui d'orient, le surplus du bois de Chambaran, du côté du coin de Murinais ; du côté du nord, ledit bois de Chambaran, et d'occident, le même bois où sera pris le canton de Dionay.

Pour satisfaire aux réquisitions des parties qu'elles ont faites dans la procédure verbale, nous disons que le canton des communautés est essence de chêne, hêtre et charme, le chêne dominant réduit en taillis ras ; que les bords, le long du chemin de l'Estra, se trouvent beaucoup dégradés, l'es-

sence y ayant été arrachée en divers endroits ; nous estimons
qu'il y en a environ 30 arpens y compris le mas de Palleton,
dont le sol, en partie, nous a paru n'avoir été jamais propre
à la production du bois, n'y ayant que quelques souches épar-
ses, et le surplus dudit mas n'étant qu'en bruyère et pelouse ;
se trouvant aussi compris, dans l'étendue des 30 arpens, les
différens chemins qui traversent le canton ; que, d'ailleurs,
le surplus du canton se trouve assez garni de souches vigoureuses pour reproduire du taillis, et ne diffère pas du restant
de Chambaran.

Ainsi procédé par nous dit Frachon, géomètre commis,
Julin et Génissieu, experts, au présent rapport, sur trois
feuilles de petit papier timbré, contenant onze pages y compris
la présente, écrites, cotées et paraphées par Génissieu, l'un
de nous, et par tous les trois signés au bas de chacune desdites
pages ; auquel rapport nous avons vaqué, tant pour la prestation de serment, opérations faites sur les lieux contentieux,
lecture des pièces et dresse du présent, le chacun onze jours,
dont nous requérons taxe. Fait et arrêté au lieu de Roybon,
le 18 août 1785. FRACHON, JULIN, GÉNISSIEU.

Contrôlé à la Côte, le 27 août 1785, reçu 15 sous. MEYER.

Expédié au requis des seigneurs de Tonnerre et de Monteynard. FORGERET, commissaire.

A GRENOBLE,

De l'imprimerie de F. ALLIER, Imprimeur du Roi, cour de Chaulnes. 1827.

www.ingramcontent.com/pod-product-compliance
Lightning Source LLC
Chambersburg PA
CBHW060400200326
41518CB00009B/1207